직장생활
성공을
디자인하라

직장생활 성공을 디자인하라

초판 1쇄 2021년 07월 19일
지은이 이종혁 | **펴낸이** 송영화 | **펴낸곳** 굿위즈덤 | **총괄** 임종익
등록 제 2020-000123호 | **주소** 서울시 마포구 양화로 133 서교타워 711호
전화 02) 322-7803 | **팩스** 02) 6007-1845 | **이메일** gwbooks@hanmail.net
© 이종혁, 굿위즈덤 2021, *Printed in Korea.*
ISBN 979-11-91447-39-2 03190 | **값** 15,000원

인간관계와 업무를 장악하는
1% 직장 인재들의 성공 플랜!

직장생활 성공을 디자인하라

이종혁 지음

Success

굿위즈덤

프롤로그

반도체 제조 C 기업 기획실 2분기 조회 중입니다. 기획실 김 상무 포함 소속 3개 팀 32명 전원 참석 중입니다.

김 팀장 생각 : '조 대리 저 친구는 아까부터 휴대폰만 보고 있어. 무엇을 계속 입력하는 걸 보니 누군가와 '카톡' 중이군. 그런데 표정은 왜 심각해?'

조 대리 생각 : '시간이 없네. 조회 후에 우리 팀 실적 보고인데, 팀장님 지시사항 잘 수정해서 오류가 없어야 할 텐데.'

김 팀장 생각 : '뭐야! 더 심각한데. 혹시 투자한 코인이 떨어졌나? 실적 보고를 이렇게 준비했으면 얼마나 좋을까?'

조 대리 생각 : '휴! 그래도 다행이네! 휴대폰으로 수정해서 보낼 수 있어서!'

카톡 조 대리 : "팀장님 지시한 실적 보고 추가사항 시간이 없어서 휴대폰으로 급하게 최선을 다해 추가했습니다. 안심하셔도 됩니다."

김 팀장 : "수고했어요. 휴대폰에서도 가능해?"

김 팀장 생각 : '어! 그랬나! '카톡' 한 게 아니었어!'

아무도 보지 못했지만, 김 팀장 얼굴이 붉어지는 이유는 왜일까요?

내가 직장에 입사할 즈음에 많이 듣던 얘기가 있었습니다. 'X 세대' 또는 '신세대'라는 말이었습니다. 아마 이전 기성세대인 '베이비붐 세대'와는 외형적 변화와 톡톡 튀는 개성에서 차이가 있었습니다. 이전 기성세대가 저를 보면서 한 말이 있었습니다.

"요즘 애들은 예의도 없고, 하려는 의지도 없어. 어떻게 직장생활 하려고 그래!" 하며 걱정하던 때가 있었습니다.

혹시 지금 기성세대가 "요즘 친구들 할 일 안 하고 주도적이지 않아서 어떻게 하지?" 하고 생각하는 건 아닐까요?

현재는 저도 기성세대에 같이 포함된 지 오래되었습니다. 직장의 주축을 빠르게 밀레니얼 세대(MZ 세대)가 차지하고 있습니다. 지금은 세상이 IT의 발달로 빠르게 변하듯이 직장 내 환경도 하루가 다르게 변하는 시대입니다. 대표적으로 3년 전부터 적용되고 있는 주 52시간 근무가 있습니다. 기성세대 시절에는 다 같이 많은 양의 일을 했습니다. 잔업에 특근도 있어 일하며 업무를 배우는 시기가 있었습니다. 지금은 주 40시간에 최대 52시간을 넘길 수 없습니다. 남아서 무엇인가를 습득하는 것도 자유롭지 않습니다.

지금은 주어진 시간 안에서 어떻게 효율적으로 일하는지가 중요한 시기가 되고 있습니다. 자칫 밀레니얼 세대가 변화하는 시기에 시키는 일 위주로 열심히 했다고 생각하는 분이 있습니다. 열심히는 누구나 합니다. 또 잘하려고 합니다. 하지만 중요한 것은 '자신이 목표를 가지고 있고 그것을 얻는 과정을 알고 있느냐'입니다. 모든 것이 지나면 아쉽고 후회가 남을 때가 있습니다. 직장생활도 마찬가지입니다. 경력자분들도 모두 열심히 자신의 가치관으로 직장생활을 해오셨습니다. 직장생활에 정답은 없습니다.

하지만 어려운 환경에서도 앞서가는 인재들이 있었습니다. 그들은 무엇이 다른가를 고민하는 시기가 있었습니다. 혹시 하는 마음에 그 답을 책에서 찾아보려 많은 책을 읽었습니다.

나와 다른 점이 있다면 지금의 밀레니얼 세대 시기에 자신의 성공을 먼저 디자인해봤다는 겁니다. 단순 희망 사항이 아니라 목표를 가지고 장시간에 걸쳐 그것을 실천하였다는 겁니다.

자세히 들여다보면 직장생활 안에서 자신을 성장시킬 수 있는 것들이 있습니다. 그것을 알아보고 충분히 활용하면 자신의 가치를 찾을 수 있습니다. '직장에서 주도적으로 일하기'란 쉽지 않습니다. 하지만 방법이 없는 것은 아닙니다. 그 해법을 찾고자 이 책을 기획했습니다.

　제1장 〈직장인 사춘기는 누구나 거치는 질풍노도기다〉에서는 밀레니얼 세대의 심리를 담았습니다. 직장에서 주축 세대로 등장하는 밀레니얼 세대와 기존 기성세대의 각각의 다른 역할을 담았습니다. 제2장 〈회사에 왔으면 성과를 내야지!〉에서는 독자 관점에서 궁금증을 풀었습니다. 힘들게만 느껴지는 직장생활에서 어떻게 하면 성과를 내고 인정을 받을 수 있는 것인지, 자신감을 가질 수 있는 것인지에 대한 방향을 서술했습니다. 제3장 〈회사에서 몸값 높이는 고수의 비법〉에서는 직장에서도 능력을 인정받고 잘할 수 있는 방법이 있음을 알려 줍니다. 잘하는 방법을 모르고서는 한계가 있고, 해법이 존재함을 알려줍니다. 제4장 〈1%의 인재는 '내가 준비되어 있음'을 밝힌다〉에서는 단순히 주어진 일만 하는 평범한 직장인이 아닌 프로 직장인이라면 반드시 알고 있어야 하는 기술을 묘사했습니다. 자신의 역량을 키워 성과를 내는 방법을 기술하였습니다. 제5장 〈숨겨진 자신의 가치를 높여라〉에서는 자신의 미래를 크게 그리는 방법을 기술했습니다. 반복적인 일상에서는 불가능해 보이는, 자신의 가치를 상승시키는 방법을 제시하였습니다.

　저는 오랜 기간 직장에서 근무했지만, 인사나 교육 등의 분야는 아니었습니다. 그리고 인재개발 전문가도 아닙니다. 이와 관련한 공부를 경험하지도 않았습니다. 다만 직장인으로 갖추어야 할 자세와 경험에서 축적된 효율적으로 일하는 방법에 대해 공유하고자 합니다.

　최근 많은 조직에 이미 밀레니얼 세대가 있습니다. 곧 Z 세대가 새로운 주역으로 다가올 것입니다. 어렵게 들어온 조직에서 힘들다고만 하기보다는 자신의 성장에 도움이 되는 직무와 일하는 방식을 한 번쯤 생각해보시길 바랍니다. 자신이 바라는 다양한 성공을 디자인해보는 것은 중요합니다. 많이 부족한 글인 줄 알고 있습니다만, 이 책에서 제시하는 방법들이 도움이 되었으면 합니다. 아직도 혼자 고민하는 많은 후배가 있습니다. 후배들의 성장에 밑거름이 되었으면 합니다.

이종혁

목 차

4장 1%의 인재는 '내가 준비되어 있음'을 밝힌다

5장 숨겨진 자신의 가치를 높여라

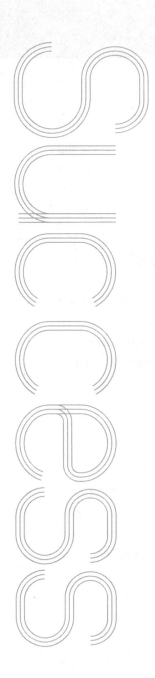

1장

직장인 **사춘기**는 누구나 거치는 **질풍노도기**다

직장인 사춘기는 누구나
거치는 질풍노도기다

구 대리 : "안 대리! 얘기 들었어?"

안 대리 : "아니! 나 요즘 외근이 많아서 들은 거 없어."

구 대리 : "동기 중에 대전에 있는 조 대리 있잖아. 이번에 코인으로 대박 났대. 그래서 이번에 퇴사한다고 하네. 이번에 바뀐 인사 규정으로는 과장 진급이 어차피 어렵다고, 맘 편하게 정리한다네."

안 대리 : "그래, 능력 좋네. 부럽네!"

구 대리 : "이번에 울산 공장으로 이동한 편 대리 있잖아. 이 친구도 공무원 준비한다고 조만간 퇴사한대."

안 대리 : "어! 그래? 그래도 위험하지 않나. 코로나로 어려운데."

구 대리 : "입사 전부터 계속 공무원 준비하고 있었나 봐! 지금 여기서 불안하게 있는 것보다는 낫다고 생각했겠지!"

안 대리 : "모두 부럽네! 그래도 뭔가 다 준비하고 있었네."

구 대리 : "그러게. 우리도 뭐라도 준비해야 하는 거 아니야? 일은 힘들어지고, 진급도 쉽지 않고, 선배들 보면 암담하고……."

안 대리 : "시간 됐다. 일어나자."

구 대리 : "그래."

중식 시간에 식사 후 안 대리는 친구이자 사내 마당발인 구 대리에게 동기들 이야기를 들었습니다. 그렇지 않아도 심란한 마음이 있었는데 더 혼란이 생겼습니다. 자리에 돌아와서도 일이 손에 잡히지 않습니다.

팀장 : "안 대리, 지난달 판매 실적 보고 언제 할 거야! 오늘 가능해?"

안 대리 : "내일 오전까지 보고하면 안 될까요? 오늘 몸이 좀 좋지 않아서요."

팀장 : "알았어요. 내일 봅시다."

팀장이 지시한 지난달 실적 보고도 미루고 있습니다. '코로나로 보나 마나 매출이 지난달과 같이 미달했을 거고, 똑같은 대책은 왜 매달 보자고 하시는지!' 안 대리가 혼자 생각하고 있습니다. 반복적인 일상에서 무언가 부정적으로 보는 자신의 행동이 마음에 들지 않습니다. '속도 매스 껍고, 머리도 지끈지끈 아픈 게 점심을 잘못 먹었나.' 하는 생각이 듭니다. 요즘 누가 말을 걸어도 언성만 높아지는 게 왜 그러는지 안 대리는 답답합니다. 무엇보다도 지금 자신이 잘하고 있는지 언제까지 이렇게 해야 하는지가 제일 궁금합니다.

"혹시 '직장인 사춘기'라고 들어보셨나요?"

우리가 흔히 '사춘기'라고 하면 '중2병'을 떠올리시잖아요. 몸에서는 2 차 성징이 일어나고, 자기 주관이 뚜렷해지면서 부모님과도 말이 없어지 고 반항심이 가득한 시절 말입니다. 시기는 조금씩 다를 수 있지만 모두 가 겪어온 시절입니다. 사례에서와 같이 '안 대리'도 사춘기를 겪고 있습 니다. '직장인 사춘기' 말입니다. 청소년기의 싱숭생숭한 심리 상태를 직 장인에 비유한 말입니다.

'안 대리'처럼 대리 시절에 찾아옵니다. 취업 준비할 때는 취업만 하면 행복할 것 같았습니다. 앞만 보고 열심히 준비해서 어렵게 취업합니다. 막상 직장에 오면 앞날에 대한 불안함으로 내가 지금 걷고 있는 이 길이 맞는지 고민하는 시기가 옵니다. 직장생활에 대한 불만과 심하면 회의감 이 밀려드는데 이때를 '직장인 사춘기'라고 합니다. 실제 한 구직 포털사이트에서 직장인을 대상으로 한 조사에 따르면 '직장인 사춘기 증후군'을 10명 중 9명이 경험했다고 합니다. 대략 입사하고 3~5년 차 시기에 많이 경험합니다.

작년부터 시작된 코로나 환경에서 이러한 현상이 더 심화된 것 같습니다. 오늘날은 기성세대 때와 다르게 평생직장이라는 개념이 사라진 지 오래되었습니다. 좋은 대기업에 힘들게 들어가도 항상 경쟁해야 하는 현실에 놓여 있습니다. 10년 넘게 근무한 선배가 이제 막 입사한 후배에게 일을 가르쳐주기도 해야 하지만 곧 경쟁해야 하는 것이 현실입니다.

직장인 사춘기 증후군을 가장 많이 겪는 직급이 바로 대리 직급이라고 합니다. 이제 실무를 배워 업무처리 정도는 누구보다 빨라 많은 일을 합니다. 본인의 업무 외에도 잡다한 어중간한 일을 다 시킵니다. 신입이 하기는 뭘 모르고, 선배들이 하기에는 잡다한 일 말입니다. 제일 바쁘게 움직이는 시기입니다. 바쁜 만큼 가치가 있고 장래가 밝으면 다행입니다. 하지만 반복적인 일상에 비슷한 답이 없는 일을 한다고 느끼는 시기입니다. 높게만 보여 막상 따르기만 했던 선배가 어느 순간 대단한 일을 한 것이 아니라는 걸 알게 되고, 몸을 사리는 모습을 보게 됩니다. 10년, 20년 후에 자신이 이러면 안 되는데 하고 생각이 깊어지면 이때부터 고민하게 됩니다. 현실을 벗어날 방법이 없을까?

저도 꽤 오래전 이야기입니다만, 안 대리와 똑같은 상황을 경험했던 시기가 있었습니다. 대리 3년 차 정도 때가 제일 심했던 것 같습니다. 제조 설비를 담당하고 있었는데, 3년 정도 되니까 라인의 상태는 잘 알게 되었습니다. 처음에는 신기하고 배우는 재미가 있어 하루하루가 어떻게 지나가는지도 모르게 원리와 도면을 찾아보며 기술을 습득했습니다. 하지만 반복적인 일상이 계속되어서인지 좀 자만심이 들었던 것 같습니다. 저에게 계속 물어보는 것들이 많았는데 '다들 이것도 몰랐던 거야?' 하면서 어느 순간 건성으로 대답하게 되었습니다.

저와 업무를 같이하는 현장 반장님들과 참 많이 싸웠습니다. 하루는 반장님이 별명을 지어주었습니다. '싸움닭'이라고. 절대 지지 않고 양보하지 않는다고 말입니다. 지금 생각해보면 '직장인 사춘기'를 보내는 시기였습니다. 이 시기를 잘 지내고 또 한 단계 성숙한 것 같습니다. 아이러니하게 싸우면서 정든다고 하잖아요. 많이 싸웠던 반장님하고 제일 친하게 지냅니다. 지금은 '호형호제'하는 사이가 되었습니다.

대부분은 직장인 사춘기를 슬럼프 정도로 여기고 헤쳐나옵니다. 하지만 더 깊게 고민하고 방황하면 현실을 부정하게 됩니다. 바로 이직을 생각합니다. 자신의 성장을 위해 적성을 찾아 이직하는 것을 나쁘다고 볼 수 없습니다. 하지만 조급한 판단이거나 원하지 않은 결론은 좋지 않습니다. 원인을 찾아 개선해야 이후 질풍노도의 두려움이 없어집니다. 주된 원인은 일종의 스트레스입니다.

일이 몰리고 책임이 뒤따르는 시기입니다. 대부분 경험해보셔서 아시겠지만, 직무와 관련된 일은 3년 정도면 습득이 가능합니다. 어떻게 해야 하는지 경험해보았고, 업무적으로 주변의 여러 사람과 관계를 맺습니다. 누가 이 일을 하는지 알 수 있습니다. 이때 본인 일에 책임을 져야 한다는 부담을 갖게 됩니다. 또 처리 위주의 단순 작업에서 깊이 있는 업무와 조율의 역할을 해야 하는 시기입니다. 여러 사람과 문제를 풀어나가면서 다양한 갈등을 겪게 되는데 이 부분의 스트레스를 슬기롭게 풀어야 합니다. 또 본인이 성장한 만큼의 눈높이로 주위를 보는 시기입니다. 자기가 일고 있던 사항과 다름을 느낍니다. 또 이를 자신의 현재와 비교하는 자기만의 해석이 있습니다.

직장인 사춘기를 그냥 단순하게만 볼 것은 아닙니다. 가볍게만 넘기다 보면 우울증이 찾아올 수 있고, 심하면 대인공포증과 공황장애 등을 경험할 수도 있기 때문입니다. 평소 활달한 외향적 성격의 사람도 예외는 아닙니다. 스트레스가 누적되지 않도록 관리를 해야 합니다. 본인이 평소와 다른 심리 상태라고 인지된다면 주변에 도움을 청하거나 드러내야 합니다. 무엇보다 본인이 정확히 알고 극복하는 방법을 알아야 합니다.

첫 번째, 현재 나의 상황을 잘 이해해야 합니다. 스트레스의 정도가 상이해서 그렇지 직장인 대부분은 스트레스가 있습니다. 원인이 무엇인지 본인이 생각해보아야 합니다. 과도한 업무인지, 특정한 대인관계에서 오는 것인지, 본인의 적성 문제인지 먼저 생각해보아야 합니다. 어려운 이야기일 수 있으나 상사와 자신의 현재 상황을 공유할 필요가 있습니다. 경험에 의하면 이야기하는 자체로 풀리기도 합니다. 이직이 모든 문제에 대한 답은 아닙니다.

두 번째, 비전과 목표를 점검해보는 것입니다. 자신의 방향성을 잠시 잊었을 때 혼란이 있습니다. 목표가 분명하고 단기적인 사소한 것이라도 목적한 바를 이루면 성취감을 느낄 수 있습니다. 직장인은 인정받을 때 본인의 가치와 위치를 알게 됩니다. 직장의 격언에 따르면 "일로 인한 문제는 일로 풀어라."라고 했습니다. 소소한 성취와 인정을 통해 집중함으로써 마음의 혼란을 다잡을 수 있습니다. 저 같은 경우도 방향성을 잃었을 때 대개선 업무를 추진하면서 방황에서 벗어난 경험이 있습니다. 물론 적성에 맞지 않거나 외적인 문제가 아니고 내적인 원인인 경우입니다.

세 번째, 환경에 변화를 주어보는 겁니다. 반복적인 업무나 지루한 일상으로 슬럼프를 받는 경우에 많은 도움이 됩니다. 사실 우리가 직장에 있으면서 주된 업무로 관계된 사람이 얼마나 될까요? 저 같은 경우도 많은 인원이 공장에 있지만 주로 50명 내외의 인원과 관련된 업무를 합니다. 일상에 변화를 주면 자신의 행동과 생각이 환경에 맞게 변하게 됩니다. 이때 다양한 아이디어와 생각이 막혔던 틀에서 벗어나게 됩니다.

청소년기의 사춘기를 잘 지내왔기에 이를 통해 성인이 되어 본인의 역할을 합니다. 직장에서도 잠시 더 큰 성장을 하기 위한 성장통을 겪습니다. 긍정적으로 보면 입사하고 본인의 위치나 능력이 향상하여 현재와 차이가 있다는 얘기입니다. 일종의 기대치가 높아졌다는 방증입니다. 성장통을 피하면 더는 성장할 수 없습니다. 자기 일만큼 가치 있고 중요한 것은 없습니다. 현재의 위치를 다시 한번 점검하는 긍정적 생각이 성장통을 치료해줄 정확한 처방입니다. 적극적으로 본인이 헤쳐나오려는 노력이 필요합니다. 지나오면 아무것도 아닐 수 있습니다. 지나고 나면 힘들었던 사춘기가 오히려 성장의 발판이었다는 사실을 깨닫게 될 겁니다. 오늘 해야 하는 우선순위의 일로 풀어봅시다.

02

여기서 잘하는 인재가
어디서든 잘한다

"주 대리, 이번 여름휴가 때 개조하는 A 라인 준비사항은 어때요? 요즘 자재 구하기가 힘들어서 제때 공사하지 못하는 경우가 있다고 하던데?"

"아, 그런가요? 업체에 알아보겠습니다. 아마 C 업체가 알아서 할 겁니다."

"빨리 확인해서 알려줘요. 우리 건은 일정이 촉박해서 조정이 어렵잖아?"

"네, 알겠습니다. 별일 없을 거예요."

하계휴가 기간 중 A 라인 대개선 공사와 관련하여 생산기술팀 임 팀장과 주 대리가 대화하고 있습니다. 이번 공사의 주 담당자는 주 대리인데 임 팀장의 마음이 더 급한 건 왜일까요? 주 대리의 역량을 아직 정확히 파악하지 못했기 때문입니다. 작년에 해외 파견자가 있어 결원이 생겼고 급한 대로 경력직으로 주 대리를 채용했습니다. 생산기술 업무에 실력이 있고, 실제 경험이 있는 것으로 파악되어 같이 일하게 되었습니다.

고객 일정에 맞추면서 이번에 처음으로 이직 후 실무 투자 업무를 담당하고 있습니다. 하지만 불안하게도 6개월간 보여준 주 대리의 능력은 없었습니다. 업무를 파악하고 확인하는 과정이 거의 말로 이루어집니다. '근거와 데이터'를 보자고 하면, 엉뚱한 걸 가져오거나 말로 잘됐다고 합니다. 처음부터 제대로 가르쳐주지 않아서인지 불안하고, 이전 회사에서는 무엇을 배운 건지 확인하고 싶은 심정입니다.

"주 대리, 오전부터 알아보라고 한 A 라인 준비사항 어떻게 됐어요?"
"네, 그게, 자재 수급 문제가 조금 있는 것 같습니다. 전적으로 C 업체 책임입니다."
"그걸 왜 이제야 보고해! 어떻게든 조정을 해야 하니 당장 내일 관련 부서하고 C 업체 미팅을 잡아주세요."

임 팀장의 마음이 더 급해졌습니다. 내일 어떻게든 조정이 됐으면 하는 마음으로 실무 검토를 합니다. 매사에 진지하지 못하고 역량이 부족한 주 대리의 업무를 확인하지 못한 것에 후회가 듭니다. 업무를 제대로 배우려고는 하지 않고, 여기는 급여가 적고, 하는 일은 많고, 복지 혜택도 별로라고 하면서 '기회만 되면 이직하겠다.'라고 말하는 소리가 오늘은 더 귀에 거슬립니다.

지금은 평생직장의 개념이 없어진 지 오래되었습니다. 또 자신의 적성과 가치를 찾아 잦은 이직을 합니다.

"적극적으로 자신의 가치를 알아주는 곳을 찾는 면이 있네." 하며 오히려 이직을 좋게 보기도 합니다. 최근 취업 포털 사이트 잡코리아가 2021년 3월에 직장인 이직률을 조사한 자료가 있습니다. 직장인들이 첫 이직한 시기는 '입사 후 1년 이상 2년 미만'(20.5%), '입사 후 6개월 이상 1년 미만'(19.9%), '입사 후 2년 이상 3년 미만'(16.3%) 순으로 나타났습니다. 특히 20대는 '입사 후 6개월에서 1년 미만' 사이에 첫 이직을 경험하는 비율이 29.0%로 가장 높았습니다.

이직 사유로는 직장 내 인간관계에 대한 고민, 업무 자신감 부족, 급여, 장래 안정성 등 여러 이유가 있습니다. 자신의 능력과 가치를 더 높게 인정하며 이직하는 것은 다행입니다. 하지만 부적응과 역량 부족의 문제라면 이직해서도 여전히 어려움을 겪게 됩니다. 현재의 위치에서 자신의 역량과 성과를 먼저 인정받아야 할 필요가 있습니다. 제대로 업무를 배우고 열정을 담아야 합니다. 조금 힘들면 면피성으로 '여기는 적성에 맞지 않아.'라고 구실을 대고 이직을 합니다. 마음이야 여기에서 부정적인 모습을 정리하고, 새로운 곳에서 잘 해보려는 마음이 있습니다. 하지만 열정과 목표, 제대로 배운 업무가 없으면 어디서든 제 역량을 펼치기 힘듭니다. 제 주위에서도 간혹 이직하는 사람들이 있습니다. 여기에는 저와 같이 입사하여 이직한 동기들도 포함됩니다. 뚜렷한 목적 없이 현재의 위치보다 좋을 것 같다는 막연한 기대로 이직해서 적응하기가 힘들다는 얘기를 많이 듣습니다. 간혹 결혼식이나 상가에서 마주칠 경우가 있는데, 솔직히 후회하는 경우가 더 많은 것 같습니다.

세상에는 정답이 없듯이 이직에 대한 정답 역시 없다고 생각합니다. 하지만 요즘은 변화에 비중을 크게 두고 부추기는 경향도 있습니다. 서점에 가면 '세상을 크게 봐라, 행동하고 실행해야 성공한다, 꿈을 찾아 떠나라.' 라고 말하는 성공한 분들의 이야기가 가득합니다. 적극적이고 진취적인 이상은 본받아야 합니다만 이직만이 답이 아님을 알아야 합니다.

꼭 이직이 아니어도 회사에서도 자주 이동하는 직원이 있습니다. 다양한 경험을 하는 것은 값진 행동입니다. 한가지 업무만 반복적으로 10년 이상을 한다면 변화를 줄 필요가 있습니다. 연말에 부서 이동에 대한 시행을 검토할 때가 있습니다. 두 가지 특징이 있습니다. 이전부서에서 역량을 인정받고 성과가 좋은 직원은 서로 모셔가려고 합니다. 딱히 변경되는 부서에서 같은 일을 하지 않고 배워서 하는 업무라도 말입니다. 이미 이전 부서에서 평판과 성과를 인정받았기에 이동하는 부서에서도 잘할 수 있다는 기대감이 있기 때문입니다. 또 한 부류는 서로 부서 배치 받아주는 것을 싫어하는 직원입니다. 평소에 보았던 직원의 평판과 역량을 알기 때문입니다. 사내에서도 내가 선택받지 못할 때의 기분은 좋지 않습니다. 내가 적극적으로 움직이고 제대로 일을 배워야 하는 이유입니다.

회사는 조직 구조이고 시스템으로 일이 진행되어야 잘 돌아간다고 합니다. 어느 위치든 어느 업무든 시스템화되어 표준으로 업무가 진행되어야 합니다. 하지만 회사 격언에 "일이 사람 따라간다."라는 말이 있습니다. 사람이 이동하면 기존의 업무는 놔두고 새로운 후임이 하고 이동한 사람은 새로운 주어진 업무를 해야 하는데 기존 일도 가지고 가는 경우를 말합니다. 일반적인 일이 아니고 그 사람만이 잘하는 무엇인가 특별한 능력이 있어 다른 사람이 하지 못하는 경우입니다. 이런 분들은 이미 평판이 좋고 능력을 인정받아 일반적인 업무보다 중요한 일을 하게 됩니다.

이렇게 되면서 중요한 일이 이 사람으로 모이게 되고 점점 역량이 향상되는 일의 집중화가 됩니다. 가령 회사에서 어학이 남들과 차별화가 있어 관련 일이 모인다든지, 분석 능력과 문제 해결력이 남다를 때 기술적 문제가 생기면 이 사람에게 일이 갈 수밖에 없습니다. 일을 제대로 배워 능력과 역량을 펼칠 때 가능합니다. 일의 편중화가 시작된 것입니다. 잘하는 사람에게 이에 맞는 도전적이고 큰 프로젝트의 업무가 모입니다. 그 외에는 평범하거나 반복적인 업무를 하게 됩니다.

회사에서는 여러 가지 일을 나누어 전문성을 가지고 일을 합니다. 참 여러 부서가 있습니다. 제조, 생산기술, 구매, 품질관리, 총무, 연구소, HR. 여기에 외국에 법인이 있는 경우는 더 다양한 조직으로 구성되어 있습니다. 많은 곳에서 다양한 경험을 하는 것만큼 값진 것은 없습니다. 자신의 경력 개발과 역량을 높이기 위해 경험하는 것은 바람직한 행동입니다. 현재 있는 부서나 부문의 일이 힘들다 하여 떠돌이처럼 여기저기 이동해서는 곤란합니다. 전문성도 없거니와 자신의 실력을 쌓을 기회도 얻지 못하기 때문입니다.

제조 엔지니어로 입사한 K가 있습니다. 처음엔 제조 부문의 엔지니어로 입사하여 근무하였지만, 자기 생각이나 능력을 보여주지 못하는 정도가 되었습니다. 보통은 제조 관련된 엔지니어로서의 역량을 충분히 쌓을 때까지는 유사한 업무를 합니다. 제조, 생산기술, 품질 부문 등을 말합니다. 적응에 어려움이 있어서인지 자신의 경력 관리를 잘하지 못하였습니다. 제조에 1년, 구매에 2년, 품질관리 2년, 총무 업무 1년을 하다가 구매에 다시 이동하여 1년을 다니다가 그만두었습니다. 마지막에 퇴사하면서 "잘 가르쳐주는 멘토가 없어 어렵다."라고 했습니다. 어느 한 부서에서 본인의 능력을 충분히 보여주지 못하거나, 본인이 원하는 업무를 습득하지 못하였다면 다시 생각해볼 문제입니다.

기본적으로 본인이 해야 하는 본질의 일 외에도 알아둘 필요가 있는 기본기가 있습니다. 보고 요령, 분석 능력, 일정 관리, 기획력을 바탕으로 하는 역량 등을 제대로 배워야 합니다. 가르쳐주지 않는다고 회사를 탓하기보다 본인이 알려고 하는 노력도 같이 병행되어야 합니다. 이것도 시기가 있는 것 같습니다. 가능하면 대리 정도가 되는 초급 사원 때는 잦은 이동보다는 일하는 방법을 잘 알아두는 게 좋습니다. 자신이 하는 일의 가치가 소중하다는 것을 생각해야 합니다. 현재의 위치에서 좋은 평판과 문제 해결 능력을 보이는 역량을 쌓아 실력으로 어필해야 합니다.

지금은 '평생직장'이라는 말을 잘 쓰지 않습니다. 하지만 직장은 단기적으로만 볼 것이 아닙니다. 장기전을 생각해야 합니다. 깊이 없이 이곳저곳에서 일하는 것은 소모성 처리의 업무일 뿐입니다. 제대로 업무를 잘 배우면 어디서든 모셔가게 되어 있습니다. 현재 본인의 일이 가치가 있는 것입니다. 현재의 일에 최선을 다해 능력과 역량을 펼쳐 성과를 만들어야 합니다. 지금의 일에서 승부를 본 후 더 큰 곳을 향해 움직여도 충분합니다. 한 번 제대로 배운 인재는 어디서든 통합니다. 여기에서 잘하는 사람이 어디를 가서도 본인의 능력을 충분히 보여줄 수 있습니다. 지금 현재 당신은 무슨 일을 하고 계십니까?

03

자신의 거울로
상대를 보지 마라

구매부서 윤 차장이 근무하는 곳은 대기업 식품제조 S 기업입니다. 윤 차장의 마음이 요즘 한창 피기 시작하는 벚꽃같이 한결 가볍습니다. 처음 이 주임을 마주했을 때는 얼마나 견딜까 생각했습니다. 이 주임은 작년 8월경 몇몇 신입사원들과 같이 입사하여 윤 차장 부서에 배치되었습니다. 몇 년 만에 들어오는 신입사원으로 모두 기대가 컸습니다. 부서에 활기가 넘칠 것으로 '새 얼굴'에 대한 기대와 궁금증으로 가득했습니다.

부서원 모두의 관심이 부담스러워서일까? 이 주임의 돌출 행동에 모두가 놀라고 있습니다. 어느 날부터 출근 시간이 임박하여 회사에 도착하는 날이 늘고 있었습니다. 직접 사수로서 업무를 가르쳐주고 있는 윤 차장 처지에서는 다른 부서원의 눈치도 보였습니다. 하루는 차를 마시며 조용히 근태에 관해 얘기했습니다.

"이 주임, 출근 시간 임박하여 오면 업무 파악하는 데 지장이 있으니 가능하면 30분 정도 일찍 와서 정리하면 여유가 있어 좋겠다."

이렇게 전달한 일이 있었습니다. 몹시 당황한 건 며칠 후였습니다. 팀장 주관의 전체 회의에서 팀 회의 마지막에 추가 안건이 있는지 팀장이 물었습니다. 평소 조용하고 자기 얘기를 하지 않던 이 주임의 말 한마디에 팀 분위기가 적막으로 가득 찼습니다.

"요즘 업무 파악 및 준비를 위해 30분 일찍 오고 있는데, 그러면 30분 일찍 퇴근해도 되나요?"

순간 모두 당황하여 웃고 넘어갔지만, 윤 차장의 등에서 땀이 비 오듯 흐르고, 어디에 시선을 두어야 할지 몰라 당황했습니다. 말로만 듣던 밀레니얼 세대와의 생각의 차이인가 하고 걱정이 되었습니다. 이후도 기성세대가 이해하지 못하는 행동은 있었습니다. 팀 회식 등에는 참석하지 않는 경우가 많고, 회의에서도 자기주장이 없는 등 대인관계에 상당한 우려가 되었습니다.

외부 회의 및 대외 업무가 많은 구매부서의 특성을 고려하면, 이 주임 행동으로는 얼마 다니지 못할 것이라는 생각이 들었습니다. 하지만 기우였습니다. 대면 접촉할 때와는 다르게 코로나로 인한 사회적 거리 두기 차원에서 회사에서도 재택근무가 시행되었습니다.

이때부터 이 주임에 대한 평가가 달라지기 시작했습니다. 누가 보든 보지 않든 근무시간에 일일 보고해야 하는 업무를 논리 정연하게 당일 완료하는 것이 아니겠습니까? 일부 사원들이 보이지 않는다고 근무가 느슨한 면을 고려하면, 이 주임의 메일을 통한 근무는 어느 때보다도 활기가 넘쳤습니다. 특히 이번에 업체 선정을 위한 회의를 생소한 TEAMS 를 통해 실시했는데, 이 주임의 진가가 발휘되었습니다. 기존 선배들이 익숙하지 않은 화면상의 회의에서 어설픈 토론이 이루어질 때, 이 주임의 업체 선정 근거는 자료를 통한 논리가 정연하여 우리가 아는 이 주임이 맞는지 윤 차장은 혼돈스러울 지경이었습니다.

윤 차장은 요즘 한시름 놓았다고 생각합니다. 우리와 차이가 있어서 표현의 방식이 다를 뿐이라고 주변에 얘기하고 있습니다. '누가 우리 이 주임 보고 존재감이 없다고, 몇 년 못 버틸 거라고 했어!'라고 큰소리치며 어깨를 높이고 있습니다. 기성세대가 보면 이해하기 어렵지만, 이 주임은 전형적인 밀레니얼 세대였습니다.

나는 20대 청년 시절에 X세대라는 말을 많이 들었습니다. 또 그 당시에도 톡톡 튀는 행동 및 자기주장이 강하였습니다. 지금 저의 세대가 밀레니얼 세대를 보듯 이전 세대가 X세대를 보고 격세지감을 많이 느꼈을 것으로 생각합니다. 밀레니얼 세대는 X세대 다음의 세대라 하여 Y세대라고도 하고 MZ 세대라고도 합니다.

흔히 1980년대 초부터 2002년 월드컵 대회 사이에 출생한 세대를 밀레니얼 세대라고 합니다. 이를 처음 정리한 사람이 있었습니다. 미국 세대 전문가인 닐 하우와 윌리엄 스트라우스가 1991년 펴낸 책『세대들, 미국 미래의 역사(Generations : The History of America's Future)』에서 처음 사용하였습니다. 이 세대에는 특징이 있습니다. 청소년기 때부터 인터넷을 사용하였습니다. 모바일, 소셜네트워크서비스(SNS) 등 정보기술(IT)에 능통하며, 대학 진학률이 높은 특징이 있습니다. 이 세대는 우리가 잘 아는 2008년 글로벌 금융위기를 겪은 기억이 있습니다. 사회적으로 진출할 때부터 고용 감소, 일자리 질 저하 등을 겪었습니다. 많은 이가 대학을 나왔으나 평균 소득이 낮아 대학 학자금 부담을 안고 사회생활을 시작한 세대입니다. 한편 내가 속한 X세대는 1970년대를 전후해서 태어난 세대를 말합니다. 그에 앞서 태어난 1955년부터 1963년 사이에 있는 세대를 베이비붐 세대라고 합니다. 전쟁 후에 인구가 급격히 늘어나는 시기였습니다. 이 두 세대를 지금은 기성세대라고 합니다. 저 같은 경우도 80년대 3저라고 하는 경제 호황기를 겪었습니다. 이러다 1997년 외환위기를 겪으며 앞선 세대의 경제 양극화를 보고 자랐습니다.

여기에 더하여 1995년 이후에 태어난 세대를 Z세대라고 합니다. 아직은 사회에 많이 진출하지는 않았습니다. 기업에서는 X세대인 기성세대와 밀레니얼 세대가 주류가 되어 구성되는 경우가 많습니다. 다양한 세대가 공존하면서 무엇보다 중요해지는 것이 있습니다. 소통이 무엇보다 중요한 요인이 되고 있습니다. 제가 있는 기업에서도 요즘 세대 간 생각의 차이가 많이 나는 사항이 있습니다. 주 52시간 근무라는 법률적 준수를 위해 모두 적응하고 있는 것 같습니다. 사실 기성세대가 입사하던 90년대에는 토요일도 오전 근무가 있던 시절이었습니다. 학교도 오전 수업이 있었습니다. 토요일, 일요일 연속 근무도 있었습니다. 그 시절 때는 업무에 투입되는 절대량이 많았을 때였습니다.

몇 해 전인가 후배와 진솔한 얘기를 나눈 적이 있습니다. 기성세대인 내 눈으로 보던 시각에서 많이 배운 계기가 되었습니다. 밀레니얼 세대 모두가 그런 것은 아니지만, 본인을 포함하여 알아서 일을 처리하는 데 어려움이 있다고 했습니다. 학창 시절부터 수능을 준비하면서 학원이나 학습 계획 등 여러 가지 일을 부모님이 하라는 대로 이끌어오는 습관이 있다고 했습니다. 본인도 알아서 잘하고 싶은데 잘되지 않는다는 것입니다. 당분간은 일을 알려줄 때 좀 더 구체적으로 알려주길 부탁했습니다. 이 부분은 어느 책에서 읽은 상황과 잘 맞아 이해되었습니다. 기성세대들은 형제자매가 많습니다. 자라면서 치열하게 이미 경쟁하고 부모가 일일이 챙기지 못해 친구, 형제들 하는 것 보고 자랐습니다. 지금의 밀레니얼 세대는 형제가 많으면 두 명 내지 혼자인 경우가 많습니다. 온갖 관심을 부모로부터 받고 자라며, 원하는 것은 대부분 이루고, 부모님이 알아서 많은 부분을 챙겨주는 시기입니다. 혼자서 고민하고 스스로 해볼 기회를 놓친 세대입니다.

또 다른 특징은 소통의 방식입니다. 학교 중심에서 학원으로 학습권이 바뀐 상황입니다. 학교 끝나고 어울려 다니던 기성세대와 달리 밀레니얼 세대는 학원에서 늦게까지 있으며, 대면 접촉의 교우 관계가 변했습니다. 여기에 PC 및 휴대폰에 익숙하면서 SNS로 실시간 빠르게 소통하는 데 익숙합니다. 단문의 의사소통에는 익숙한 데 비해 대면보고 등 대면 접촉에는 어려움을 호소하는 이가 있습니다.

마지막으로 자기 권리 주장이 강하며, 정해진 규칙의 준수를 용납하지 않는 경향이 있습니다. 학자들은 아마도 어려서부터 IMF, 금융위기를 학습하며, 기존의 기성세대들이 겪은 고통을 준비하는 듯하다고 말합니다. 사실 기성세대들은 그때는 당연한 것으로 받아들였습니다. 늦게까지 남아 잔업도 하고, 때론 일을 싸 들고 집으로 향하던 때입니다. 오히려 하라고 하면 반드시 해야 하는 것으로 생각하고 추진하던 시절 말입니다. 지금의 밀레니얼 세대가 정해진 근무여건 및 본인의 권리를 찾으려는 행동은 당연하고 향후도 계속해서 변해야 하는 방향입니다.

지금의 밀레니얼 세대가 기성세대가 되는 날도 멀지 않았습니다. 1995년 이후에 태어난 세대를 Z세대라 합니다. 아직 정해진 이름은 없는 세대로 사회로 진출하기 시작하고 있습니다. 이 세대는 태어날 때부터 휴대폰을 사용하고, 앉아서 모든 것을 해결할 수 있는 환경에서 자랐습니다. 그야말로 '초스피드' 및 '카톡' 등 개인 SNS에 익숙합니다. 기존에는 우리가 여러 가지 기능을 한군데로 모으는 데 많은 시간이 걸렸습니다. 하지만 휴대폰 하나로 모든 것을 해결하는 세대와는 생각의 차이가 큽니다. 요즘은 사전, 카메라, 책을 휴대하지 않아도 되며, 원하는 것을 주문하여 해결합니다. 이것을 학습하여 사용하는 세대와 태어날 때부터 노출되어 사용하는 세대와는 생각의 차이가 분명 있습니다.

우리 모두에게는 자신만의 거울이 있습니다. 넓게는 살아온 환경부터 본인이 가지고 있는 개성까지 모두 존중되어야 합니다. 무엇보다 중요한 가치입니다. 나와 살아온 배경이 달라 나의 눈으로만 보면 많은 것이 틀리게 보입니다. 하지만 내 거울이 아닌 상대방의 거울로 같이 보면 틀림이 아니라 다름일 뿐입니다. 특히 기성세대들이 경험을 많이 가지고 있어 과거의 틀에 다가올 세대를 가두는 경향이 있습니다. 열린 마음으로 상대를 이해하고자 한다면, 더 소통하고 나에게 다가올 수 있다고 생각합니다. 관점을 바꾸어보면 어떨까요?

옳고 그름이 아닙니다. 차이도 아닙니다. 단지 나와 다름일 뿐입니다.

04

혼자 고민하지 마, 들어줄게!

"오늘 회사에서 당신의 고민은 무엇이었는지요?"

2010년대 들어서면서 직장에서 유행처럼 번진 키워드가 있습니다. 워라밸(Work and Life Balance)입니다. 말 그대로 '일과 가정을 조화롭게 유지해서 삶의 질을 높인다.'라는 뜻입니다. 몇 년 전부터 법제화된 주 52시간 근무와 관련된 법령이 시행되면서 우리나라도 많은 기업에서 야근을 지양하는 문화가 조금씩 자리 잡고 있습니다. 하지만 여전히 경력직 직장인이 이직 시 고려하는 사항 중에 '워라밸'이 항상 상위권에 자리 잡은 걸 보면 여전히 미흡한 현실입니다. 워라밸이 미흡하거나 야근을 하는 것은 직장에 개선을 요구할 수 있는 권리에 해당합니다. 고민과는 차이가 있습니다.

"장 대리, 생산 시스템 변경 관련한 프로그램 개발은 잘되나요? 전산 2팀 연 대리가 개발하는 품질 시스템 프로그램은 초기 시스템이 구동 중이라고 하던데."

"네, 저도 잘되고 있습니다. 조금 더 시간이 필요할 뿐입니다……."

"언제쯤 될까? 궁금해서……."

"……."

자동차 부품업체 P 사에 근무하는 장 대리는 전산 개발 프로그램을 담당하고 있습니다. 신규 생산 시스템 개발로 오늘도 밤을 새우다시피 야근을 하고 있습니다. 자신이 잘 안다고, 업무 처리가 가능하다고 프로젝트를 맡았지만, 막상 이전 회사와 시스템 차이가 있어 고전하고 있습니다. 어제도 밤을 새우다시피 해서 보고 있지만 주어진 3일 안으로는 구현이 어려워 전전긍긍하고 있습니다. 여기에 '딴지왕' 연 차장이 도와주지는 못할망정 계속 자신의 개발 능력을 의심하고 부정적으로 보고 있습니다. '여기는 나와 잘 맞지 않는데, 이참에 다시 이직할까?' 하고 생각하는 단계에까지 이르렀습니다. 전 직장에서 이직한 지 6개월밖에 안 되어 어떻게든 있어보려 했는데 말입니다. 일은 적응하기 어렵고 사람도 부정적으로 딴지 거는 사람이 있다 보니 하루하루가 힘듭니다.

지금은 밀레니얼 세대가 빠르게 기업의 주축이 되는 시기입니다. 밀레니얼 세대는 기존의 기성세대하고는 또 다른 환경을 거쳤습니다. 기성세대는 흔히 '콩나물' 교실에서 자랐다고 할 만큼 열악한 현실에서 학습을 경험했습니다. 반면에 MZ 세대는 자라면서 인터넷과 휴대폰의 발달로 연필보다 자판이 더 자연스러운 환경에서 시작했습니다. 학창 시절 시험에 의해 성장한 세대로 구분됩니다. 고등학교까지 의무교육을 받았으며, 문제에 대한 고민과 해결 없이 오로지 객관식 시험지에 인생을 맡긴 채 성장했습니다. 이런 교육을 통해 성장하다 보니 문제를 해결하는 방법에 대해 다양한 시도를 해보기보다, 답을 먼저 찾아보는 습관이 생겼습니다.

사례의 장 대리처럼 직장생활을 몇 년 경험한 직원도 이직을 통해 환경이 바뀌면 적응에 상당한 어려움을 겪습니다. 환경이 달라졌다면 달라진 환경에 본인이 빨리 적응해야 합니다. 상황을 빨리 판단하고 대응할 필요가 있습니다. 이럴 때일수록 너무 조바심내지 않아야 합니다. 조바심은 될 일도 안 되게 만들 수 있으니까요. 새로운 직장에 빨리 익숙해지고 업무에 대해 도전을 해야 합니다. 우선 환경이 바뀌면 누구든 변경된 환경을 알아야 합니다.

"로마에 가면 로마법을 따르라."라는 말이 있지만 무조건 조직 문화에 흡수되라고 말하고 싶지는 않습니다. 다만 변경된 환경이 무엇이 나와 맞고 어떤 것이 맞지 않는지를 빨리 파악할 필요가 있습니다. 부정하기보다는 내가 입사한 조직의 문화부터 제대로 이해하는 게 우선입니다. 같이 일하게 될 동료, 상사에게 일하면서 느끼는 업무 진행 방식의 장점이나 단점, 전반적인 불편한 점을 파악해볼 필요가 있습니다. 업무 외 미팅이나 회식, 식사에 참석하여 같이 어울리는 게 필요합니다. 자신에게 맞는 동료를 찾는 것도 필요합니다. 단순히 일하면서 알게 되는 직급상의 동료가 아니고 마음을 열 수 있는 동료 말입니다. 상사나 친하지 않은 동료들에게 물어보기 부끄럽거나 눈치 보이는 작은 궁금증도 '진짜' 동료를 통해 해소할 수 있습니다.

사실 새로운 사람은 자기 자신이고, 나머지는 모두 이 환경에 익숙한 사람들입니다. 내가 가만히 눈치만 보고 내게 먼저 와주는 사람들만 응대하면 확장성이 없습니다. 모두 일을 하느라 바쁜데 귀찮게 할 필요는 없습니다. 그러나 본인이 새로운 얼굴인 만큼 마주치면 먼저 인사하고, 자기를 척극적으로 알릴 필요가 있습니다.

올해에 취업 사이트 '사람인'에서 MZ 세대에게 설문 조사한 내용이 있습니다. '가장 입사하기 싫은 기업은?'이란 주제로 설문 조사하였습니다.

2,708명에게 설문 조사했고 2030 세대에 한정했습니다. 1위를 차지한, '야근, 주말 출근 등 초과근무 많은 기업'이 31.5%로 그 비율이 가장 높았습니다. 2위가 '업무량 대비 연봉이 낮은 기업'으로 23.5%였습니다. 3위는 '군대식 문화 등 소통이 어려운 기업'으로 13.1%였습니다. 4위가 '연차 등 휴가사용이 자유롭지 못한 기업'이었는데 9.9%였습니다. 이외 기타가 있었습니다.

전체적으로 보면 MZ 세대는 급여보다는 '워라밸'에 더 높은 가치를 두고 있는 것으로 판단됩니다. 실제 직장에서 MZ 세대가 많은 고민하는 것 중에는 자신이 하는 일에서 어려움을 겪을 때입니다. 방법이나 일정 등 다가오는 문제 해결에 대한 압박이 있기 때문입니다. 자존심이 있어 쉽게 얘기하지 못하는 환경이나 도움을 받을 수 없는 경우에 어려움이 가중됩니다. 워라밸은 불편과 불만으로 표출되지만, 일로 인한 스트레스 압박은 혼자 고민하고 고민하다가 퇴사의 형태로 표출됩니다.

제 주변에서도 흔히 일어났던 얘기입니다. 퇴사 이후 준비도 없이 우선 지금의 현재를 떠나고자 하는 면이 강하면 이성적이지 못하는 행동을 하게 됩니다. 또 본인의 일에서 의미를 찾지 못할 때도 이직을 염두에 두고 고민하게 됩니다. 역시 고민의 답을 찾지 못하거나 깊어지면 이직을 고려하게 됩니다. '이직한다'고 얘기하는 사람 중에 실제로 액션 플랜을 가동하는 사람은 많지 않았습니다.

누구든 혼자 고민해야 하는 사항은 있습니다. 또 고민한 만큼 성장하기도 합니다. 그러나 고민을 통해 방법을 찾거나 방향성을 알았다면 결과가 좋지 않더라도 나름대로 의미는 있습니다. 고민 끝에 내린 결정이 이직이거나 나쁜 결론이라면 그리고 본인이 원하는 결론이 아니라면 방법이 틀린 경우입니다. 고민을 덜어줄 방법을 적극적으로 찾아보는 것이 먼저입니다.

첫 번째, 본인의 고민을 오픈해보는 것입니다. 본인이 고민하고 잘 안되는 내용을 동료나 상사에게 오픈하는 것이 첫 번째입니다. 본인의 마음을 알겠지 하고 생각하는 소극적 자세로는 도움을 받을 수 없습니다. 또 혼자만의 프레임에 한번 갇히면 오히려 몰라준다고 오해하여 더 가중되는 때도 있습니다. 상사나 인간관계에 의한 상처가 있더라도 상대에게 오픈하여 의사를 정확히 전달하여야 합니다.

두 번째는 일을 더 확대해보는 겁니다. 본인 생각에는 오픈한다고 동료나 수평적 관계인에게 공유하였으나 풀리지 않을 때 유용합니다. 모두가 바쁘고, 고민 사항에 힘쓸 여력이 없어 해결되지 않을 때 더 확대해보는 것입니다. 사례와 같이 기술적 문제나 본인이 감당하기 어려운 문제 해결에 도움이 됩니다. 즉각적 반응이 오며 조기 해결될 수 있습니다. 다만, 이런 걸 얘기한다고 싫어하는 이가 있으나 전체를 보는 측면에서는 필요한 방법입니다.

세 번째는 본인의 의도를 정확히 파악해보는 것입니다. 본인의 일에 의미를 찾지 못해 고민하는 경우를 말합니다. 본인이 하고자 하는 것은 어떤 것인지 현재 문제를 재정립해보는 것입니다. 흔히 얘기하는 원점에서 다시 문제를 보는 것을 말합니다. 문제의 중심을 본인에게 다시 가져와 새롭게 보는 것입니다.

일반적인 직장인이라면 잠자는 시간을 제외하고는 하루의 절반 이상, 일주일에 7일 중 5일을 일합니다. 또 퇴근해서도 일의 연장이라는 생각이 있습니다. 삶의 전부라 해도 과언이 아닌 직장생활에서 혼자 고민하며 방황하는 일은 줄여야 합니다. 직장인에게 적당한 고민은 성장과 비례합니다. 하지만 고민을 통해 공유하고 성장하는 과정이어야 합니다. 말 못 할 혼자만의 고민으로 스스로 프레임에 갇히는 것은 바람직하지 않은 방향입니다. 적극적으로 오픈하여 상대가 정확히 도움을 줄 수 있도록 공유합니다. 오픈되는 것만으로도 자신의 일에 팔을 걷어붙이는 것에서 의미를 찾기도 합니다. 혼자라는 큰 프레임에 갇혔던 자신이 의외로 빨리 빠져나올 수 있습니다. 오늘 당신의 고민은 공유되었나요?

힘들면 힘들다고
말해, 큰 소리로

작년부터 이어져온 코로나 상황도 조금씩 희망의 터널이 보이기 시작하는 것 같습니다. 연일 뉴스에서 백신 접종이 원활하다고 합니다. 여름부터는 야외에서 마스크를 벗는다는 얘기도 들립니다. 일상으로 돌아갈 날에 모두 기대를 품고 있습니다. 무더위가 찾아오는 요즘 모두의 가슴에는 그래도 희망이 있습니다.

모두가 일상으로 돌아갈 희망을 기대하고 있는데 원 대리의 마음은 점점 더 무거워지는 것 같습니다. IT 업체 재무팀에 근무하는 원 대리는 대학을 다니면서도 회계를 별도 공부해서인지 사내에서도 잘 나가는 '재무통'으로 통합니다. 많은 숫자에서 틀리는 경우가 없고, 자금의 흐름을 이해하기 쉽게 표현하는 능력이 있어 인정을 받고 있습니다. 하지만 속으로 혼자 삭이고 있는 게 있습니다.

밀레니얼 세대로 치열하게 공부하고 책을 좋아하는 내성적 성격의 인물입니다. 남들과 치열하게 어울리는 것보다는 혼자 생각하고 음악을 듣는 걸 좋아합니다. 다른 사람의 부탁을 잘 거절하지 못하는 까닭에 손해 보는 것도 참 많습니다. 상반기 마감으로 그렇지 않아도 챙겨야 할 자료가 많은데 남의 일까지 가중되면서 자책감마저 들고 있습니다.

"원 대리 정말 미안하지만, 나 이것 좀 도와줄 수 있어? 웬만하면 내가 하겠는데, 절친 친구 아버님이 갑자기 상을 당해서 거기 가야 하거든. 한 번만 도와줘라!"
"나도 엄청 바쁘고, 1/4분기 마감할 때도 그러셨잖아요."
"어! 그랬나. 이번엔 경우가 틀려 부탁할게. 내가 한턱낼게."
"이번이 마지막입니다."

결국, 원 대리는 양 과장의 일까지 맡고 말았습니다. 상가에 간다는 사람이 웃으며 내일도 월차를 냈는데 진짜 상이 있는 건지도 묻고 싶었습니다. 선배는 선배니까 이해라도 하는데, 후배 일까지 맡고 있습니다.

"대리님, 이거 이렇게 하는 게 맞나요? 지난번처럼 합계가 맞지 않으면 다시 해야 하는데, 대리님, 좀 도와주세요."

"저번 달에도 알려줬잖아! 가르쳐준 대로 다시 해봐!"

"매뉴얼이 더 헷갈려요."

"그러면 평상시에 연습을 좀 해놓지!"

고 주임은 외형적으로 전형적인 뺀질이 유형입니다. 평소에 알려고 하고 노력해야 하는데 주로 입력만 하려고 하고 시스템 이해를 전혀 하지 않으려 합니다. 그런 태도를 원 대리는 이해하기 힘듭니다. 자기 업무를 잘해보려는 욕심도 없고 스스로 할 줄 몰라도 태연한, 고 주임을 보면 다른 사람이라 생각합니다. 또 대충해서 틀리면 원 대리가 다시 해야 하는 상황입니다.

본인만 손해보는 것 같아 마음이 좋지 않습니다. 또 불합리를 적극적으로 말하지 못하는 본인의 성격을 조금 한탄합니다. 이번에는 팀장님에게 면담을 신청해볼 계획입니다. 본인도 집에 100일 된 딸이 있습니다.

육아에 힘들어하는 아내를 생각하면 일찍 가지 못하는 상황을 더 분해합니다. 이직하고 싶은 마음도 있지만, 눈에 아른거리는 딸을 생각하고, 아내를 생각하면 쉽게 이직하기 어렵다고 생각하고 있습니다.

지금은 '직장 내 괴롭힘 금지법'이 시행되고 있습니다. 2019년 7월부터 적용되었습니다. 직장에서 일 잘하는 사람에게 일이 몰리는 일은 흔합니다. 동료들 간에 업무 떠넘기기 사례인데 법의 문제인지는 잘 모르겠습니다. 또 원 대리도 법을 통해 해결하는 것은 마음이 편치 않습니다. 그렇다고 자기가 계속 손해를 보는 것은 분해서 개선이 필요하다고 생각하고 있습니다. 이런 사례가 직장 내에서 적지 않게 발생하고 있습니다.

우리는 직장에서 꼭 업무적인 어려움 외에도 다양한 일로 혼자 삭히고 있는 사람들을 볼 수 있습니다. 급여나 환경 조건 등으로 맞지 않아 만족하지 못하는 때도 있습니다. 상사나 주변 동료와의 갈등으로 힘들어하는 직장인이 많습니다. 특히 주중에는 하루 대부분을 회사에서 보내면서 갈등이 있는 동료와 같이 있는 것만큼 어려운 것도 없습니다. 기성세대들은 여러 형제가 함께 어울려 자랐습니다. 입사할 때도 동기들과 어울리며 어려움을 주거니 받거니 하면서 푸는 때도 있었습니다. 선배들이 어려워서 시키면 시키는 대로 했습니다. 대신 저녁에 술 한잔으로 서운함을 토로하면서 회포를 풀었습니다. 그래도 많은 소통이 있었기에 혼자 고민하거나, 말 못 하는 사정은 지금보다 없었던 것으로 생각됩니다.

'열심히 일한 당신! 떠나라!'라고 한 유명한 광고 문구가 있습니다. 요즘은 열심히 일해서 휴가를 받아도 갈 곳이 없다는 얘기들을 많이 합니다. 코로나로 해외여행은 아예 막혀 있고, 또 격리 기간을 고려하면 자유스럽지 않습니다. 우리가 직장에서 한 번쯤은 슬럼프를 겪지 않았나 생각합니다. 특히 사례의 원 대리처럼 말입니다. 직장에서 인정을 받아 일이 많아지는 시기입니다. 또 결혼하고 자녀가 태어나는 시기로 자기만의 시간이 적어지는 시기입니다. 혼자일 때는 하고 싶은 것 있으면 바로 결정해서 하고 했는데 말입니다. 돌봐야 할 가족이 있기에 몸과 마음이 때로는 무겁고 그로 인해 이 시절에 슬럼프가 옵니다.

저는 슬럼프를 다른 각도에서 보고 있습니다. 누구든지 슬럼프는 올 수 있습니다. 그러나 아무에게나 슬럼프가 오지는 않습니다. 슬럼프는 열심히 노력했기 때문에 오는 것입니다. 만약 당신에게 슬럼프가 왔다면 당신이 열심히 노력했다는 증거입니다. 이제는 한 걸음 더 전진하기 위한 준비 기간입니다. 슬럼프가 왔을 때 가장 중요한 것은 자신을 믿는 겁니다. 슬럼프가 멈추어 있는 시간이 아니라는 사실을 알았으면 합니다. 긴 터널을 지나는 중간입니다. 곧 밝은 밖으로 나올 준비를 하는 시기입니다. 그럼에도 불구하고 너무 슬럼프의 무기력에 빠져서 걸을 힘조차 없이 우울하다면 자신과의 싸움에서 이겨야 합니다.

첫 번째는 현재의 상태와 본인의 목표를 다시 점검해보아야 합니다. 자신이 지금 긴 터널을 지나는 중이라는 사실을 알면 문제 될 것이 없습니다. 본인의 상태를 알기에 일상에서 목표를 재점검해보고 미뤄왔던 것들에서 자신감과 의욕을 다시 찾을 수 있습니다.

두 번째는 시간에 몸을 맡겨보는 것도 좋습니다. 열심히 일한 만큼 당신에게는 그야말로 휴식이 필요한 시점입니다. 휴식은 열정을 보인 당신에게 주는 선물이며 앞으로 한 발 더 높이뛰기를 위한 에너지 충전 시간입니다. 책을 보는 것도 좋은 휴식입니다. 지나온 과거를 정리해보는 계기가 되며 이때 더 배우는 계기가 될 수 있습니다. 저 같은 경우도 책을 통해 두서없이 일한 내용을 정리하는 계기가 되었으며, 이론적으로 이때 내 생각이 더해져 자신감과 의욕이 생겼습니다.

세 번째는 동료와 상사에게 자신의 상태를 공개할 필요가 있습니다. 자신의 상태를 알려야 동료나 다른 분들이 도울 수 있습니다. 또 자신이 적극적으로 말하지 않으면 동료라도 잘 모를 수 있습니다. "내가 조금 힘들고 의욕이 없어."라고 말해야 합니다. 혼자 고민하던 사항이 의외로 쉽게 풀릴 수가 있습니다. 다른 사람들도 관계에 목말라하고 있었습니다. 서로 내색하지 않았을 뿐입니다. 그만큼 직장에서 만난 관계는 가까운 것 같아도 속마음을 터놓기가 쉽지 않은 상황입니다. 하지만 용기 내어 자신의 이야기를 꺼냈을 뿐인데 공감하는 이가 있다면 터널의 끝에 와 있는 상황입니다.

저도 몇 번의 슬럼프가 있었습니다. 6년 차 대리 시절과 15년 차에 있었습니다. 지금 돌이켜보면 큰 프로젝트가 있어 이것에 몰입하였다가 끝난 후 왔던 것 같습니다. 갑자기 멈추었다고 할까요? 문제는 왜 멈추었는지 몰랐습니다. 한두 달 정도 기간 '이건 뭐지?'라고 의아해하며 지냈던 때가 있었습니다. 먼저 잘 아는 상사와 동료에게 물었습니다.

요즘 내가 느끼는 감정을 공유했습니다. 물론 자연스럽게 술 한잔을 하며 진솔한 이야기를 했습니다. 이때 자신들의 경험을 말하였는데 도움이 되었습니다. 내가 먼저 도움을 구하기 위해 손을 내밀었는데, 참 잘했다는 생각이 듭니다. 가까운 동료였지만 사실 힘들다고 말하기까지는 또 다른 용기가 필요했습니다.

관계의 힘이란 공감을 통해 더 돈독해집니다. 이후 더 다양한 소통을 통해 마음을 여는 관계가 되었습니다. 또 비슷한 시기에 다른 프로젝트에 몰입하며 자연스럽게 새로운 목표를 통해 빠져나왔습니다. 직장에서 이런 과정을 통해 내가 성장하고 더 단단해지는 것을 느꼈습니다. 일은 일로 해결해야 한다는 이야기를 선배들한테서 들었습니다. 다행이라 생각합니다. 직장에서는 협업합니다만 일은 각자 혼자 한다고 생각합니다. 하지만 일만이 아님을 알았습니다. 그리고 혼자가 아님을 알았습니다. 누군가와 지속해서 신호를 주고받을 수 있다는 것을 상기했으면 합니다.

학창 시절에는 동질감이 있어서인지 혼자가 아니라고 생각했습니다. 혼나도 같이 혼나고 숙제도 같이하고. 물론 공부라는 경쟁을 하여도 순수한 마음이 있어 좋았습니다. 직장에서도 경쟁하지만, 학창 시절과는 다릅니다. 먼저 순수함이 덜합니다. 또 각자 주어진 업무를 해야 하는 일입니다. 승진을 위해서는 치열한 경쟁을 해야 하고요. 자칫 외롭고 힘들 수 있습니다. 물론 정답은 없습니다. 하지만 힘들면 힘들다고 누구에게 말할 필요가 있습니다. 큰 용기라고 생각하기보다 그냥 얘기해보는 행동이 필요합니다. 누군가가 기다리고 있을 겁니다. 걱정이나 좌절은 털어버리고 자신을 믿고 공유해보세요. 누구나 겪는 일시적 어려움은 더 높은 비상을 위한 디딤돌입니다.

06

모르는 걸 물어보는 건
부끄러운 게 아니야!

우리가 학교 다닐 때나 사회에서도 교육을 받는 위치에 있을 때가 있습니다. 바로 피교육자 위치입니다. 한참 교육을 받고 선생님이나 강사가 끝 무렵에 하는 말이 있습니다. "혹시 궁금한 거 있으면 물어보세요." 하면 대부분 열에 아홉은 물어보는 이가 없습니다. 그렇다고 수업 내용을 모두 알고 있는 것도 아닙니다. 아마 주목받는 시선이 부담스러워서일 것입니다. 물어본 내용이 터무니없는 내용으로 자존심에 상처받을까봐 질문하지 않는 경향이 있습니다.

대형 건설업체 K 사 총무팀에 근무하는 강 대리는 요즘 마음이 무겁습니다. 1년 후배로 들어온 허 주임 때문입니다. 경력 2년을 인정받아 들어오기는 했지만, 아직 신입사원인데 빠르게 업무를 장악하는 걸 보면 조급함이 느껴집니다.

"강 대리님, 이 하도급 처리는 어떻게 해야 합니까? 계약서는 어떻게 써야 하는지요? 그리고 이 건은 관공서 신고 사항인가요?"

오늘도 하도급 건 처리 관련하여 일일이 물어보고 있습니다. 두세 번 알려주었는데도 또 모르면 바로 물어봅니다. 어떨 땐 자존심도 없나 하고 생각합니다. 자신은 한 번 듣고 다시 물어보지 못하는 성격입니다. 그래서 자료나 인터넷을 통해 배우고 있습니다. 하지만 허 주임은 물어보는 것을 좋아한다고 할 만큼 물어보는 사항이 많습니다.

지금은 자신도 조금 헷갈리는 사항도 거침없이 물어봅니다. 점점 부끄러움을 잊은 듯합니다. 질문을 많이 해서인지 요즘은 깊이 있는 사항까지 파고들고 있습니다. 자신은 일일이 자료를 찾아보고 있습니다.

자신감이 없어서인지 누구에게 잘 물어보지 못하는 성격입니다. 그러다 보니 모르는 것이 있어도 그냥 넘어가곤 했는데, 궁금한 건 알고 가는 허 주임을 보니 자신이 조금 답답하다고 후회하고 있습니다.

우리가 직장생활을 위해 입사하거나 환경이 바뀌어 새로운 일을 하게 되면 모르는 건 물어서 제대로 하라고 합니다. 저도 이런 말을 많이 듣고 지내왔습니다. 지금은 부서가 바뀌거나 하는 동료가 있으면 조급해하지 말고 물어서 제대로 단계를 밟으라고 합니다. 모르면 타인을 위해서가 아니고 자신을 위해서 알려고 해야 합니다. 물론 본인이 알아야 하는 내용인 경우를 말합니다. 우리가 아는 방법에는 책을 통한 독학도 있고 요즘은 인터넷이나 '유튜브'에서 다양하게 배울 수 있습니다. 하지만 가까이에 있는 경험자에게 직접 듣는 것만큼 좋은 것도 없다는 사실을 우리는 알고 있습니다. 그러나 우리는 '물어보는 걸' 쉽게 잊어버립니다. 몇 가지 조건이 있기 때문입니다.

제가 직장에서 지식과 업무와 관련된 비법 등을 알려고 할 때 겪은 과정입니다. 먼저 내가 알고자 하는 사항을 누가 가장 잘 알고 있는지 파악하고 있어야 합니다. 아무에게나 물어보면 대충 원론적인 사항은 이야기하지만, 깊이가 없습니다. 또 그걸 알고 있는 사람과 내가 평소에 유대 관계가 있어야 물어볼 수 있습니다. 물론 모르면 내가 아쉬운 데 가서 물어야 한다고 생각하는 사항은 맞습니다. 그러나 자연스럽지 않으면 몸이 움직이지 않는 경우가 있습니다. 여기에는 나와 관계성이 없으면 대답을 하지 않는 경우도 있습니다. 본인이 힘들게 얻은 노하우이기 때문입니다. 그래서 상대방과 관계성과 신뢰가 있어야 합니다.

모르는 걸 묻기 전에 내가 여러 방법으로 문제 해결을 위해 노력을 한 후에 물어보아야 합니다. 상대방이 '노력 없이 얻으려 한다.'라는 느낌을 받으면 건성으로 알려주는 경우가 있습니다. 아마 우리가 직장에서 쉽게 물어보지 못하는 경우가 이런 것들이 충족되지 않아서라고 생각합니다. 제 주변에도 도통 물어보지 않는 친구가 있는데 눈치만 보는 듯한 느낌이 있어 뭐 궁금한 거 없냐고 물어보면 그때서야 슬그머니 묻는 친구가 있습니다. 적극적으로 물어볼 때 자신의 것이 됩니다. 정확히 묻는 것도 자신의 실력이고 그 실력은 인간적인 유대 관계와 상당히 큰 영향이 있다고 생각합니다.

사실 직장생활 초기에는 궁금한 것도 많고 알려고 하는 것도 많습니다. 거기다가 의욕도 충만합니다. 몹시 활기 넘치고 에너지가 있어 보입니다. 여기에 자신의 긴 안목을 보는 계획을 세워보는 게 중요합니다. 직장생활은 단기전이 아닙니다. 단거리 선수처럼 목표 지점을 위해 숨을 참고 앞만 보고 달리는 것이 아닙니다. 마치 마라톤에 가깝습니다. 결과만을 볼 것이 아니고 과정을 차곡차곡 쌓아 제대로 일을 배워야 합니다. 나만 잘났다는 이기주의보다는 관계성을 확장해야 도움도 받고 협업을 할 수 있습니다. 긴 안목으로 자신이 진정 원하는 것은 무엇이고 목표는 어떻게 되는지 확인할 필요가 있습니다. 자신이 생각하는 성공을 먼저 디자인하고 움직이는 것은 중요합니다.

결국, 자신이 원하는 것을 내 것으로 만드는 주체는 바로 자신입니다. 매번 일일이 물어서 배우는 것으로는 한계가 있습니다. 자신이 알고자 하는 의지를 가지고 적극적으로 행동해야 합니다. 당연한 사실입니다만 그냥 생각만 하고 넘어가고 본인이 원하는 것을 행동으로 옮기지 않으면 시작이 없고, 결과도 없게 됩니다. 소위 직장 내에서 잘 나가는 인재들의 공통점은 초급 사원 때부터 자신의 직장생활을 디자인했다는 얘기를 들었습니다. 자신이 미래를 디자인했기에 부족한 부분과 채워야 할 부분을 부지런히 메꾸어왔습니다.

사람들은 자신이 모르는 건 잘 아는 사람을 찾아 정확히 배우는 방법을 물어서 알았다고 합니다. 물어보는 것도 계획을 세우고 물어볼 준비를 해야 한다는 말입니다. 풀지 못하는 문제를 누군가에게 물어볼 수 있다는 것에 감사하며 이것을 기회로 여기는 사람들을 말합니다.

각자의 위치에 따라 배움에 차이가 있습니다. 직장에서 초급 사원이 하는 일은 대부분 쉽게 대응할 수 있습니다. 하는 일의 책임이나 그에 따른 일의 범위가 넓지 않기 때문입니다. 혹시 실수가 있어도 많은 경험과 지식 그리고 지혜가 있는 선배들에게 물어 도움을 받을 수 있기 때문입니다. 자기보다 아는 것이 많은 사람이 있다는 것에서 오는 안정감은 경험해본 사람만이 느끼는 소중함입니다.

어려운 문제는 점점 나이가 들고 직장에서 연차가 쌓이면서 문제를 보는 관점이 변한다는 겁니다. 저도 직장에서 중간 관리자 역할을 하며 연차가 있어 물어볼 사람보다 물어보는 사람이 많은 위치에 있습니다. 저의 관점도 변하고 있다는 사실을 알 수 있습니다. 혼자 해결하지 못하는 수준의 문제이거니와 해결을 하려 해도 뚜렷한 방법이 떠오르지 않는 경우입니다.

결국에는 대부분 해결되지 않은 상태에서 문제를 더 키우지 않으려는 태도로 접근합니다. 더 큰 문제는 그 문제를 덮는 것으로 마치 우리가 그 문제를 해결한 것으로 여기는 경우입니다. 임의 해석하면 문제를 키우지 않은 것이 곧 그 문제를 해결한 것이라고 믿고 대응하는 자신입니다. 꼭 요즘 제가 하는 행동 같아 부끄럽게 생각하고 있습니다. 그러면 왜 그렇게 되었을까 하고 찬찬히 생각해보면, 우리가 나이가 들고 경험이 쌓이면서 누군가에게 '물어보는 행위' 자체를 부끄럽게 생각했다는 것을 알 수 있습니다. 혼자 해결해왔던 습관으로 계속 혼자 해결하는 것이 당연하다고 받아들이는 생각의 습관이 있기 때문입니다.

마치 지금까지 해왔던 방식이 최고의 해결책이라는 틀에 갇혀 있기 때문입니다. 또 우리가 미처 인식하지 못했던 것들에 대해 가벼움입니다. 자신이 인지하는 것 외의 것에 대한 문제를 문제로써 이해하지 못하는 한계도 있습니다. 그래서 과거나 고정 관념의 프레임에서 벗어나야 합니다. 의심하거나 궁금한 걸 늘 물어볼 상대가 있다는 것은 중요합니다. 여기서는 초급 사원이나 고수나 다 마찬가지입니다. 함께 일하는 사람을 이해하기 위한 목적이더라도 좋습니다.

서로의 성장을 위해 마음을 열고 좀 더 많이 아는 사람이 모르는 사람에게 알려주는 것이 필요합니다. 여기서 누가 먼저 마음을 열어야 하는지는 중요하지 않습니다. 먼저 말을 꺼내어 물어보는 사람이 우선 있어야 합니다. 적극성으로 볼 수 있습니다. 꼭 선배가 아니어도 자신에게 도움을 줄 수 있고 필요한 사람을 따르는 것도 필요합니다. 롤모델이나 멘토, 코치, 선배로 한정할 필요가 없습니다. 자신의 노력을 이해하고 공감할 수 있는 사람이면 충분합니다.

배움에는 끝이 없습니다. 모든 것을 알아야 할 필요가 있는 건 아닙니다. 다만 자신이 디자인한 미래를 이루려는 주체는 바로 자신입니다. 원하는 것에 대한 물어볼 상대가 있다는 것은 행운입니다. 그에게 모르는 걸 물어보기 위해 한 걸음 더 다가갈 수 있고 그러한 움직임만으로도 스스로가 성장할 기회를 얻고 있다는 뜻입니다.

직장에서 생존의 의미를 떠나 자신의 성장을 생각한다면 '모르는 걸 물어보는 건' 결코 부끄러운 일이 아닙니다. 오히려 제대로 알지 못하면서 아는 척하거나, 알면서도 모른 척하여 뇌동부화하는 것을 경계합니다. 인재들은 성공의 관점을 자기중심에 둡니다. 자신이 제대로 알고자 하는 것에는 부끄러움이 없습니다. 제대로 물어 아는 방법을 오늘도 시행해야 합니다.

07

누구도 꿈을
대신 이뤄주지 않는다

"이번 감사는 시스템 전체에 대해 세부적으로 확인한다는 소식입니다. 특히 요즘 카페 위주로 마니아들의 눈높이가 높아져 사소한 품질 문제도 용납하지 않는 추세입니다. 그만큼 고객사에서도 특별이 신경 쓰는 부분입니다. 주무 담당이 추 대리이지요? 잘 준비해주시기 바랍니다."

"네, 알겠습니다. 상무님."

고객사 감사 준비와 관련하여 품질 본부장의 당부가 있었습니다. 추 대리는 당분간 야근할 생각이 먼저 떠올랐습니다. 매년 준비해온 사항입니다. 작년에는 처음 주무 담당자로 준비한 기억이 있습니다. 하지만 코로나 펜데믹이 발생되면서 작년에는 고객사에서 실제 방문 점검하지는 않았습니다.

"추 대리, 고객사 불시 감사가 명일로 확정되었다고 합니다. 오후에 관련 자료 점검을 해보겠습니다."

"네, 내일 감사 온다고요? 알겠습니다. 준비하겠습니다."

"추 대리, 현장 교육 이력이 왜 맞지 않지요? 오타도 제법 많고요. 이래서는 감사 때 보여 주기 힘들 것 같은데, 여기 올해 품질 보증 방침은 무엇입니까?"

"네, 팀장님. 품질 보증 방침이요? '불량제로 고객 만족' 아닙니까?"

"그건 작년 거잖아. 올해 새로 변경된 게 무엇입니까?"

"네, 확인해보겠습니다. 죄송합니다. 전체적으로 다시 보고 준비하겠습니다."

"추 대리, 이렇게 대충대충 준비해서는 곤란합니다. 요즘 왜 이렇게 많이 변했지요? 추 대리 꿈이 철저한 품질을 지향하는 '품질 전문가' 아니었어요?"

"아, 네. 팀장님. 처음에는 그랬습니다."

추 대리가 힘없이 말합니다. 자동차를 좋아하는 추 대리는 한동안 '신차 파워블로거'였습니다. 그래서 '자동차 품질 전문가'가 되어 좋아하는 일에 자신감을 가지려는 마음이 있었습니다. 그런데 몇 년 사이 반복적인 일을 하다 보니 요령이 늘어나면서 제대로 일을 해보려는 목표를 잊은 지 오래된 것 같습니다. '품질 전문가' 자격증도 획득하고 인정받으려는 꿈이 있었나 하고 잠시 생각했습니다. 요 몇 년 사이 나를 잊고 있었습니다.

꿈은 꿈꾸는 자의 몫이라고 했습니다. 사람들 모두는 꿈을 가지고 있습니다. 어른이 되어서 표현하지 않아서 그렇지 아직도 모두 꿈을 가지고 있습니다. 그 꿈도 변했을 것으로 생각합니다. 학창 시절의 순수했던 꿈을 지나 대학에 들어가고 취업 잘되게 해달라고 소원하지 않았을까 생각합니다. 지금의 어른들은 경제적 부나 건강을 위한 꿈이 많지 않나 생각합니다. 각자의 꿈은 소중하고 존중받아야 합니다. 꿈은 누가 강요하는 것이 아닙니다. 스스로 필요로 하고 결정하는 것이기에 그것 자체로 가치가 있습니다. 세상 사람이 모두 다릅니다. 외모, 성향, 관심 분야, 하는 일, 좋아하는 일 등 많은 것이 다르기에 꿈도 다른 각양각색의 사람들이 어울려 살아가고 있습니다.

꿈을 이루는 속도 또한 현재는 모든 사람이 다를 수밖에 없음을 인정하고 받아들이고 있습니다. 꿈을 결정하고 시작하는 시점이 다르고, 한 가지 꿈을 향해 끝까지 노력하는 사람이 있는 반면에 도중에 꿈을 바꾸는 사람도 있습니다. 이것은 누가 맞고 틀렸다고 말할 수 있는 정답이 있는 것이 아닙니다. 나를 아는 사람들에게서 조언을 들을 수는 있지만 나 자신의 꿈을 결정하고 노력하여 이루어내는 것은 전적으로 나의 몫입니다. 누구도 나를 대신해줄 수 없습니다. 또 나와 다른 남과 비교할 필요 없습니다. 힘들고 지쳐 꿈을 포기하는 것은 참으로 어리석은 일입니다. 모든 사람이 꿈을 이루는 때가 다르니 속도 또한 다른 게 당연하다고 할 수 있습니다. 내가 나의 꿈을 향해 가는 것이 다른 사람보다 조금 늦을 뿐입니다. 우리는 멈추어 있는 것이 아니기에 걱정이나 실망하지 않아도 됩니다. 나의 꿈은 소중한 것이기에 나의 속도에 맞춰 나가면 됩니다.

일전에 지인이 속상하다고 하여 술 한잔을 한 일이 있었습니다. 지인의 아들이 대학을 졸업하여 취업하였다기에 축하한다고 한 지가 석 달 전으로 기억합니다. 얼마 전에는 속상하다고 한 얘기가 있습니다. 출근한다고 양복도 사주고, 대견하다고 칭찬도 많이 했다고 합니다. 기대가 커서 그런지 실망도 많이 했답니다. 한 2주일 다니다가 말도 없이 출근을 안 하기에 와이프가 물으니 적성에 맞지 않는다고 안 다닌다는 겁니다.

이야기를 들어보니 이번에 신입으로 다섯 명이 최근에 입사해서 동병상련이랄까 금세 친해졌답니다. 그런데 그중 한 명이 상사와 첫인상부터 잘 맞지 않았나 봅니다. 그런 상태에서 신입사원 환영회 같은 것을 했는데, 조금 선배들이 군기를 잡는다고 술도 강권하고 한 것 같습니다. 한 명이 주도하니 다섯이 뭉쳐 이 회사는 비전이 없다고 모두 퇴사하기로 했답니다. 비록 군대는 다녀오지 않았지만, 대학을 나와서 성인이 된 아들이 자기 주관이 없는 것 같아 매우 속상하다고 합니다. 얼마나 강압적인지는 모르지만, 대부분 회사에서 하는 수준을 보면 나약한 아들이 측은하기도 하고 화가 많이 난다고 했습니다.

"그래. 넌 이제 뭐 할 건데? 꿈이 뭐냐?"고 와이프가 물었더니, 꿈이 없다고 엄마가 원하는 삶이 아닌 자기 자유를 찾고 싶다고 말해서 와이프가 누워 있다는 얘기에 내 마음도 좋지 않았습니다.

꿈의 주체가 나여야 한다는 것은 알고 있습니다. 하지만 자기 주관대로 살기란 쉬운 일이 아닙니다. 대학이라는 목표를 향해 몇 년을 부모님과 선생님들이 하라는 대로, 시키면 시킨 대로 따라가기만 했으니까요.

또 대학도 적성이나 성격에 맞게 하고 싶은 대로 하기보다는 역시 부모님 의견 따라가는 게 십상입니다. 늦게라도 본인의 꿈을 찾고 노력한다면 다행입니다. 우리가 꿈이라는 목표를 이룰 때 시간을 정하지 않으면 무용지물이 되기 쉽습니다. 목표가 아무리 분명해도 언제 도착할지 모르는 목표는 아무 소용이 없기 때문입니다.

꿈이 있는 사람은 꿈을 이룰 수 있고, 목표가 있는 사람은 그 목표를 달성할 수 있습니다. 물론 꿈을 이루려는 노력이 뒷받침되어야 함은 필요조건입니다. 여기에 더해 중요한 요소가 있습니다. 왜 그 꿈을 이루려고 하는지? 자신의 당위와 가치관이 뚜렷해야 합니다. 누가 좋다고 하고 부모님이 하라고 하는 시기는 벗어나야 합니다. 꿈을, 목표를 자기중심에 둔다는 얘기는 자기 가치관으로 본다는 뜻입니다. 진정 자신이 원하는 것을 하는 것입니다.

우리가 근무하는 직장이라는 곳이 마냥 즐거울 수만 없습니다. 나의 시간과 노동력을 가지고 경영을 통해 회사는 이윤을 내기 때문입니다. 때론 옆에 있는 동료와 경쟁해야 하는 구조입니다. 언제까지 같이 갈 수 없는 곳이기도 합니다. 단지 돈을 벌기 위해서만 있는 존재라고 생각하면 열정을 쏟아부을 수 없습니다. 자신의 성장을 이어주는 곳으로 생각해보면 어떨까요? 자신의 꿈과 목표를 이루는 곳 말입니다. 저에게 회사는 나를 성장시켜준 또 다른 학교라고 생각합니다. 단지 기술과 능력을 주는 곳 말고, 나를 깨워주는 곳이라 생각합니다.

저는 최고의 제조 엔지니어라는 목표를 가지고 있었습니다. 지금도 현업에서 최고의 제품을 만들기 위해 노력하고 있습니다. 그러나 항상 부족함을 느낍니다. 사실 부정적으로 보는 분들도 있습니다. 직장에서 퇴직할 때까지 오래 근무하면 그게 꿈을 이루는 거지 하면서 현실과 동떨어진 생각이라 말합니다. 모두 각자의 목표와 꿈은 다르기에 맞고 틀리고를 얘기하는 것은 적절하지 않다고 생각합니다.

주 52시간 근무 환경으로 바뀌면서 다른 꿈이 생겼습니다. 근무시간이 단축되면서 상대적으로 퇴근 후에도 자유롭게 이용할 수 있는 시간이 생겼습니다. 하루에도 많은 시간을 이용하여 책을 통해 나의 부족한 측면을 보충하고 있습니다. 그리고 꿈도 꾸어봅니다. 간절히 원하면 이루어진다고 했습니다. 나의 부족한 생각과 지식이지만 언제 기회가 되면 정리하여 후배에게 잘 알려주고자 했습니다. 진정 부족한 면이 많지만, 허투루 생활하지 않았기 때문입니다.

천 권의 책을 정독하고자 하는 목표가 있습니다. 열 권의 책을 저술하고자 하는 목표도 있습니다. 꿈이, 목표가 있음에 감사드리고 있습니다. 목표가 있기에 시간을 함부로 쓰질 못하고 있습니다. 시간의 소중함을 새삼 느낍니다. 배움의 즐거움이 다시 다가온 느낌입니다. 아마 학창 시절에 배움을 등한시했던 한이 있지 않나 생각합니다. 목표가 있기에 회사에서의 어려움도 모두 즐겁게 생각됩니다. 낮에는 현업의 엔지니어로서의 삶과 밤에는 다독가와 글 쓰는 작가로 이중생활을 하고 있습니다. 나의 성장을 내가 지켜보는 나만의 즐거움이 있습니다.

꿈은 꿈꾸는 사람의 몫이고, 크게 꾸는 사람이 성공합니다. 우리가 직장에서 하루하루를 바쁘게만 보내다 보면 잊어버립니다. 우리의 소중한 꿈 말입니다. 내가 간절히 원하는 목표로 하는 꿈이 있기에 일의 중심을 내게로 가져올 수 있습니다. 주어진 대로 행동하다 보면 목표를 잊어버립니다. 생각한 대로 행동할 때 목표에 한 발짝씩 다가갈 수 있습니다. 그리고 목표의 '데드라인'을 지킬 때 원하는 성공에 다가갑니다. 직장생활에 정답은 없습니다. 하지만 여러분 각자가 세운 목표가 있기에 매일매일 성장하지 않을까요? 누구도 대신해줄 수 없는 일입니다. 시킨다고 일은 할 수 있지만, 자신이 원하는 가치관에 맞는 꿈은 대신 꿔줄 수 없는 각자의 일입니다. 오늘도 당신이 원하는 꿈에 한 발 다가갔나요?

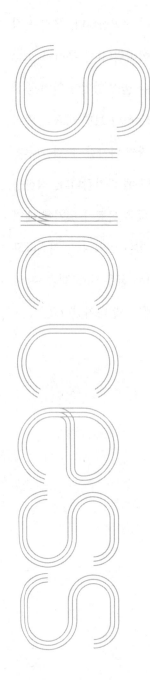

2장

회사에
왔으면
성과를 내야지!

열심히 하기보다
제대로 하라

자동차 부품을 제조하는 A 기업 제조1팀에 근무하는 오 주임은 요즘 마음이 편치 않습니다. 지난주 발표된 작년 평가에 대해서 할 말이 많습니다. 작년 코로나로 생산량 변동이 심해 모두 걱정할 때 늦게까지 남아 적극적으로 대응하여 좋은 평판도 받은 것 같았습니다. 하지만 기대했던 것보다 평가가 낮아 침울해 있습니다. 특히 제조2팀에 근무하는 동기인 김 주임은 자신보다 열정적으로 대응하지 않았던 것 같은데 오히려 평가가 좋아 공정성에 의문이 들고 있습니다. 하지만 팀장들이 보는 관점에서는 차이가 있는 것 같습니다. 작년 매출이 급격히 하강할 때 수정 사업계획이 수립되었습니다. 또한, 경영진에서 특별히 주문한 지시는 원가를 낮추어 경쟁력 및 이윤을 극대화할 수 있는 모든 방안을 마련해 달라는 특별 지시가 있었습니다. 각 팀 또한 원가를 낮출 방안을 찾기 위해 며칠씩 긴급 워크숍을 하면서 아이디어를 도출했습니다.

새로운 목표가 수립되었고, 이에 맞추어 계획 및 실행에 모두 집중하였습니다. 제조2팀 김 주임의 아이디어는 특출했습니다. 코로나로 수출이 급격히 줄어든 상황을 고려하여 수출 라인을 내수로 변경하면서 제조경비 및 고정비를 낮추는 성과가 있었습니다. 또한, 역량도 뛰어나 기획부터 계획을 수립하여 실행에 옮기는 일련의 과정에서 직급에서 하기 어려운 역량을 발휘하였습니다. 팀장 직급의 상위 레벨에서 본 평가는 열심히 했다는 실적보다는 목표 대비 결과물이 있는 성과를 더욱 높이 평가합니다. 물론 열정적으로 일한 오 주임의 실적을 무시하는 것은 아닙니다. 다만 평가라는 기준에 의하면 단순 열심히 한 노력과 목표를 달성한 성과 부분에 대해서는 분명한 차이가 있었습니다.

요즘 직장에서도 변화가 많습니다. 특히 2018년 7월부터 공공기관 및 300인 이상 사업장에 주 52시간 근무가 적용되고 있습니다. 이로 인해 나의 경우는 근무시간이 단축되었습니다. 그만큼 퇴근 시간이 빨라졌습니다. 일부 야근 등 오버타임을 통해 처리하던 업무를 근무시간 내 처리하면서 바빠진 것을 느낍니다. 그런 만큼 열심히 일하지 않은 사람은 없는 것 같습니다. 문제는 열심히 일한다고 했는데, 자기 만족과 평가가 낮을 때 실망하게 된다는 것입니다. 나도 예외는 아니었습니다. 제대로 일하는 법을 모르고 열성으로만 접근하기 때문입니다. 열심히 하는 자세는 분명히 필요합니다. 무엇보다 비교할 수 없는 태도입니다. 하지만 성과를 위해서는 제대로 일하는 법을 배울 필요가 있습니다.

첫 번째, 일의 목적을 파악해야 합니다. 왜 이 일을 해야 하는지? 무엇 때문에 이 문제가 발생했으며, 이슈가 무엇인지 확인하고 이해해야 합니다. 그런데 사실 직장에 있다 보면 쉬운 일이 아닙니다. 팀장이나 상사가 지시사항을 얘기하면서 급하게 조금 이해할 시간 없이 지시하는 경우가 다반사입니다. 한참을 지나서야 일이 진행되면서 이해합니다. 방향이 틀린 걸 알고 수정하거나 심하면 다시 개념을 이해하고 진행합니다. 일의 효율이 매우 떨어지는 경우입니다. 저도 이 부분의 비효율을 알기에 지시할 때 가능하면 왜 이 일들을 해야 하는지, 내 생각을 더해 부탁하는 것으로 변경하고 있습니다. 왜, 이 일을 해야 하는지 간단하게 자기 의문을 던져 원인을 알고 일을 추진할 필요가 있습니다.

두 번째, 일의 목표를 정하고 계획을 수립하는 일입니다. 이 일이 완료될 때는 어떤 상태인지, 목표는 어떻게 되는지 확인합니다. 이를 추진하는 계획을 세워 접근해야 합니다. 무턱대고 먼저 추진하면 목표에 접근하지 못하는 경우가 발생합니다. 흔히 이런 경험들이 있을 겁니다. 많은 일을 벌여놓았는데 이후 어떻게 해야 하는지 우왕좌왕하는 경우 말입니다. 일을 종료 하고 싶은데, 필요한 결과물이 빈약하여 스스로 만족하지도 못합니다. 일관성이 부족하여 여러 사람의 의견을 듣다 보니 오리무중이 되었습니다. 우리가 일을 추진하면서 자주 겪는 경험입니다. 특히 초급 사원에게 많이 발생합니다. 열심히는 한 것 같은데 집을 나와 저녁에 집을 찾지 못하는 경우입니다.

세 번째, 일하는 다양한 방법을 습득해야 합니다. 직장에서는 한 가지 일만 수행하지 않으며, 많은 이슈 및 돌발 상황이 발생합니다. 계획했던 일의 진행 중 더 급하고 중요한 상황이 발생합니다. 계획했던 일의 오류를 발견하기도 합니다. 계획을 수정하고 판단하는 일은 우선순위를 파악하여 수립합니다. 항상 변수가 있을 수 있다는 생각을 가지고 이에 대응하는 자세가 중요합니다. 초급 사원들은 이런 정보를 바탕으로 한 변경은 상사와 공유해야 합니다. 일하는 방법에서 프로세스의 중요성을 알아야 합니다. 우리가 거의 모든 스포츠에서 자세를 중요하게 코칭합니다. 특히 골프, 테니스, 배드민턴 등에서 처음 배우는 비기너에게 기초 자세를 반복적으로 가르칩니다. 많은 시행착오를 거치며 최선으로 적용된 방법이기 때문입니다. 일도 마찬가지입니다. 프로세스는 시행착오를 거치며, 실수를 예방하고, 빠른 결론을 도출하는 루트를 말합니다. 또한, 기본에 충실한 업무 습관이 필요합니다. 앞서는 결론만을 우선 도출하기 위한 일은 단기간에는 필요한지 모르겠습니다. 복잡한 실타래를 풀어야 할 시점이 있습니다. 기본기를 충실히 다질 때 결국 인정받을 수 있습니다.

네 번째, 일의 완료를 계속 유추하는 겁니다. 다른 말로 표현하자면 일을 추진했으면 완료를 하라는 의미입니다. 내가 추진한 일의 결론을 내가 내릴 수 있어야 합니다. 그만큼 과정을 내가 주도했고 장악했다는 방증입니다. 결론의 일부라도 본인이 유추하고 근거를 제시할 때 일의 결론이 있고 자기 것이 됩니다. 이 부분에 많은 직장인이 약한 것 같습니다. 조사 및 테스트는 많이 하여 데이터가 여기저기 있습니다. 그래서 어떤데? 하고 반문하고 답을 해야 합니다. 초급 사원들이 제일 많이 실수하고 부족한 부분이기도 합니다. 보고서에 결론이 없고, 한 일만 많이 나열하는 형태는 이제 통하지 않습니다. 전형적인 책임을 지지 않으려는 소극적 사세입니다. 시급한 개선이 필요합니다.

이런 의미에서 프로젝트 업무를 하는 것도 많은 도움이 됩니다. 특히 본인이 PM 또는 리더로 활동해보는 것이 업무 향상에 필요합니다. 본인이 직접 실행하여 경험을 쌓아야 빨리 이해합니다. 나도 프로젝트를 하며 좀 더 성장하는 계기가 있었습니다. 제조업 공장에 있으며 150개 공정

중 100여 개 공정의 개조를 담당했습니다. 많은 돈과 인원이 거의 1년에 걸쳐 투입된 공사였습니다. 특히 여름휴가 기간 중 투입된 인원이 300여 명이었습니다. 이 많은 인원의 안전을 확보하고 일정에 맞추어 작업하는 게 쉽지만은 않았습니다. 사실 처음 공사가 시작된 일주일은 300여 명을 통솔하기 어려웠습니다. 중간에 협력업체 관리자들이 있기는 합니다. 하지만 특성상 설비 도비 업무를 위해 처음 공장에 방문하는 분들이 반 정도는 되었습니다. 나의 목소리가 커지고, 신경이 곤두서는 듯 했습니다. 큰 설비를 공정 안으로 이동할 때는 고도의 집중과 안전이 무엇보다 중요하였습니다.

하지만 이런 경험이 나에게 성장의 기회가 되었습니다. 사람의 그릇이 커지면 커진 그릇이 기준이 되는 것을 알았습니다. 이후에 힘들거나 일을 예측할 때 큰 그릇과 비교하게 되었습니다. 다른 사람들은 어려운 일이라고 여길 때 내 큰 그릇에 비하면 절반 정도네 하며 일의 예측이 가능하였습니다. 이런 경험도 기회가 있을 때 직접 해보길 바랍니다.

팀원의 일원으로 프로젝트에 참여하여 맡은 바 소명을 충실히 하는 것 또한 중요한 가치가 있는 일입니다. 그릇의 크기와 리딩의 부담 부분에서는 리더와 많은 차이가 있습니다. 가장 큰 차이는 책임감입니다. 다양한 프로젝트에서 리더를 잘 관찰하는 것도 하나의 방법입니다. 나도 이런 부분은 먼저 이끌어주는 선배들의 행동을 면면히 관찰한 결과로부터 많은 도움을 얻었습니다. 특히 선배 중에 데이터와 일정 관리를 철저히 하는 선배 C가 있었습니다. 많이 배웠던 기억이 있습니다.

'지피지기면 백전백승'이라는 구절을 『손자병법』에서 본 기억이 있습니다. 일도 일하는 방법을 제대로 알아야 인정을 받고 자신감이 충만해집니다. 그냥 열심히 하는 것은 기본입니다. 열심히 하지 않고 좋은 결과는 없습니다. '왜' 일해야 하는지 이해를 하는 습관이 중요합니다. 이후 목표를 정하고 계획을 수립합니다. 일하는 방법에 필요한 요인들을 습득합니다. 일의 끝을 맺는 것도 실력이 있어야 가능합니다. 본인의 의견을 논리 바탕으로 제시해보시기 바랍니다. 일의 중심에 다가가 있음을 알 수 있습니다. 본인의 큰 그릇을 알아야 합니다. 그리고 크게 키우는 능력을 습득해야 합니다. 제대로 배웠다면 당신도 프로가 되는 겁니다.

02

성장은 실패에서
배운다

"아니, 결론이 무엇입니까? 그럼 원인은 파악이 되었나요?"

부품개발팀에 근무하는 민 대리가 김 팀장으로부터 업체 개발 미흡과 관련하여 꾸중을 듣고 있습니다.

"네, 업체에서 테스트 결과가 아직 만족스럽지 못한 원인을 현재 찾아 보고 있습니다. 결론을 포기하기는 이릅니다. 아직 일정이 남아 있으니 재점검하겠습니다."

민 대리가 힘없는 표정으로 말합니다. 처음부터 너무 쉽고 안이하게 생각했다는 아쉬움이 떠오릅니다. 기존 자료를 주고 업체의 일정과 방법만 믿고 있었던 잘못이 떠오릅니다. 기본에 충실하게 개발 프로세스를 꼼꼼히 확인해야 하는데 워낙 업체가 이 부분에서 전문적이고 규모가 커서 예상하지 못한 결과입니다.

대리 진급하고 처음 추진하는 단독 프로젝트라 의욕도 있고, 결과도 보란 듯 내세우고 싶었는데 지금은 위축돼 있습니다.

"초기 공법이 변경된 부분에서 문제가 있었네. 기술적인 문제는 좀 더 스터디하면 될 것 같은데. 문제는 개발 일정 지연으로 인한 승인이 어렵겠네."

결국, 민 대리는 실패를 인정하고 기존 업체와의 재계약을 결론 내고 있습니다.

"죄송합니다. 도저히 고객 승인 일정에 맞추어 공정 프로세스를 변경하고 테스트 검증을 할 일정이 되지 않습니다. 거듭 죄송합니다. 차후 신차에 적용 준비해야 할 것 같습니다."

"아니, 민 대리 실패에 너무 당연하다는 듯한 것 아닙니까? 실패의 원인은 무엇인지요? 차후 신차에 적용한다고 했는데, 그러면 이번 실패에서 재발 방지를 완벽히 배웠나요? 실패했다면 무엇을 완벽히 배웠는지 알아야 다음에 실패하지 않을 거 아녜요?"

"네? 실패의 원인이요?"

"그럼 이번 일만 할 거예요? 이번 실패에서 정확히 알고 얻어야 다음에는 더 잘할 것 아닙니까? 다음에도 비싼 수업료 또 내야 하나요?"

김 팀장의 목소리는 크지 않았다. 꾸중을 생각한 민 대리의 예상도 빗나갔다. 실패의 원인에서 무엇이 잘못됐고, 무엇을 배웠는지 민 대리의 성장을 점검하고 있었습니다.

직장인을 떠나 누구나 실패를 하고 좋아할 사람은 없습니다. 그리고 실패의 성격에 따라 마음의 상처를 심하게 받기도 합니다. 실패를 미화해서는 안 되지만, 우리의 삶은 실패에서 소중한 가치를 배우기도 합니다. 사람은 경험을 통해 배우고 더 나은 사고를 습득합니다. 그만큼 경험에서 우리가 많은 것을 배우고 이에 따라 성장하고 있습니다. 무엇인가에 실패하는 것도 후행적 성격이 있습니다. 계획을 세웠고 그 과정에서 미흡함이 있어 결과적으로 실패한 것입니다. 이런 경우라면 그나마 다행입니다.

예1)

"실패했습니다."

"그래, 원래 계획했던 일이 무엇인데 실패했지요?"

"네, 계획이요?"

예2)

"네, 죄송합니다. 실패했습니다."

"그래요? 계획대로 추진했는데 결과가 안 좋은 건가요? 과정은 어쨌나요?"

"네, 과정이요? 확인해보겠습니다."

우리가 실패했다는 의미는 계획을 수립하고, 이에 대한 과정을 충분히 검토하여 추진했다는 얘기입니다. 그런데도 외부 환경적 요인이나 다른 요인으로 결과가 좋지 않음을 말합니다. 계획을 세우고 최선을 다해 추진했는데 결과가 좋지 않다고 꾸중하는 직장은 흔치 않습니다. 혹시 우리가 미흡한 계획을 세우고 잘될 거라는 막연한 '희망 사항'만을 가진 건 아닐까요?

그러면 실패를 어떻게 해야 반복적으로 하지 않을 수 있을까요?

첫째, 프로세스를 점검해보아야 합니다. 실패도 후행적 결과로 의도한 목적에서 벗어나야 실패로 생각합니다. 여기서 프로세스란 목적한 내용과 계획이 적절했는지, 결과를 얻고자 하는 만큼 간절하게 노력을 했는지 확인하는 것을 말합니다. 혹시 '희망 사항'대로 원하는 결과가 아닌 것을 실패라 말해선 곤란합니다. 이 프로세스에서 간절함이라 표현했지만, 꼭 달성하고자 하는 또는 이기고자 하는 근성을 가져야 합니다. 실패를 깔끔하게 받아들이고 다시 시작해보려는 도전의식을 가지는 것도 프로세스 일부분입니다.

두 번째는 경험의 가치를 배우기 바랍니다. 우리는 사실 '실패'라는 경험을 통해 배우고 성장합니다. 한 번의 실패로 용기를 잃거나, 도전을 상실하면 안 됩니다. 실패한 원인을 복기를 통해 리마인드 해야 합니다. 여기서 끝날 일이 아닙니다. 직장이라면 외부의 실패에 관한 얘기가 빠르게 전파됩니다. 이 부분만을 의식한 나머지 일상의 도전에서 헤어나오지 못하는 잘못을 벗어나시기 바랍니다.

세 번째, 실패의 반복을 막아야 합니다. 누군들 실패를 하고 싶은 사람은 없습니다. 실패를 통해 뼈아픈 경험을 쌓아야 합니다. 하지만 제대로 분석하지 않고 망각하여 같은 실패를 해서는 정말 곤란합니다. 다른 유형의 실패를 피치 못해 두 번 했다면 두 번의 소중한 경험을 했습니다. 하지만 같은 실패를 같이 반복해서는 안 됩니다. 다른 실패를 학습하면서 차차 전체 실패의 흐름을 깨닫고 막을 수 있습니다.

성공의 방법이 있듯 실패하는 루트가 정해져 있습니다. 이를 보완하기 위해서는 '실패 리스트'를 만드는 것이 하나의 방법입니다. 마치 우리가 시험에 대비해 공부할 때 '오답 노트'처럼 말입니다. 시험에도 유형이 있어, 잘 틀리고 제대로 이해하지 못한 문제를 반복적으로 틀리는 경우가 있습니다. 그래서 '오답 노트'를 통해 반복 오류를 보완합니다. 직장에서도 매일 다른 일을 하는 듯하지만, 전체로 보면 1년의 반복인 경우가 많습니다. 직무와 관련된 오류를 '실패 리스트'를 통해 원인과 방안을 정확히 학습하여 경험하면 보완할 수 있습니다. 예를 들면 새로운 점검 프로젝트를 맡았다면, 이전 실패한 프로젝트에서 기록한 '실패 리스트'를 보고 확인하면 보완이 됩니다.

여러분은 성선설과 성악설 중 어느 이론이 본인 생각과 일치하는지요? 갑자기 웬 성인 이론인가 할 것입니다. 저는 공정의 테스트 조건을 설정하면서 일은 어떻게 배우는가 하면서 생각해본 적이 있습니다. 성선설은 맹자, 자크 루소 등의 이론으로 인간은 본성이 착하나 학습 때문에 악을 배운다는 말입니다. 성악설은 순자, 토머스 홉스 등의 이론으로 인간의 본성은 악하며 교육과 학습을 통해 선을 배운다는 이론입니다.

저는 이를 일에 비유해보았습니다. '일 교육설과 일 경험설'로 어떻게 내가 직장에서 배우고 학습하고 하면서 일을 습득하는지 고민해보았습니다. 저의 경험에 의하면 '일 경험설'이 더 효과적이었던 것 같습니다. 앞서 설명해 드린 공정 테스트 조건을 설정 이론에 의한 설정으로는 만족한 값을 찾지 못했습니다. 실패의 경험을 통한 반복 학습으로 조건을 설정한 경험이 있습니다. 비용이 들어가지 않은 테스트라 그런지 사실 500번 이상은 실시하여 조건을 찾았습니다. 이때 책의 내용을 참조하기는 했지만 일은 경험으로 배우는 것이 효과적이라고 생각했습니다.

'성선설이든 성악설이든' 성인들의 이론도 어느 것이 정답이라는 결론은 없습니다. 일도 마찬가지로 교육과 실패를 포함한 경험을 통해 배운다고 생각합니다.

구분	학설	주장자	내용
인간의 본성	성선설	맹자, 자크루소	인간의 본성은 착하나 학습에 의해 악을 배운다.
	성악설	순자, 토머스 홉스	인간의 본성은 악하나 교육과 학습을 통해 선을 배운다.
일 배움	일 교육설	작가 생각	직장인은 선배, 동료로부터 교육을 통해 일을 배워 성장한다.
	일 경험설		직장인은 좌충우돌하면서 실수와 실패의 경험과 본인의 생각을 더할 때 성장한다.

우리는 결과만을 가지고 판단하는 때도 있습니다. 실패는 본인이 최선을 다했을 때 얻을 수 있는 결과론적 평가입니다. 분명 실수와는 다른 개념입니다. 실수를 실패로 오해하지 않아야 합니다. 실수가 치명적이어서 결과적으로 큰 충격을 주는 예도 있습니다. 주식 시장에서 직원이 소수점을 잘못 입력하여 큰 금융 사고가 일어나기도 합니다. 하지만 이는 실패와는 구분됩니다. 누구나 실수는 할 수 있습니다. 하지만 아무나 실수에서 배우지는 못합니다.

실패 후 원인 분석을 통한 반성을 한다면 실패는 성공을 위한 하나의 과정일 뿐입니다. 하지만 실패 후 누군가를 탓하고 운이 없었다고 단정해버리면 실패는 나쁜 결과에 지나지 않습니다. 반성한다고 과거는 변하지 않습니다. 하지만 반성을 통해 다시 도전했을 때 어떤 부분을 통제할 수 있고, 또 어떤 부분이 정말 운이 없었는지 구분할 수 있습니다. 다음 도전을 할 때는 실패의 반복을 막을 수 있습니다. 실패를 통해 경험을 쌓고, 이를 기록으로 남김으로써 자기 자신을 성장하는 계기로 '전화위복' 할 수 있습니다.

실패도 성장을 위한 하나의 과정이라 생각합니다. 실수했다고 의기소침하여 성장에 영향을 주어서는 안 됩니다. 그렇다고 실수가 자랑은 더욱 아닙니다. 실수는 실수대로 줄이는 노력을 해야 합니다. 실패를 자랑

할 필요 없듯, 실패로 인한 위축이 있어서는 안 됩니다. 우리는 한 번의 실패로 포기해서는 안 됩니다. 한 번의 실패는 성장을 위한 밑거름에 지나지 않습니다. 실패 습관처럼 계속 실패가 있어서는 안 됩니다. 이를 우리는 성공 습관으로 바꿀 수 있다는 자신감 회복과 연속적인 실천 의지로 변경해야 합니다.

성공한 사람들의 이야기를 들여다보면 오히려 역설적이게도 "성공하기 위해서 가장 필요한 것을 고르라고 한다면, 나는 당연히 실패이다."라고 말했습니다. 실패에는 반드시 조건이 있어야 하는데 '꿈이 있어야 하고, 스스로 세운 계획, 그리고 계획대로 행동한 시행'이었어야 합니다. 아마 그는 꿈이 있었고, 계획했고, 나름의 진실성을 더한 행동이 있었음을 강조합니다. 실패의 결과보다 실패의 조건을 가지고 있음을 말입니다.

사람의 성장은 경험을 통해 이루어집니다. 다양한 경험 속에서 성장이 이루어진다고 생각합니다. 여기에 자신의 생각이 더해질 때 성장은 더 커집니다. 실패를 부정적으로만 볼 것은 아닙니다.

'성공은 실패의 어머니'란 말이 있지 않습니까? 우리는 실패의 후행적 결과에는 조건이 있음을 깨달아야 합니다. 소소한 단순 실수와 실패는 다릅니다. 목적한 계획이 있고, 이를 시행한 진실성의 행동이 있을 때 실패를 논할 수 있습니다. 비록 결과가 부정적이어도 과정에 충실성이 있다면 많은 것을 배울 수 있습니다. 결과도 중요하지만 일을 배우는 단계에서는 과정의 경험이 힘이 됩니다. 경험에서 내 생각이 확장될 때 상승합니다. 오늘도 실패하셨나요? 귀중한 무엇을 배우셨습니다. 무엇을 배우셨나요?

03

고수는 일하는
순서가 다르다

메일 〈안녕하세요. 금년 대기 환경 감사가 일주일 후로 일정이 잡혔습니다. 이번 감사는 특별 감사로 추가된 여러 항목이 있습니다. 철저히 준비해주시기 바랍니다.〉

S 금속 대기 환경팀에 근무하는 차 대리는 혼란에 빠졌습니다. 한참 대기 설비 제작 관련하여 업무를 하던 중이었습니다. 납기 2개월을 고려하면 이번 주는 꼭 구매 요청을 완료해야 하는데, 긴급하게 대기 환경 특별 감사가 있다는 연락을 받았습니다. 불시 감사의 성격을 띠고 있는 특별 감사라 준비할 사항이 많습니다. 대략 1주일이 소요되는데, 구매 요청과

겹쳐 고민하고 있습니다.

"차 대리, 대기 설비 구매 요청 아직 안 된 거야? 설비구매팀에서 연락 왔는데, 급하다고 할 땐 언젠데 아직 구매 요청도 안 했다고 야단이야?"

"네, 팀장님 구매 요청 준비 중에 대기 환경 불시 감사가 있어 이것 먼저 준비하고 있었습니다. 죄송합니다. 워낙 이번 감사가 중요하다고 해서…."

"감사 준비는 다른 팀원이 나누어 준비하면 되지 않아? 조금씩 도우면 차 대리 시간을 줄일 수 있고, 구매 요청은 차 대리가 준비하고 있어서 이제 와서 다른 사람 대체가 어렵잖아! 그러면 차 대리에게는 이게 우선순위 아닌가요?"

차 대리가 쉽게 결정하지 못해 주저주저하던 우선순위였습니다. 팀장이 추가 설명해준 우선순위는 이렇습니다. 둘 다 중요한 일이라도 본인만이 진행이 가능한 일이라면 이 일을 먼저 합니다. 또 데드라인이 정해진 일이라면 계속 진행될 수 있도록 하는 일이 우선순위에 들어갑니다. 이러고 보면 차 대리로서는 구매 요청을 먼저 진행하고 제작이 진행되는 동안 감사는 지원을 받을 수 있도록 공유하고 오픈했어야 합니다.

직장에서 여러 가지 일을 하면서 '무엇부터 어떻게 하지?' 하고 고민하지 않는 직장인은 없는 것 같습니다. 이런 가운데서 또 일을 잘해서 능력과 성과를 인정받는 직원이 있습니다. 일을 잘한다는 건 어떤 상황에서든 다른 사람들이 찾고 의지한다는 의미입니다. 보통 이 사람이라면 문제없다며 믿음을 주고, 어떻게 하든지 꼭 필요하다고 여겨지는 사람들이 일 잘하는 사람이라는 평판을 얻습니다. 다른 말로 표현하면 '역량이 뛰어나다.'라고 할 수 있습니다. 역량은 절대적이지 않습니다. 직장에서는 직급, 경력에 맞는 역량을 발휘하면 뛰어나다고 합니다. 사원인데 과장같이 실무 능력도 있고 풀어나가는 방법을 안다면 역량이 뛰어납니다. 팀장의 경우, 팀장 역할에 맞는 폭넓은 사고를 바탕으로 문제 해결을 할 수 있다면 역량이 우수합니다.

역량이 우수한 직원들이 갖는 특징이 있습니다. 일의 프로세스를 잘 알고 있습니다. 아니 잘 아는 정도에 그치지 않습니다. 실제 문제나 이슈가 발생 시 프로세스를 이용하여 일을 처리합니다. 일종의 일하는 순서인데 '업무 프로세스'라고 합니다.

이 업무 프로세스가 필요하고 이를 따르면 좋은 장점이 있습니다. 우선 내가 이 일을 왜 하는지 계속해서 본질을 알 수 있게 합니다. 목적을 먼저 기록하여 정의를 내립니다. 다양한 양식들을 사용하면 원인 등 놓치기 쉬운 중요 요소를 알게 합니다. 둘째, 같은 실수를 반복하여 같은 오류를 범하지 않게 보완해줍니다. 예를 들면 체크 시트 점검 등이 사전에 확인하여 후에 발생되는 문제를 먼저 확인하게 만드는 방법입니다. 마지막으로 가장 중요하다고 볼 수 있는 '목표'에 달성할 수 있도록 계속해서 보완해주는 역할을 합니다. 우왕좌왕하거나 업무의 순서가 바뀌면 목표를 잊어버리기 쉽습니다. 방향성을 잊는 경우입니다. 프로세스에서는 목표로 가는 방향성을 항상 안내합니다.

회사에 있으면 한 가지 일만 하지 않습니다. 특히 제조업 같은 곳은 생산성을 계속 향상하여 경쟁력을 높입니다. 품질 오류를 완벽히 제거해야 시장에서 고객이 만족하여 구매합니다. 이런 일련의 업무에서 중요한 일이 발생하기도 하고 긴급한 일이 발생하면 먼저 처리해야 합니다. 이런 상황이 동시에 발생될 때 혼란을 겪는 것을 보았습니다. 이럴 때를 가정하여 정리해봅니다.

중요도 우선 ↑	2. 중요하지만 급하지 않은 일 목표를 가지고 정해진 시간에 처리	1. 중요하고 긴급한 일 즉시 처리
	4. 중요하지도 급하지도 않은 일 하지 않기	3. 급하지만 중요하지 않은 일 과감하게 위임하기

시급성 우선 →

'일의 우선순위를 정하는 것'은 어렵습니다. 그리고 절대적으로 정해진 것도 없습니다. 그때그때 상황에 따라 달라질 수 있습니다. 하지만 여러 경우 중에 일을 중요도와 긴급도에 가중치를 두어 나누어보면 네 가지가 발생됩니다. 우선 '중요하고 긴급한 일'이 우선순위라고 모두 생각하며 실제 이에 맞게 즉시 처리합니다. 이 부분에는 혼란이 있지 않습니다. 다만, 이 일이 진정으로 중요하고 급한 일인지 판단하는 일입니다. 역시 본인의 역량을 키워야 함을 기억하기 바랍니다.

두 번째는 '중요하지만 급하지 않은 일'입니다. 이 부분에서 다소 혼란이 있습니다. 이런 일의 특징은 연속성이 필요하고, 매일 조금씩이라도 진행해야 하는 끈기가 필요합니다. 가령 건강을 위해 매일 운동을 꾸준히 하는 것입니다. 또 자기계발을 위해 책을 하루에 한 권씩 독파하는 것 등입니다.

세 번째는 '급하지만 중요하지 않은 일'입니다. 좋은 예로 사례의 경우입니다. 직장에서 감사 관련한 업무가 있습니다. 본인이 가장 잘 알겠지만, 다른 사람의 도움을 받을 수 있는 경우에는 우선순위가 아닙니다. 이때 판단은 일정 부분 비용이 발생하더라도 대체 가능하다면 꼭 내가 해야 하는 우선순위가 아닙니다. 이때는 '권한 위임'을 하는 것도 좋은 방안입니다.

마지막으로 '중요하지도 급하지도 않은 일'입니다. 이 일은 하지 않아야 합니다. 이 일이 우선순위가 아니라는 판단은 잘하는 것 같습니다. 다만 혼돈이 있는 경우가 두 가지 있을 수 있습니다. 본인이 좋아하고 잘하는 일이라 하여 계속 이 일에 집중하는 것입니다. 또 유효성이 지난 프로세스나 지시사항의 경우입니다. 획일적 판단으로 '무조건 해야 한다.'라는 생각은 위험합니다. 항상 역량을 키워 올바른 판단을 할 수 있도록 집중해야 합니다.

우선순위를 정하고 이에 따라 계획하여 시행하는 것은 일련의 '프로세스'입니다. 회사에서만 필요한 '프로세스'는 아닙니다. 가정이나 일상생활에서도 여러 일이 동시에 발생되면 이런 우선순위에 근거하여 처리해 봅시다.

매사에 일을 쉽게 풀어가는 인재가 있습니다. 일을 다루는 프로세스를 알고 우선순위에 맞게 대응하기 때문입니다. 이것은 일의 기본에 해당합니다. 단지 우선순위를 정하고 배열을 잘하는 것만으로는 부족합니다. 이런 일련의 과정도 결국은 목표를 달성하기 위한 수단입니다. 여기에 본인의 능력을 키워야 하고 스토리를 입혀야 합니다. 전체를 보는 눈, 그리고 판단을 통해 시행하고 목표를 달성하는 역량을 키워야 합니다. 문제, 이슈, 돌발 상황 등을 푸는 행위가 우리가 하는 일입니다. 시작이 있으면 끝이 있어야 합니다. 시작과 끝의 우선순위, 프로세스를 알고 있으면 달라집니다. 일의 속도가 빠르고, 정확도가 확실히 차이가 있습니다. 당신은 속도가 빠른 강속구를 던지고 스트라이크를 내는 일의 고수인가요?

04

메모 습관이
완벽한 인재로 만든다

　오늘 원고를 쓰기 위해 집 근처 배다리도서관에 왔습니다. 코로나로 좌석이 축소되어 문을 열기 전부터 대기했습니다. 9시 전까지 약 30명이 줄을 섰습니다. 기다리는 동안 사람들을 보니 많은 사람이 휴대폰을 보고 있었습니다. 현대인의 필수품이 되어버린 휴대폰이 없다면 어떻게 될까요? 여러분은 휴대폰 기능 중 무엇을 가장 많이 이용하나요? 통화나 SNS 말고 저는 카메라를 가장 좋아합니다. 뭐 특별히 예술사진이나 사진 취미 하고는 전혀 상관없습니다. 다만 메모하기 싫어 잠시라도 기억해야 하는 것들을 모두 찍어둡니다. 항상 저의 갤러리에는 다양한 사진이 저장되어 있습니다. 덕분인지 모르겠지만 확실히 메모하는 양이 예전과 비교하면 많이 줄어들었습니다.

생산기술팀 박 팀장은 권 대리를 볼 때마다 생각합니다. '다행이고 잘 성장하고 있다.'라고 감사하게 생각하고 있습니다. 5년 전 입사할 때 동기들에 비해 어리고 성격도 내성적으로 적응을 잘하지 못하는 듯했습니다. 현장과 많이 부딪혀야 하는데 제대로 리딩할 수 있을까 하고 걱정되었던 것이 사실이었습니다.

"권 대리, 공정 조건이 조금 변경되었나 봐요. 요즘 불량이 증가되었어요. 작년 데이터와 비교해보려고 합니다. 권 대리 작년 데이터 좀 보내주세요."

현장 유 반장이 공정 조건 확인을 요청합니다.

"네 반장님, 확인했는데 공정의 조건은 같습니다. 다만, 단품 제품에 변동이 있는 것 같습니다. 바로 품질관리팀과 추가 조사하겠습니다."

권 대리가 유 반장을 안심시키며 말합니다. 권 대리에게는 특별한 습관이 있습니다. 수능 준비를 하며 공부하던 시절부터 습관이 된 메모하고 정리하는 일을 게을리하지 않았습니다. 처음엔 엔지니어적인 이론을 잘 이해하지 못하더니 메모를 통해 자기만의 업무 흐름을 향상하고 있습니다. 작년 재택근무가 늘어나고부터 상대적으로 현장을 볼 수 없는 상황에서 더 빛을 발하고 있습니다. 대리급 실무진에서 관련 부서 회의 후 정리와 결론을 매듭짓지 못하는 경우도 권 대리가 나서야 정리가 되곤 합니다.

직장에서 선배들이 일을 가르쳐줄 때 '한 번에 제대로 배워라.'라고 말합니다. 조급하게 대충 배우기보다 원리와 절차를 기본으로 알고 난 후 일을 생각하며 하라는 말입니다. 나도 일을 배울 때 이런 말을 많이 들은 것 같습니다. 하지만 환경도 낯설고, 사람과의 관계도 원활하지 않은 시절입니다. 뭐가 뭔지 모르고 처리 위주로 지내온 시절입니다. 정확히 모르는 게 있어도 관계가 원활하지 않아 물어보기도 사실 쉽지 않습니다. 그래서 처음 배우는 것들을 잘 메모해서 공부하고 기억하라고 합니다.

맞습니다. 사람의 기억에는 한계가 있어 한 달 정도는 기억하고, 6개월 정도까지는 사람에 따라 다른 정도로 기억하는 것 같습니다. 그러나 무한하지 않기에 분명 한계가 있습니다. 기억에는 사람에 따라 상이한 유통기한이 있습니다. 관심 있는 것은 더 오래 가지만 집중하지 않은 것은 강한 휘발성이 있어 순식간에 잊어버리는 경우가 많습니다. 아무리 타고난 천재라도 꼼꼼한 메모나 기록을 뛰어넘을 수는 없다고 합니다. 직장에서도 꼼꼼한 메모와 기록을 보물처럼 정리해서 성장하는 인재들을 볼 수 있습니다. 꼼꼼한 메모는 자기 경쟁력을 높여주는 장점이 있습니다.

첫 번째로 우선 자신이 알고자 하는 정보의 흡수력이 증가합니다. 가령 직장의 일은 유사하고 반복적인 경우가 많습니다. 이런 상황이 생겼을 때 메모를 통해 이전 상황에서 배운 대처가 가능하고 새로 발생되는 행위의 습득이 빨라집니다.

두 번째는 유능한 선배들의 비결을 빠르고 정확하게 내 것으로 만들어 업무 능력을 향상할 수 있습니다. 비결은 선배들의 오랜 학습과 경험으로 만들어진 최적의 지식이라 할 수 있습니다. 이런 보물을 시행착오 없이 습득할 수 있으며 쉽게 터득할 수 있는 최적의 학습이 바로 메모입니다.

세 번째는 반복적 실수를 막을 수 있습니다. 메모를 통해 리마인드 되면서 반복에 대한 학습이 향상되어 실수를 줄일 수 있습니다. 제대로 된 기록을 보며 생각했다면 반복해서 실수하기는 힘듭니다.

네 번째는 목표를 통한 계획을 수립하는 습관이 생깁니다. 하루하루 되는 대로 생활하는 것이 아니고 주어진 계획을 보면 시간의 낭비가 없어집니다. 목표를 잊지 않고 계속 생각하는 것만으로도 몸이 계획적으로 움직입니다. 마지막은 자신감의 향상입니다. 잘 정리된 메모를 보면 자신의 존재 가치가 높아집니다. 내가 소비되는 업무가 아니고 계획한 중요한 일을 하고 있다는 생각만으로도 자존감이 높아집니다.

나는 직장에서 메모를 많이 하는 편입니다. 주로 다이어리에 꼼꼼하게 정성껏 기록합니다. 나에게 주어진 일정뿐만 아니라 새로운 용어라든지 모르는 약어가 나오면 뜻을 기록합니다. 메모도 습관입니다. 내게 주어진 업무를 빈틈없이 하려는 마음이 계기가 되면서 더 꼼꼼하게 일정을 확인하게 되었습니다. 또 몇 년 전부터 중간 관리자가 되고부터는 내 일정만이 아니고 나와 관련된 주변인들의 일정을 확인하고 있습니다. 확실히 일정을 확인한다는 것은 계획을 수립하는 계기가 됩니다. 역설적이게도 계획의 앞을 보면 결국은 목표를 확인하고 이를 달성하는 일로 이루어지게 됩니다. 메모를 통해 목표관리와 성과라는 사이클의 생리를 터득하고 있습니다.

메모도 환경에 영향을 받는다고 생각합니다. 평소에는 만년필을 사용하지 않았습니다. 중학교 시절 잉크를 충전하여 사용하다가 교복을 엉망으로 만든 이후 사용하지 않았습니다. 올해 1월에 저의 저서가 출간되고 후배가 기념으로 만년필을 선물해주었습니다. 오래전 안 좋은 기억의 느낌은 온데간데없어졌습니다. 만년필의 느낌이 새롭게 다가왔습니다. 부드럽게 미끄러지고 선명하게 나오는 잉크의 촉감이 너무 좋았습니다. 책에 사인용으로 선물 받았지만 이후 자주 쓰게 되면서 메모용으로 사용하고 있습니다. 일반 펜은 급하면 흘려 쓰지만, 만년필은 정자로만 쓰게 되었습니다. 내용도 중요한 것들을 다시 생각하게 만들고 있습니다. 목표와 지시받거나, 미처 실행하지 못한 일의 내용을 리마인드 합니다. 마치 내 생각의 깊이가 만년필처럼 더 높은 가치로 상승하는 것 같습니다.

무엇인가를 기록하고 정리하는 것을 단지 메모에 국한해서는 안 됩니다. 범위를 확장해볼 필요가 있습니다. 지금은 정보화 시대에 들어선 지도 오래되었습니다. 필요한 정보는 인터넷에 있고, 습득하고자 하는 내용은 '유튜브'에서 쉽게 얻을 수 있습니다. 하지만 자신의 업무와 관련된 세부적인 지식은 어디에도 없습니다. 어쩌면 선배들의 머릿속이나 누군가의 PC에 저장되어 있는지 모릅니다. 선배들에게는 지나온 과거인지 모르지만, 후배들에게는 현재의 필요한 정보입니다. 단지 수기 메모만이 아니고 자신에게 필요한 리얼한 노하우를 틈틈이 확보해야 합니다.

어쩌면 직장에서는 선배들이 겪은 땀내 나는 노하우가 우리에게는 필요한지 모릅니다. 사례에서처럼 권 대리는 단기간에 선배들의 노하우를 틈틈이 저장하고 습득하는 과정을 거쳤습니다. 많이 보는 과정에서 제대로 된 건가, 왜 시행착오가 있는지 반복 실수를 단기간에 예방했습니다.

이 부분의 노력을 게을리해서는 안 됩니다. 특히 제조업에서는 제품의 형태가 변경되었을 뿐 기술 근간이 모두 변경되지는 않습니다. 기본기가 탄탄할 때 기술 변화의 적용을 쉽게 응용할 수 있습니다. 중요 데이터 및 원리들은 다른 사람이 만든 것이라도 자기가 정리하고 이해해야 합니다. 그래야 비로소 자신의 것으로 소화할 수 있습니다. 이것을 흔히 선배들은 '강력한 무기를 들었다'라고 표현했습니다.

회사에서의 다이어리 외에 또 하나의 나만의 메모장이 생겼습니다. 지금은 무엇보다 소중한 저의 보물입니다. 많은 책을 다독하며, 책의 소재를 찾기 위해 틈나는 대로 필요한 사항을 메모합니다. 다만 수기 메모보다는 PC에 저장하고 있습니다. 예전에는 읽은 책을 기억하기 위해 책의 제목과 저자를 엑셀에 기록하는 수준이었습니다. 지금은 독서도 집중 독서 중입니다. 책에서 좋은 내용이거나, 기억하고 싶은 내용이 있어도 밑줄 긋는 정도였습니다. 소극적 저장 방법이었습니다.

지금은 좋은 사례나 인용하고 싶은 문장이나 위치를 별도로 저장하고 있습니다. 때론 귀찮고 시간이 오래 걸립니다. 하지만 필요할 때 적기에 찾는 보람이 있습니다. 좋은 내용을 메모할 때, 마치 은행에 보물을 저장하는 느낌이랄까? 나 혼자만의 만족감에 빠져듭니다. 더 좋은 것은 이것을 꺼내 볼 때 보람을 느낍니다. 메모할 때의 귀찮음이 모두 사라지는 것 같습니다.

　지금의 밀레니얼 세대는 손글씨보다 자판을 두드려 기록하는 것이 빠르고 더 익숙하다고 합니다. 가끔 직장에서 후배들이 메모하는 것을 보면 어딘가 부족하다는 생각이 듭니다. 주어가 없고 단어 나열식입니다. 그만큼 어려서부터 자판을 이용한 생활패턴 탓일 겁니다. 다만, 어떤 방식이든지 자기 생각을 메모로 정리해둘 필요가 있습니다. 자신의 업무와 관련된 중요한 원리와 데이터는 바로 찾아볼 수 있을 때 가치가 있습니다. 메모의 순기능이 많습니다. 자신의 업무를 장악하는 하나의 도구가 될 수 있고, 자신을 제어하는 계기가 됩니다. 어쩌면 메모는 과거 진행형이 아니고 미래를 위한 투자인지 모릅니다. 미래에 들여다볼 때 현재진행이지만 과거에 투자했기에 가능한 것 아닐까요. 메모를 통해 같이 미래를 준비해보면 어떨까요?

업무의
유효기한을 지켜라

작년부터 이어지고 있는 코로나 시대 환경에서 더 중요해지는 산업이 있습니다. 바로 물류의 중요성인 것 같습니다. 비대면, 집합금지 등이 일상화되면서 택배를 포함하여 배달음식 등이 활성화되었습니다. 가정에서도 물류를 이용한 구매 등이 늘어나고 있습니다. 오늘 신문 지상 톱뉴스도 수에즈운하 사고에 따른 물류 대란 건입니다. 흔히 우리나라 국민 특성이 빠르고 신속한 결정이라고 합니다. 잠시 해외 근무 시 현지 지인이 말해준 표현입니다. 앞으로 이 부분의 중요성은 더 가중된다고 합니다.

뉴스에 자주 등장하는 반도체 여파가 C 회사에도 영향을 주고 있습니다. 자재 수급을 점검하고자 생산관리팀 진 팀장이 회의를 소집하였습니다.

"코로나가 잠시 진정되면서 수출 물량이 증가되고 있습니다. 또 반도체를 포함하여 자재 수급에 문제가 없어야 합니다. 각자 담당하고 있는 품목의 재고 및 협력업체 수급 사항을 확인해주시기 바랍니다. 차주까지 5천 대 추가 납품해야 합니다. 시간이 촉박합니다. 모래 10시까지 확인 바랍니다."

진 팀장이 다른 업무에 우선하여 확인해줄 것을 지시합니다. 조 주임은 조금 안이하게 생각했습니다. '재고는 전산으로 확인하면 되고, 협력업체는 별일 있겠어.' 하고 생각했습니다.

예정된 감사 준비를 하고 다음 날 늦게 협력업체에 통보했습니다. 협력업체는 갑자기 증량할 수 있는지 바로 답을 주지 못하고 있습니다.

"조 주임, 어떻게 됐습니까? 보고 안 합니까?"

다른 팀원은 보고를 완료하여 문제 되는 사항은 추가 팀장이 조치하고 있습니다. 조 대리만 늦어 언성이 높아지고 있습니다.

"네, 아직 정리하지 못했습니다. A 업체에서 증량이 가능한지도 검토가 끝나지 않았습니다."

조 대리가 안절부절못하며 말합니다.

"언제까지 확인하라고 했지요?"
"오늘 10시 팀 회의까지 지시하셨습니다."
"A 업체에 확인은 언제 통보했나요?"
"저……."
"언제 했어요?"
"어제 밤에 메일로 보냈습니다."
"이틀 전에 왜 바로 연락하지 않았나요? 그리고 밤에 메일 보내면 누가 봅니까? 바로 전화로 알아보세요."

진 팀장이 다소 실망한 표정으로 말합니다.

회사에 있다 보면 시간의 중요성을 새삼 느끼는 것 같습니다. 온통 업무의 중심에는 시간이 있습니다. 지시사항은 언제까지 해야 하는 마감일이 있습니다. 일하는 시간도 정해져 있습니다. 물론 출근 시간 등은 조정이 가능합니다. 제조업에 있다 보니 일일 생산해야 하는 결과물도 작업

시간 안에 완료해야 합니다. 계획을 세우고 목적에 맞게 일하는 것도 약속한 시각에 효율적으로 완료됐을 때 가능합니다.

결국, 성과라는 것도 목표하거나 지시한 사항을 정해진 시간에 고객이 원하는 결과물을 정확히 완료한 것을 말합니다. 하지만 말처럼 일정에 맞추어 업무를 하기는 쉽지 않습니다. 사례에서 조 주임처럼 일정을 잘 맞추지 못하는 경우들이 있습니다.

첫째, 지시한 사항의 품질이 만족스럽지 못하기 때문입니다. 지시한 원하는 결과물이 완성되었다면 보고하지 못할 이유가 없습니다. 오히려 당당하게 보고하여 능력도 인정받고자 하는 마음이 있습니다. 하지만 역량이 부족하여 원하는 결과물이 완료되지 못하거나, 근거 등이 빈약하여 자신감이 저하되면 쉽게 보고하지 못합니다. 이런 경우 윗선에서 찾아야 마지못해 내놓는 경우로 일하고서도 칭찬받지 못합니다.

둘째, 일정의 중요성을 깊이 인지하지 못하는 경우입니다. 일정에 맞추어 진행하는 계획성이 부족하고, 그 중요성을 아직 인지하지 못하는 부류입니다. 지시한 일이 그다지 어렵지 않음에도 불구하고 지키지 못합니다. 본인의 계획성이 부족하고, 지시한 일정을 처음부터 주의 깊게 듣지 않습니다.

셋째, 자기중심적 업무 습관입니다. 근무시간 내에 자기 고유 업무 위주로만 생각합니다. 평소 지시하거나 하면 시간이 없다 하여 회피하기 일쑤입니다. 업무의 확장 및 관계성을 넓히려는 노력이 없습니다. '마인드셋(Mind-set)'을 재점검해볼 필요가 있습니다.

회사에서 우리가 하는 일에도 유효기간이 있습니다. 원하는 맞추어야하는 일정이 있고 그 이후는 필요성이 없어지는 경우입니다. 가령 지시한 내용이 감사일에 필요한 테스트 결과라면 감사일에는 꼭 필요한 가치가 감사 이후에는 자료로만 활용됩니다. 또 언제 찾을지 모르고 상황이 변경되면 또 해야 하는 경우로 변경됩니다. 입찰을 앞두고서는 입찰에 꼭 필요한 자료는 준비해야 합니다. 입찰 이후에 더 완벽히 준비한 자료는 이미 유효기간이 지나버린 숫자에 불과합니다. 특히 상사가 지시하는 사항의 경우가 그렇습니다. 상사가 요구한 시한이 있다면 아마 상사가 그 위 상사와 약속한 일정일 가능성이 큽니다. 나로 인해 일정을 맞추지 못해 상사가 꾸중을 들었다면 아마 나의 상사는 내 탓을 얘기하지 않았을 겁니다. 모두 당사자의 역량으로 그 윗선에서는 평가합니다. 이것도 모르고 유효기간 이후에 자료를 보고한다면 더는 가치가 있을까요?

혹시 아이스크림을 생각하는지 모르겠습니다. 음식에도 유효기간이 있습니다. 특히 가공식품은 1년 이상 되는 것도 많습니다. 특별히 유효기간이 없는 것이 냉동식품일 겁니다. 아이스크림은 제조 날짜가 있을 뿐 유효기간이 없습니다. 하지만 냉동 상태를 유지해야 한다는 까다로운 조건이 있습니다. 업무의 유효기간은 분명히 있습니다. 유효기간이 명시된 업무라면 반드시 준수해야 합니다. 그때가 업무의 최상품 가치를 가지는 시기입니다. 이를 위해 평소에 준비야 하는 업무 습관이 있습니다.

첫째, 일정 우선순위입니다. 일정만 맞추고 원하는 품질이 부족한 사항을 대신하여 우선한다는 얘기가 아닙니다. 고객이 원하는 품질을 만족한 후에 보고하는 것은 당연합니다. 하지만 역량이 부족하고, 본인의 힘으로 해결하지 못한 사항을 말하는 경우입니다. 부족한 부분을 포함하여 일정 내 보고가 필요합니다. 부족한 부분이 시간이 더 필요한 경우라면 추가 일정을 승인받아야 합니다. 본인의 역량이 부족한 경우라면 이를 포함하여 상사가 판단할 수 있도록 가치를 제공해야 합니다. 본인이 판단하여 추가 인원을 보강할지 유효기간을 연장할지 상사의 판단에 따라야 합니다. 지시의 내용을 내가 판단하여 일정을 지연하는 경우는 배제해야 합니다.

둘째, 일정 관리의 요령을 터득해야 합니다. 정해진 유효기간이 있는 업무는 일정 관리가 필요합니다. 성과를 잘 내는 직원은 그렇지 못한 직원과 일하는 방식이 다릅니다. 업무의 프로세스를 명확히 알고 있습니다. 유효기한부터 역으로 일정을 계획하고 필요한 일을 나눕니다. 지원이 필요한 사항은 오픈하여 타당한 근거를 상사로부터 얻습니다. 철저히 프로세스 중심으로 일하며, 본인 역량 이외 통제되지 않는 사항은 해결이 가능한 역량을 끌어들입니다. 바로 성과 중심으로 일하는 직원입니다.

셋째, 항상 커뮤니케이션하는 태도입니다. 능력보다는 태도에 가까운 기본 자질입니다. 최선을 다해 유효기한을 맞추기 위해 노력하였으나 미비한 때가 있습니다. 역량이 부족할 수 있고, 더 우선순위의 중요한 상황이 발생할 수 있습니다. 여러 이유로 일정을 맞추지 못한다면 상사와 또는 약속한 사람과 커뮤니케이션해야 합니다. 상사가 지시한 보고라면 중간보고도 여기에 해당합니다. 중요한 사항일수록 지시한 상사는 자나 깨나 기다리고 있습니다. 어디까지 되었는지, 문제는 없는지, 잘되었는지 관심을 기울이고 있습니다. 유효기한을 지키지 못한다면 하루 전이라도 커뮤니케이션하여 상사가 차선책을 수립할 수 있도록 해야 합니다.

후배 L이 있습니다. 특별히 업무적 역량이 뛰어나지는 않은 것 같습니다. 도전적 업무를 한다거나 하여 큰 성과를 내는 측면도 없습니다. 하지만 묘한 매력이 있는 게 지시한 사항은 일정을 준수합니다. 꼭 보고를 서면으로 하지 않더라도 자신이 의견을 주어야 하는 사항은 당일을 넘기는 경우가 없습니다. 주로 늦으면 메일을 이용합니다. 상사와 얘기하는 중에 L에 관해 얘기하는 기회가 있었습니다. 우선 답답하지 않아 마음에 든다고 합니다. 설사 부족하더라도 즉시 반응을 한다는 것은 지시한 것을 잊지는 않았다는 방증이라 여긴다고 합니다. 상사 입장에서 보면 싫어할 수 없는 직원이라고 합니다. 후배지만 저도 배우고 있습니다.

'일을 잘하는 직원은 어떤 직원을 말하는 것일까?' 하고 생각해보는 때가 있습니다. 그것은 분명한 성과가 있는 직원일 겁니다. 성과란 나에게 주어진 업무를 정확히 원하는 시간에 완료하는 것을 말합니다. 결국 일을 잘하는 직원은 업무의 프로세스를 잘 알고 대응할 수 있는 역량을 겸비한 직원을 말합니다. 업무의 결과물이 필요한 시점이 있습니다. 이를 업무의 유효기한이라 표현해보았습니다. 꼭 필요할 때 가치가 상승합니다. 그 가치가 필요한 시점을 알고 이를 통제하는 역량을 키워야 합니다. 모든 상사들은 기다리는 것을 싫어합니다. 본인이 정한 유효기한을 지킨다는 것은 자신을 존중한다는 의미니까요. 부족한 부분이라도 유효기한 내에서는 높은 가치를 가집니다. 인재는 최상의 가치를 항상 제공합니다.

06

문제를 해결하기 위한
해법을 제시하는 사람이 되어라

카톡

"라인이 1시간 전부터 고장으로 정지 중. 30분 전에 보전팀에 고장신고 완료. 원인 분석 중."

제조지원부 현장 박 반장의 고장 관련 연락이 카톡을 통해 전해졌습니다. 같은 팀 엔지니어로 담당하고 있는 박 대리, 이 대리가 하던 문서를 급히 저장하고 현장으로 달려갑니다.

"반장님 지금 현상은 어떤 거예요? 원인은 나온 건가요?"

목소리가 큰 박 대리가 나섭니다.

"지금 1시간이 넘었지요? 오늘 납품은 문제없나요? 생산관리팀에도 연락한 건가요?"

이 대리가 잠시 생각에 잠긴 듯하더니 물어보고 있습니다.

"아니, 아직 정신이 없어 확인 못 했어? 어떻게 하지?"
"제가 연락하겠습니다. 1시간이 넘어서 프로세스대로 확인하는 조치가 필요합니다."

이 대리가 유 반장과 대화를 이어갑니다. 이후 조치와 관련하여 김 대리, 이 대리의 접근법에서 다소 차이가 발생합니다.

직장에서는 다양한 일을 합니다. 특히 제가 근무하는 제조업 공장에서는 생산과 관련된 사항을 포함하여 다양한 문제가 발생합니다. 직장인에게 매일 반복적으로 요구되는 역량은 문제 해결 능력입니다. 어떤 측면에서 보면 '일을 한다'라는 표현은 '주어진 문제를 해결한다'로 바꾸어볼 수 있습니다. 문제, 이슈가 단순하거나 순차적으로 발생되면 다행입니다. 동시에 발생되고 복잡한 이슈이면 만만치 않습니다. 조사하고 확인해야 하는 사항이 많고 대책을 수립할 대안도 필요합니다.

　직장에서 주어진 문제를 잘 해결하는 직원이 있습니다. 이들은 머리가 뛰어난 사람일까요? 꼭 그렇지 않습니다. 보통 문제 해결 능력이 뛰어난 사람들은 프로세스로 해결합니다. 신입 시절부터 배운 업무 처리 프로세스에 자신만의 문제 해결 기법을 더해 구축합니다. 이들의 특징은 경험과 경력이 향상되었다기보다 점차 자신만의 체계적인 자신의 프로세스 노하우를 가지고 있다는 것입니다. 직장에서 문제가 발생됐다고 하는 형태는 크게 세 가지입니다.

　회사에는 다양한 목표가 있습니다. 목표와 현재 진행되는 실적 차이를 말하는 '발생형 문제', 이를 더 나아지도록 개선하는 '개선형 문제', 또 미래를 대비하기 위한 '미래 준비형' 문제입니다. 문제 해결 프로세스의 첫 단계는 우선 문제의 현상이 어떤 유형인지 확인해야 합니다. 이 중 발생형 문제가 많습니다. 일반적인 문제이면 처리 기준이나 원칙을 따라 해결하면 됩니다. 문제의 현상을 정확히 이해하고 다음 단계인 핵심 원인을 분석해야 합니다. 문제가 있다는 것은 어떤 상관관계에 변화가 있다는 것입니다.

　실제 현업에 있다 보면 이 현상과 원인의 상관관계를 분석하는 게 제일 어렵습니다. 그래서 오류가 제일 자주 발생합니다. 원인을 모르는데 대책을 수립하고, 본인이 한 임시적인 일을 한정하고 단정하는 역량 부족이 있습니다. 원인을 파악하는 데 있어서 기술적 능력도 발휘해야 합니다. 취할 수 있는 가능한 데이터를 확보하고 시간의 흐름에 따라 어떤 변화가 있는지 원인 분석에 집중이 필요합니다.

원인을 찾았다면 이젠 대책을 수립합니다. 핵심 원인 파악이 완전하지 않은 가운데 조속한 대책을 적용하는 경우는 임시 대책으로 조치합니다. 근본 대책은 원인에 대한 가설로서 완전한 검증까지를 확인한 상태를 말합니다. 실제로 문제를 해결하고서는 그 대책이 유효한지를 모니터링합니다. 문제의 해결도 중요하지만, 재발 방지가 완전한지 검증합니다. 직장에서의 문제에 대해 대응하는 방법은 있습니다.

직장인은 매일 요구되는 문제를 조속히 해결해야 합니다. 이를 위해서는 역량을 향상해 프로세스를 이해해야 합니다. 문제 해결에서 프로세스는 중요한 역할을 합니다. 긴박하고 연속적인 문제 발생에서 프로세스가 통해 그것을 효과적이고 빠르게 해결할 수 있습니다. 평소 자신의 문제 해결 프로세스를 정리되고 체계화되어 있어야 합니다. 문제가 발생했는데 그제야 프로세스를 찾고 습득하는 것은 준비가 안 된, 역량 부족 상태입니다. 우리는 문제를 해결하는 프로 직장인이지 학습만 하는 학생이 아닙니다.

저도 다양한 문제를 부여받고 문제 해결에 많은 역량을 투입하고 있습니다. 이 중에 가장 어려운 것이 있다면 품질 관련 문제 해결입니다. 형태로 보면 발생형 문제에 해당합니다. 물론 현상이나 원인이 초기에 명확하면 프로세스를 통한 일련의 진행에 문제가 없습니다. 하지만 현상을 정확히 파악하고 원인을 분석하는 데 매우 어려움을 느낍니다. 특히 눈에 보이지 않는 현상인 경우가 있으며, 인과 관계가 여러 명과 얽혀 있는 경우에는 혼란이 있습니다. 프로세스 중심에서 벗어나 대책을 먼저 수립하는 때도 있습니다. 고객과 관련된 임시적인 조치가 필요하다는 이유로 임시 조치 이후 흐지부지됩니다. 정확한 분석 및 대책이 부실한 관계로 반복적 문제가 발생되는 경우가 있습니다. 문제의 원인을 계속해서 사고하도록 전용 포맷을 사용하여 분석합니다. 또 분석을 위한 다양한 도구를 사용하여 원인을 확인합니다.

회사에서 문제가 발생되면 여러 사람에게 공유되고 일이 진행됩니다. 많은 사람이 한마디씩 합니다. '이렇게 하면 되는데.', '예전에 이렇게 했어.', '누가 그러는데 이거래.' 하고 말은 많이 합니다. 하지만 누구 하나 깊숙이 파고들지 않습니다. 행동으로 움직이지도 않습니다. 모두가 아는 체할 뿐 '우왕좌왕'합니다. 이럴 때 '누군가' 나타나서 구심점이 되어 정리하고 방향을 잡습니다. 이제 일이 좀 진행되는 것 같습니다. 우리는 이를 '해결사'라고 합니다. 어느 회사나 이런 분 꼭 있지 않나요?

우리는 이런 '해결사'를 향해 '역량이 뛰어난 사람이네'라고 합니다. 그러면 역량이 뛰어난 사람은 어떻게 다른지 보겠습니다.

크게 3가지 측면이 다릅니다.

첫째, 문제의 현상을 자기만의 시각으로 재해석합니다. 먼저 와서 본 사람들의 얘기보다, '문제가 뭔데요?' 하고 초기 현상을 자신이 이해할 때까지 파고듭니다. 이를 연계하여 원인을 파악하여 맞는지를 확인합니다.

둘째, 초기 현상을 파악하면서 역량이 있는 사람들은 일의 완료를 봅니다. 어떻게 해야 완료가 되는지, 이 일을 종료하려면 '무엇이 필요하고 누가 있어야 하는지' 필요한 자원을 확보합니다. 모든 해결을 본인이 한다기보다 문제를 이해하고 조율합니다. 물론 본인이 가장 잘 알고 빠른 액션이 가능하다면 시행하면서 조율합니다. 꼭 문제 해결의 기획자 같이 행동합니다.

셋째, 본인이 기획한 대로 완료되었는지 확인합니다. 향후 재발의 문제는 없는지 대책을 수립하고 검증합니다. 문제의 현상부터 완료되기까지의 일련의 일반 프로세스 외에 일의 기획력이 우수하다고 볼 수 있습니다.

흔히 문제가 발생되어 진행될 때입니다. '문제를 왜 하나만 보고 판단하지? 지금 그게 급한 게 아닌데.' '팀장인데 꼭 팀원처럼 일해!' 또 이렇게 말하는 사람도 있습니다. '문제를 폭넓게 보시네요! 문제 해결 역량이 뛰어나세요.' '꼭 팀장인데 임원처럼 일해!'

회사에서의 일은 크게 보면 본인 고유의 업무 및 지시사항에 따른 보고로 이루어집니다. 여기에 다양하게 발생되는 문제를 보고 해결하고, 처리하는 업무로 이루어져 있습니다. 문제를 해결하기 위해서는 이를 해결하기 위한 역량을 가져야 합니다. 산수 문제를 푸는 초등학생에게 미적분이나 함수 문제를 풀라는 것은 무리한 문제 해결을 바라는 것입니다. 직장에서도 마찬가지입니다. 문제 수준에 맞추어 해결할 수 있도록 역량을 키워야 합니다. 기본적인 프로세스 수준을 넘어 문제 해결을 기획하고 완료할 줄 아는 사람입니다. 누구나 기본 업무 능력을 키우고 폭넓은 사고를 계속해서 훈련하면 '해결사'가 될 수 있습니다. '임원같이 일하는' 직원이 바로 여기 있습니다.

07

회사에 왔으면
성과를 내야지!

장기화되고 있는 코로나가 우리 일상생활의 한 부분으로 자리 잡은 듯

합니다. 외출 시 반드시 마스크를 챙기는 것은 원래 있었던 행위처럼 자

연스럽게 느껴집니다. 며칠 전 평택에 있는 배다리공원을 산책할 때의

일이었습니다. 5살쯤 되어 보이는 아이가 마스크를 잠시 벗은 어른을 향

해 "엄마, 나쁜 아저씨야, 마스크를 쓰지 않았어!" 하는 것이었습니다.

아마 어린이 기억에는 '마스크란 원래 태어날 때부터 써야 하는 것으

로' 기억된 것은 아닐까요? 상대 어른이 얼른 마스크를 쓰며 미안하다고

어린이에게 손짓하면서 에피소드가 마무리되었습니다. 청명하게 맑은 5

월에 답답한 마스크를 벗는 자유를 어린이에게 선물해주고 싶은 하루였습니다.

고 대리는 답답한 마스크를 써야 하는 것처럼 답답한 마음에 갇혀 있습니다. 가전제품 모터를 제조하는 B 기업 제조1팀에서 5년째 근무하고 있습니다. 어제 1/4분기 평가와 관련하여 팀장과 면담이 있었습니다. 요즘 코로나로 자영업자들은 경기가 살지 않아 어렵다고 합니다.

하지만 집에 있는 경우가 많아서인지 가전 수요가 늘어나면서 모터 공급이 모자랄 지경으로 생산량도 늘어 고 대리는 바쁘게 보내고 있습니다. 생산이 늘어나면서 바쁘게 지내고 있고 당연히 성과도 있어 높은 등급의 평가를 기대하고 있었습니다. 하지만 평가가 낮게 나오면서 팀장과 갈등이 있어 불편해졌습니다.

"팀장님, 회사가 바쁜 만큼 모터로 인한 미납이 없도록 관리했습니다. 생산량도 작년보다 향상이 있었습니다. 불량도 작년보다는 감소하였습니다. 성과가 말해주고 있습니다. 왜 제 평가가 낮은지 도무지 이해하지 못하겠습니다."

고 대리가 다소 언성을 높이며 팀장과 이야기하고 있습니다.

"고 대리, 생산이 늘고 불량이 줄어든 게 고 대리 성과가 맞나요? 성과 개념을 정확히 이해하고 있나요? 혹시 팀의 실적을 고 대리 성과라고 생각하고 있는 건가요? 고 대리의 목표는 생산성을 높이기 위한 A 투자인데 현재 제작도 못 하고 있고, 불량 감소를 위한 B 조사 프로젝트는 역량이 부족하다 하여 제조2팀으로 이관했습니다."

팀장은 오히려 목소리가 낮아지고 있습니다. 낮은 목소리가 고 대리를 더 혼란스럽게 하고 있습니다.

'회사가 바빠 나름으로 열심히 했고, 성과가 있다고 생각했는데 실적? 성과?' 팀장과의 면담 뒤에 혼란이 생겼습니다. '뭐가 잘못된 거지?' 하고 깊이 생각해보고 있습니다.

직장에서 부지런하고 열심히 하면 모두가 성공하고 잘되는 것으로 생각합니다. 하지만 회사는 학교가 아닙니다. 열심히 하면 노력한 것이니 그런 태도나 기본 자질은 본받아야 할 좋은 태도입니다. 하지만 이익을 목적으로 경영되는 회사는 실적이나 성과에 대한 평가를 정확히 하고 있습니다. 그러나 우리 주위에 정확히 모르고 직장 생활을 하는 직원이 많습니다. 제 주위에도 여러 가지의 정확한 의미를 잘 모르는 직원이 있습니다. 실적? 성과? 결과? 또 이를 이루기 위한 능력을 키우라고 하고, 중요한 건 역량이라며 역량을 향상하라고 합니다. 각각이 의미하는 것은 무엇인지 정확히 이해해야 합니다.

첫 번째, 목표를 수립해야 합니다. 목표란 상사가 지시하거나 스스로 세운 원하는 결과물을 객관적으로 표현한 것을 말합니다. 목표는 우리가 하는 행동의 이정표이며 무엇을 어떻게 해야 하는지 알려주고 있습니다. 우리 스스로가 자발적으로 움직이게 하는 최고의 동기 부여 수단입니다. 그리고 성과의 평가 지표입니다. 가령 목표를 우리가 산에 가는 행위인 등산에 비유해보겠습니다. 그냥 산에 가는 것이 아니고 '설악산을 오색에서 대청봉을 거쳐 설악동 코스를 8시간에 주파한다.'와 같이 구체적 계획을 수립하는 것을 말합니다.

두 번째는 능력과 역량을 키워 목표를 달성하는 실행력을 향상해야 합니다. 능력과 역량이 같은 것으로 알고 있는 직원이 의외로 많습니다. 또 정확히 구별하지 못해 본인의 역량을 향상하지 못하고 정체되어있는 직원이 있습니다. 능력과 역량에 대해서는 류랑도가 지은 『성과 중심으로 일하는 방식』에서는 이렇게 정의하고 있습니다.

'능력(Capability)'은 내가 맡은 업무나 나에게 요구되는 역할을 수행하기 위해 갖추어야 할 지식, 스킬, 경험, 태도의 합이다. '역량

(Competency)'은 차별화된 경쟁력으로 고객가치와 원하는 결과물을 창출하는 실행력으로 표현하고 있습니다. 쉽게 표현하면 능력은 어떤 일을 할 때 본인이 처리할 수 있는 능력을 갖추고 있느냐 하는 것입니다. 등산에 비유하자면 기본적으로 설악산에 오를 수 있는 기본 체력이 있어야 하고, 산에 대한 기초 지식, 스틱을 사용하는 방법, 조금 힘들어도 달성하고자 하는 열의 등을 들 수 있습니다. 역량은 능력을 포함하여 의도한 대로 완등을 달성하는 힘을 말합니다. 그러려면 혼자 산행 코스도 설계하고, 의복, 식량 준비도 할 수 있어야 하며, 목표 시간을 맞추기 위한 주파 능력 및 휴식시간 조절 등 일체의 산행에 대한 실행력을 말합니다.

세 번째는 결과, 실적, 성과를 이해하여 정확한 평가를 기대해야 합니다. 여기서 많은 직원이 헷갈리는 것 같습니다. 3가지는 모두 후행적 성격을 띠고 있습니다. 결과는 목표하지 않은 후행적 결과물입니다. 가령 설악산에 가는 목표였지요. 그런데 산에 갔는데 치악산에 갔다면 결과가 있긴 합니다. 다만 '치악산'이라는 결과가 있습니다. 실적은 목표를 달성한 결과물입니다. 설악산을 완등했다면 실적은 설악산을 완등한 실적이 있습니다. 물론 능력도 검증이 되었습니다. 기본 체력도 있고 하고자 하는 열의도 있었습니다. 그럼 성과하고는 어떤 차이가 있는지 보겠습니다. 성과는 평가의 지표입니다. 최종 결과물이 의도한 대로 완료되었는지 확인합니다. 목표를 비유하자면 설악산을 오색에서 출발해 대청을 거쳐 설악동으로 이어지는 코스를 8시간 이내에 완등했다면 성과를 달성했다고 합니다. 7시간에 완등했다면 목표보다 1시간 단축한 성과가 있다고 합니다.

성과란 우연히 발생된 결과물이 아닙니다. 시행 전 반드시 목표가 수립되어야 합니다. 목표를 본인이 의도한 대로 역량을 발휘하여 결과물이 이루어진 상태를 성과라 합니다. 직장에서 성과를 내기란 말처럼 쉽지 않습니다. 우선 목표가 없습니다. 목표를 우선으로 선언하기도 쉽지 않습니다. 본인이 주도하지 않은 공동체 형태의 팀의 실적을 성과라 여기는 경우가 많습니다. 이 부분을 정확히 이해해야 합니다.

대부분 회사에서는 목표를 가지고 경영을 합니다. MBO(목표관리, Management by Objectives)라는 Tool(방법)을 이용합니다. KPI(핵심성과지표, Key Performance Indicator)를 포함하여 목표를 수립합니다. 어느 중소기업의 MBO를 본 적 있습니다. 사장부터 본부장, 팀상을 서쳐 말단 사원까지의 MBO가 거의 같았습니다. 마지막 개인적 자기계발 항목이 조금 달랐습니다. 경영진부터 실무 직원까지 같은 목표, 역량, 평가가 이루어져야 한다는 결론입니다. 결국, 같은 일을 한다는 얘기였습니다. 하지만 하는 일은 달랐습니다. 매우 달랐습니다. 그만큼 본인의 목표에 맞는 계획을 수립하고 성과를 달성하는 방법을 모르고 있었습니다.

나도 직장에서 MBO라는 목표관리를 합니다. 특징적인 것이 있습니다. 대부분 목표가 명확한 실체가 있는 것은 달성하기 쉬운 면이 있습니다. 가령 공정 개선 등을 위해 기계를 신규 설치하거나 변경하는 일들입니다. 실체가 있고 일정이 정해진 사항은 관리만 잘하면 비교적 쉽게 원하는 목표를 얻습니다. 하지만 어려운 목표도 있습니다. 실체가 없이 결과물을 내야 하는 목표입니다. 대표적으로 불량 원인을 정확히 조사 제거하는 일입니다. 눈에 보이지 않고 평소 쉽게 해결하지 못하는 항목입니다. 그렇기에 도전적으로 수립한 경우입니다. 목표부터 시행 방안까지 딱히 결정된 것이 없이 처음부터 시작인 경우입니다. 달성에 가중치를 두어 시간을 투입하지만, 상대적으로 어려운 목표입니다.

하지만 어려운 만큼 보람은 더 큰 것 같습니다. 무에서 유를 창조하는 느낌이랄까? 제가 느끼는 희열이 있었습니다. 성취감을 통한 자신만이 느끼는 자존감이 상승하는 계기가 되었습니다. 여러 테스트와 시험을 통해 검증을 거치게 됩니다. 결과물로 공정의 표준을 바꾸는 경우가 해당됩니다. 본인의 업무 능력을 키우고 역량을 향상하기 위해서는 조금 어려운 도전적 목표가 꼭 필요합니다. 직장에서 같이 출발해도 몇 년 뒤 역량이 향상된 인재들은 도전적 과제를 충실히 수행한 결과입니다.

모든 직장인은 성과를 내고 인정 받기를 원합니다. 본인이 일하는 방식이 성과 중심으로 이루어지길 바랍니다. 마음같이 잘되지 않아 그렇지 회사에 왔으면 성과를 내고 당당히 인정도 받고 이에 맞는 급여를 받기를 원합니다. 성과를 내려면 성과의 정의를 정확히 알아야 합니다. 목표를 수립하고 능력과 역량을 키워 완료할 수 있는 실행력을 향상해야 합니다. 본인이 목표한 대로 역량을 발휘하여 원하는 결과물을 성취하는 일련의 행위를 습득해야 합니다. 마음만 앞서고 열심히 했음을 어필하는 시대는 지났습니다. 과거 기성세대에서는 통했습니다. 주도하고 있는 밀레니얼 세대는 효율을 통한 성과로 인정받아야 합니다. 직장에서 인정받는 인재들은 조직의 성과에 지속해서 이바지한, 실행력이 뛰어난 사람들입니다. 당신의 역량을 뒤돌아보십시오.

08

성공이든 실패든
모두 경험에서 배운다

"백문이 불여일견"이라는 구문이 있습니다. 백 번 듣는 것이 한 번 보는 것만 못하다는 뜻으로, 무엇이든지 경험해야 확실히 알 수 있다는 교훈을 주는 구문입니다. 더욱 쉽게 지금 직장에서 벌어지는 일로 표현하자면, 책상 앞에 앉아서 토론하는 것도 중요하지만, "백문이 불여일견"이라 했으니 현장에 나가서 직접 보는 것이 정책을 세우는 데 더 큰 도움이 될 것입니다. 우리가 문제를 해결하는 데 있어서 다양한 경험이 필요하다는 말입니다.

김 과장은 며칠째 고민하고 있습니다. 휴대폰 부품을 제조하고 있는 A

직장에 근무한 지 6년째 접어들고 있습니다. 현재 근무하는 부서는 제조 1부에서 입사 후 계속 근무했습니다. 앞만 보고 근무하며 또 인정도 받고 있다고 생각했습니다. 제조 설비의 고장으로 밤새며 원인을 파악하여 해결한 날이 수도 없이 많았습니다. 나름 공정의 문제 및 개선에 어느 정도 자신감도 느끼고 있습니다. 며칠 전 사내공모 게시판을 보고 고민이 많아졌습니다. 수출 호조로 회사가 확장되면서 추가 해외 지원 생산기술 부분이 신설된다는 내용이었습니다. 사내직원을 대상으로 다양한 경력을 쌓을 기회였습니다.

몇몇 동료들에게 의견을 물은 뒤 더 혼란스러워졌습니다.

"현재 부서에서 하던 일 계속하는 게 편하고 익숙한 것이 좋다."

A 과장의 말입니다. 또 "6년 제조 경력으로 다른 업무를 하면서 다양한 업무를 해보라."라는 B 과장의 조언이 있어 혼란스럽습니다. 본인 사신은 변화가 일부 필요하다는 생각과 향후 생산기술을 거쳐 국외 법인에 근무할 기회를 마음에 들어하고 있습니다. 아직은 내색하지 않았지만 다양한 경험에 점점 더 매료되고 있는 것 같습니다.

한 부분에 오래 있어 익숙한 것이 맞는 것인지? 아니면 다양한 경험을 쌓아 능력을 향상시키는 게 맞는지 모르겠습니다. 딱히 정해진 정답도 없습니다.

"백문이 불여일견"이란 백 번 듣는 것이 한 번 보는 것만 못하다는 뜻으로 직접 경험해야 확실히 알 수 있다는 말입니다. 요즘 한참 인기 있는 유튜브가 시대 흐름에 맞는 것 같습니다. 유튜버들은 본인의 경험을 다양하게 동영상으로 보여주면서 '보는 것'의 경험을 향상하였습니다. 나도 근력 운동을 위해 노력하고 있습니다. 특히 하체 운동을 강화하려고 '스쿼트'라는 자세를 배우고자 했습니다. 인터넷 블로그에서도 자세히 설명되어 있었습니다. 하지만 사진 및 설명 위주다 보니 제대로 자세를 취하기에 조금 어설픈 부분이 있었습니다.

유튜브에는 유튜버가 직접 동작을 취하면서 동시에 설명하고 주의할 점이나 강조하는 부분까지 있다 보니 이해가 더 쉬웠습니다. 관련 검색어를 쳐보니 수많은 동영상이 마치 경쟁하듯 '자신의 경력을 사주세요.'라고 하는 것처럼 느껴졌습니다. 지금은 자신이 잘 알고 있고, 경험한 자신의 가치를 쉽게 알려주는 시대로 변화하고 있습니다. 때에 따라서는 인기 있는 동영상은 이를 통해 많은 돈을 벌기도 합니다. 자신의 경험을 필요한 곳에 나누어 주는 것만으로도 가치를 높일 수 있습니다. 자신의 경험을 감동으로 전하고, 자신의 자존감을 높이는 또 다른 방법도 있습니다. 바로 강연 프로그램 〈TED〉입니다. 대부분 본인이 경험하여 터득한 원리, 진리, 도전을 전달하고 있습니다. 그 밑바탕에는 실패와 수많은 시행착오가 깔려 있고 이를 이겨내며 배운 성공을 얘기하기도 합니다. 어쩌면 본인이 힘들게 터득한 경험을 필요한 사람에게 전하는 것이 다행입니다. 힘들게 준비했는지 모르겠지만, 자신의 경험을 전달하여 선한 영향력을 주었다면 자신의 자존감이 한없이 상승합니다. 자신의 경험이 가치 있다는 것을 느끼는 하루가 될 것입니다.

경험의 중요성을 나는 경험을 통해 깨달았습니다.

첫 번째 나의 경험은 군대 시절이었습니다. 사실 별다른 고생 없이 학창 시절을 보냈고, 부족함 없이 부모님의 지원을 받았기에 어려움을 몰랐습니다. 군대에서 다양하고 때론 거친 사람들과 지내면서 '다 나와 같지 않구나.' 하는 다양성을 경험했습니다. 직장생활하면서 혼자 지내게 되었는데, 군대 시절의 경험이 직장에서도 많은 도움이 되었습니다.

두번째는 회사를 다니면서 하게 된 것으로, 다양한 업무 경험을 통해 생각의 깊이가 깊어졌습니다. 제품을 제작하는 제조 경험부터, 생산기술 업무까지 다양하게 경험하였습니다. 특히, 10년가량을 생산기술 업무를 하였습니다. 업무 특성상 다양한 설비를 제작하면서 많은 사람을 만났습니다. 비록 협력업체 분들이지만 진실성을 가지고 대하니 같은 목표를 위해 마음이 통할 때는 많은 것을 배웠습니다. 엔지니어로서의 기술뿐만 아니라, 프로의 정신으로 진심을 전달했을 때의 경험이 이후 나를 성장시키는 계기가 되었습니다.

세 번째는 많은 나라를 다니며, 견문을 넓혀 나의 의식이 확장되는 경험을 한 것입니다. 단순 여행이나 단기 체류가 아니고 포르투갈에서 장기 체류하며 다른 문화와 다양성을 배우고 경험한 일입니다. 역사, 문화, 언어를 좋고 나쁨, 맞고 틀림의 기준에서 볼 것이 아니고 다양성이라는 관점에서 이해해야 한다는 것을 몸소 경험했습니다. 이를 통해 하나하나 시나브로 나의 역량이 성장하는 계기가 되었습니다.

실제로도 우리가 성장하고 역량이 향상되는 요인은 경험(70%), 조언(20%), 교육(10%)입니다. 경험의 중요성을 강조하고 있습니다. 그만큼 다양한 경험을 해보길 바랍니다. 회사에서도 기회가 닿았을 때 다양한 경험을 해보길 코칭합니다. 저의 경우는 평균 3년마다 업무 변화가 있었습니다. 부서 이동도 5년~10년 주기로 이동되었습니다.

다른 업무를 할 때마다 새로운 환경, 업무, 사람을 만나야 하는 변화가 필요하지만, 매번 빠르게 잘 적응한 것 같습니다.

우리는 우리가 경험한 것들을 하찮게 보는 경향이 있습니다. 그러나 경험했던 모든 것은 처음 하는 누구에게는 꼭 필요한 요소입니다. 직장에 오래 근무한 선배들이 경험한 것을 밀레니얼 후배에게 잘 전수해줄 필요가 있습니다. 선배들이 경험한 상당 부분은 실수, 실패로 얻은 교훈이 많습니다. 사소한 것으로 생각할지 모르지만, 또 처음 하는 밀리니얼 세대들이 같은 잘못을 하는 것은 시간, 비용의 낭비입니다.

또 다른 의견이 있기도 합니다. 경험하면서 배워야 하니, 선배들처럼 또 실패하며 배워야 한다고 합니다. 본인들이 부딪치고 시행해보아야 한다는 생각입니다. 실패를 그저 낙담이나 실패에 머무르게 해서는 안 됩니다. 실패의 트라우마로 다시 시도조차 하지 않고, 걱정만 한다면 오히려 역효과입니다. 성장과 역량 향상에 도움이 되지 않습니다.

특별하지 않아도 우리는 알고 있습니다. 그 순간에는 힘들어, 힘이 빠져 허탈하게 얻은 것이 없는 것처럼 보여도 시간이 지나고 누적되면 교훈으로 남는 경험을 하였습니다. 이를 긍정적으로 생각하는 사람이 진정한 승자입니다. 이런 마음가짐으로 일을 대하면 일에 대한 두려움이 없어집니다.

작년부터 시작된 코로나 영향으로 인력 수급에 많은 변화가 있습니다.

몇 가지 변화는 대략 이렇습니다.

첫 번째는 각 기업에서도 기존 공채 개념의 채용 방식을 줄이고 있습니다. 인력이 필요할 때 비정기적으로 수시 채용을 하는 형태로 변했습니다. 저도 예전에 공채 형태로 입사했습니다. 1월에 입사하여 2월까지는 각종 집합 교육이 있었고, 졸업 후 현업의 부서에 배치되었습니다. 많은 동기가 있었습니다. 서로 모르는 것은 물어보기도 하고, 궁금한 것들은 공유했던 기억이 있습니다. 서운하고 힘들어도 서로 의지하며 동병상련의 마음을 같이 누렸습니다. 장단점을 떠나 좋은 추억입니다.

두 번째는 신입 채용보다는 경력 채용 비중이 늘어나고 있습니다. 특히 대리, 과장 레벨을 선호하여 채용합니다. 처음 입사하여 적응하면서 신입의 경우 약 30%가 1년 이내 이직하는 경향이 있습니다. 그래서인지 이미 회사 생활을 어느 정도 경험하여 바로 업무를 수행할 수 있는 직원을 채용합니다. 또 경력 직원은 업무를 경험하면서 능력을 검증할 수 있다는 장점이 회사에게는 있습니다. 앞으로도 계속 경력 직원 채용 형태가 증가할 것으로 생각합니다.

나이가 들수록 경험이 얼마나 중요한지 생각하게 됩니다. 학교에서 공부하면서 지식을 쌓는 것도 중요합니다. 하지만 실행 뒤에 성공이든 실패든 경험을 통해 터득하는 것이 더 중요함을 깨닫고 있습니다. 세상에서 경험할 수 있는 주체는 나입니다. 이런 경험으로부터 깨달음을 얻고 한 걸음 더 성숙해질 때 내가 성장할 수 있다고 생각합니다. 또 다양한 경험을 한다는 것은 다른 측면의 도전을 한다는 것입니다. 새로운 환경에 도전하고 경험하고 뒤에 배움이 있습니다. 이를 통해 다양한 경험을 배운다면 무엇이든 할 수 있다는 자기만의 자신감을 느낍니다. 자신이 성장하고 무엇이든 할 수 있다는 자신감이 있다면 무엇이 문제일까요? 이것이 행복 아닐까요?

success

3 장

회사에서
몸값 높이는
고수의 비법

나쁜 소식은 빨리
보고할수록 좋다

월요일 아침이지만 친환경 기업에 다니는 최 팀장은 물을 연신 마시고 있습니다. 심호흡을 크게 한 번 하고 본부장실 문을 엽니다. 무언가 잘 풀리지 않는다는 표정으로 최 팀장을 본부장이 맞이합니다.

"본부장님, 모레 있을 환경부 장관님 방문과 관련해서 보고 드릴 게 있습니다."

"들어오세요. 그렇지 않아도 조금 전에 부사장님에게 계획대로 진행되고 있다고 했습니다."

"그게 좀, A 라인에 테스트 공정 기계적 결함이 발견되어, B 라인으로 변경해야 합니다."

"B 라인은 환경적으로 의전하기 어려운데, 테스트 공정은 조치가 어려운 건가요?"

"네 부품이 수입품이라 1주 소요됩니다."

"아니! 이런 중요한 얘기를 왜 지금 하는 겁니까? 몇 번이나 말했어요. 장관님이 오시는 사항이라 임원들이 챙기신다고. 최 팀장은 도대체 언제 이 사실을 안 겁니까?"

"지난주 목요일 고 과장에게 듣기는 했습니다만, 제가 내용 파악하고 조치할 수 있는지 확인하고 보고 드리려고……."

"확인? 확인을 며칠씩 합니까? 얼마나 중요한 사항인지 파악이 안 됩니까? 계획에 변경이 있으면 즉각 보고했어야지요! 당장 관련 팀 비상 소집하세요. 대응 방안 협의합니다."

얼굴에 짜증이 잔뜩 난 표정으로 언성을 높이는 본부장님 앞에 최 팀장의 마음은 한없이 작아지고 있습니다. 본부장실에서 내쫓기듯 나오면서 고 과장과 최 팀장은 자판기 앞에 섰습니다. 음료수를 서로 들이켜며 담배 연기를 깊이 들이마시고 내뿜었습니다. 중요 손님 준비로 전사 차원에서 몇 주째 준비하고 있었습니다. 잘 준비해서 팀 내 좋은 이미지도 얻고 싶었는데, 다른 팀으로 공이 넘어가는 것 같아 마음이 허전합니다. 누구보다 열심히 준비한, 고 과장에게도 미안합니다. 사실 고 과장이 목요일 저녁에 판단하여 바로 보고하자고 했는데 최 팀장이 미적미적했습니다. 본부장님이 최근에 사소한 문제까지 판단하지 않고 묻기만 한다고 책임감 부족이라고 질책한 사항이 기억에 깊이 남아 있었습니다.

'왜 갑자기 이러지, 어디서부터 잘못된 거지?' 최 팀장의 생각이 혼란스러워집니다.

직장에서 상당 부분은 보고로 업무가 이루어집니다. 보고를 통해 정보를 공유하고 이를 바탕으로 선택 및 결정하여 일이 이루어집니다. 보고도 일종의 소통입니다. 보고를 분류해보면 크게 네 가지로 분류됩니다.

첫 번째, 상황 보고입니다. 기업에서 시시때때로 일어나는 일 중 어떤 상황인지 상사의 이해를 돕고자 보고하는 형태입니다. 지금은 정보화 시대로 스피드와 정확한 정보 전달이 필요한 상황입니다.

두 번째는 요청 보고입니다. 일을 추진하기 위한 결재, 결정해 달라고 요청하는 보고입니다. 권한 내에 있는 일이라면 본인이 판단하여 추진하면 됩니다. 하지만 상사에게 많은 권한이 있는 것이 사실입니다. 상사가 보고 듣고 결국 해주어야 하는 게 무엇인지 설득하여 추진하는 보고를 말합니다.

세 번째는 제안 보고입니다. 본인의 의견이 반영된 보고를 말합니다. 어떤 이슈에 대해 본인은 정리가 이미 되어 있으며, 이를 본인이 추구하고자 하는 방향으로 설득하는 과정입니다. 본인의 의지가 반영된 상황으로 몰입도가 가장 좋습니다.

마지막으로 피드백 보고입니다. 상사의 지시에 따른 결과 보고라고 할 수 있습니다. 주도권이 상사에게 있고, 일정이 있는 만큼 까다로운 보고입니다. 이 보고의 특징은 지시한 내용 및 일정을 맞추면 좋은 성과로 이루어진다는 얘기입니다. 반대로 지시자의 요구를 맞추지 못하면 부정적 평가를 받는 면도 있습니다.

앞서 최 팀장의 경우는 상황 보고에 해당합니다. 계획된 일에서 내부 사정으로 변경이 필요한 상황이고, 중요 손님 방문 관련하여 모두의 관심 사항임을 고려하면 바로 보고하여 판단할 수 있어야 합니다. 상황 보고라 해도 일일이 시시콜콜히 중계 방송하듯 보고하면 전달만 한다고 할 수 있습니다.

어느 정도 책임감을 느끼고 판단하여 보고하는 것이 필요합니다. 상황의 정도를 판단하기 어렵다면 중간보고 형태로 계속 진행 상황을 보고하는 것이 안 하여 혼란스럽게 하는 것보다는 나은 것 같습니다.

나도 현재 보고를 받기도 하고 이를 판단하여 다시 보고하는 위치이기도 합니다. 앞서 얘기한 네 가지 분류 중 상황 보고와 피드백 보고가 좀 까다롭다고 생각합니다. 상황 보고는 진행 상황을 일일이 보고하기 어려운 면도 있습니다. 너무 세세한 내용까지 보고하면 내 주관 없이 상사에게 미루어 결정을 바라는 모습으로 보입니다. 그래서 보고의 기준을 수립해보면 상당한 조정이 이루어집니다. 대안으로 간단한 보고 기준을 만들어보면 많은 도움이 됩니다. 가령 나쁜 소식이나 중요 보고 같이 내가 아니어도 알게 되는 사항은 다른 사람을 통하기보다 내가 먼저 직접 보고합니다.

특히 좋은 소식의 보고라면 먼저 보고하는 데 문제가 없습니다. 반면 나쁜 소식은 가능하면 보고하기 어려워지는 경우가 많습니다. 저는 나쁜 소식은 먼저 보고하려는 경향입니다. 비록 보고 내용은 부정적인 보고이지만 이를 내가 수습하려는 주도성을 가지려 합니다. 이런 생각을 해봅니다. 이미 쏟아진 물은 주워 담을 수 없습니다. 빨리 더 악화하기 전에 주도적으로 대응하는 면이 필요합니다. 가령 저에게는 품질 보고가 대표적으로 나쁜 소식 보고에 해당합니다. 제조업에서 품질 보고는 누구나 보고하기 꺼리는 보고입니다.

또 피드백 보고는 상사의 지시에 따른 조사 및 분석을 포함하는 경우가 많습니다. 여기에는 특징이 있는데, 결과물과 일정이 동반되는 경우입니다. 이 두 가지를 모두 만족하면 좋은 성과로 이어지고, 반대로 만족하지 못하면 부정적 평판을 받습니다. 이 부분도 소통의 연속입니다. 가능한 한 주어진 일정에 양질의 결과물을 보고한다면 최선입니다.

그러나 모든 것이 말처럼 쉽지 않습니다. 결과물이 미완성이거나 일정이 필요하면 중간보고 형태로 보고하는 것이 필요합니다. 일의 진행이 계속 진행되고 있다고 생각되면 상사는 안도합니다.

보고에도 스킬이 필요합니다. 제가 많은 보고를 통해 얻은 네 가지 보고 스킬을 정리해보았습니다.

첫째, 보고는 두괄식으로 정리, 보고하는 것이 필요합니다. 보고서든 말로 전달하는 구두 보고든 두괄식으로 소통하는 것이 이해하기 쉽습니다. 내가 하고픈 이야기가 많겠지만 듣는 이 위주로 의사가 전달되면 좀 더 쉽게 이해하기 쉽습니다. 특히 상사들은 기다려주지 않고 결과물을 먼저 확인하고 싶어 합니다.

두 번째는 일정을 지키는 일입니다. 상사가 지시하여 피드백을 보고하는 상황입니다.

김 대리 : 피드백 보고를 준비하였으나 80% 수준의 내용으로 일정에 맞추어 보고

이 대리 : 피드백 보고를 준비하면서 시간이 부족하여 기한을 넘겨 상사를 기다리게 함

위와 같은 상황에서 상사들은 대부분 김 대리와 같이 부족하지만, 일정을 맞추어 보고해달라고 요청합니다. 보고하면서 보완될 사항도 많을 뿐더러, 상사도 그 위 상사에게 보고하는 경우가 많습니다. 필요하면 본인이 추가하여 보고해도 어느 정도 대응이 가능합니다. 하지만 일정을 넘기면 조정할 시간이 없으므로 더 초조해지고, 대응할 타이밍을 놓치게 됩니다. 세 번째는 묻는 말에 또는 지시한 사항에 보고하는 것입니다.

"보고서 준비되었습니까?"

"네, 마지막 페이지 정리하고 있습니다."

"언제 볼 수 있습니까?"

"퇴근 전에는 보실 수 있습니다."

퇴근 시간 되어도 연락이 없습니다.

"퇴근하는데 왜 아직 보고 안 합니까?"

"저는 잔업하여 오늘 퇴근 전에 마무리하려 했습니다."

상사의 마음을 이해해봅시다. 처음부터 "2시간 이내에 보고 드리겠습니다. 현재 마무리 중입니다." "15시에 보고 드리겠습니다." 하고 A에 대해 찾으면 A를 준비해봅니다. 그 외 필요한 사항은 추가합니다.

네 번째는 보고의 외적 요인입니다. 보고를 준비하면서 알게 된 내용 또는 본인의 의견을 다양하게 얘기해주어야 합니다. 특히 알게 된 추가 정보를 얘기합니다. 보고 받는 상사가 아는 내용일지라도 본인이 알게 된 내용이면 보고에 추가합니다. 본인의 의견을 자신 있게 말할 수 있다는 것은 보고를 장악하고 있다는 방증입니다. 설사 잘못 알고 있더라도 본인의 의견, 소견을 주장함으로써 보고자를 진정 설득할 수 있습니다.

나도 직장생활하면서 처리하는 업무의 많은 부분이 보고 업무입니다. 많은 사항을 쉽게 얘기했지만 사실 보고 업무로 매번 어려움을 겪고 있습니다. "보고 안 할 거야? 언제 보고할 거야?", "보고서가 난수표 같아! 핵심이 없잖아! 언제까지 이럴 겁니까?" 하는 말을 많이 들었습니다.

특히 상황 보고와 일정에 맞추어 보고하는 일이 쉽지 않았습니다. 중요 보고를 앞둔 전날은 늦고, 당일 아침도 분주하게 준비했던 기억이 있습니다.

  직장인에게 보고는 업무에서 뗄 수 없는 일입니다. 많은 시간이 필요하고, 또 이를 통해 평가를 받기도 합니다. 피할 수 없으면 즐기라 했습니다. 보고 업무를 피할 수 없다면 잘하는 방법을 습득하여 좋은 성과를 받는 것이 필요합니다. 보고의 네 종류를 잘 습득하여 상황에 맞추어 적용해보시죠. 또 보고 스킬 네 가지를 포함하여 작성해보시기 바랍니다. 한결 보고가 어렵지만은 않을 겁니다. 나도 보고의 스킬 네 가지를 적절히 적용하면서 보고의 트라우마에서 벗어났습니다. 특히 보고도 일종의 소통입니다. 자신감 있게 의사를 전달함이 기본입니다. 본인의 의견, 소견을 미리 준비하여 자신감을 향상하시기 바랍니다. 어렵게만 보이던 보고가 한결 쉽고 가깝게 다가올 것입니다.

02

목표와 희망 사항을
구별하라

"작년에 모두 수고들 많았습니다. 우리 팀의 실적이 다른 팀과 법인을 포함해서 가장 실적이 우수했습니다. 우리 팀의 올해 목표는 좀 도전적으로 10% 향상된 목표를 수립해야 합니다. 어렵겠지만 각자의 목표를 도전적으로 수립해주시기 바랍니다."

화장품을 판매하는 A 기업의 영업1팀 박 팀장이 올해 실적 목표와 관련하여 설명하고 있습니다.

"우리 팀 특성상 실적은 보상과 연계되어 있어 목표를 높게 수립해야 할 필요성이 있습니다. 지난해 실적을 바탕으로 잘 수립해주시기 바랍니다."

　작년까지는 멘토들의 도움으로 실적이 나쁘지 않았습니다. 올해부터
는 홀로서기를 해야 하는 차 대리, 오 대리는 조금 심란합니다.

"차 대리 올해 목표는 얼마로 수립했습니까?"

박 팀장이 개별 면담 중 차 대리에게 묻고 있습니다.

"네, 작년의 경험을 살려 두 배인 20%를 달성했으면 좋겠습니다."
"그래요, 올해는 경기가 더 좋지 않을 텐데 달성 전략은 무엇인지요?"
"작년에 거래를 한 경기 남부 지역에 집중해서 열심히 판매점을 확대
할 생각입니다."
"열심히 하는 것 말고, 전략이요. 그리고 20% 근거는 있는 건가요? 차
대리 희망 사항 말고요."
"……."

차 대리는 말없이 듣기만 하고 있습니다.

"오 대리 올해 목표는 얼마로 수립했습니까?"

박 팀장이 오 대리에게도 같이 물어보고 있습니다.

"네 20% 향상으로 수립했습니다."

"전년보다 목표가 높은데 전략이 있는 건가요?"

박 팀장이 가능한지 물어보고 있습니다.

"작년에 대학가 위주로 판매망을 확보했습니다. 작년보다 대학가 세 곳을 더 판매 대리점으로 계약했습니다. 여기에 추가 계약도 예정되어 있어 어렵지만 도전해볼 만합니다."

"응, 계획도 탄탄하고 목표 근거가 있어 좋습니다. 건승을 빕니다."

박 팀장이 면담을 마치며 안도합니다.

어쩌면 어른들의 대리 만족인지도 모릅니다. 이루지 못한 꿈을 대신 이루었으면 하는 바람으로 물어보는 것 같습니다. 초등학생에게 "장래희 망이 뭐니?" 하고 어른들은 자주 물어봅니다. 특히 아이가 저학년쯤 되면 부모님들도 물어보게 됩니다. 예전에는 과학자, 의사, 변호사, 검사 등이 인기 순위였습니다. 지금은 세대가 많이 변해서 운동선수, 연예인, 공무원, 유튜버가 선호하는 장래희망입니다. 이 경우, 단순하게 아이가 관심을 가지고 좋아하는 직업군 정도로 알아듣습니다. 계획이나 전략을 묻지는 않는 것으로 보아 목표로 보지도 않습니다. 그러나 직장에서도 희망 사항을 목표와 구별하지 못하는 이가 있습니다. 일의 중심인 목표가 불확실하니 결과가 좋을 리 없습니다.

희망 사항	목표
내년에는 진급해야 할 텐데	진급에 필요한 자격 요건 갖추고, 고과 S를 맞도록 계획을 수립
팀장님에게 인정을 받으면 좋겠다.	지시사항에 대한 피드백을 2일 안에 보고하고 목표 지표를 관리한다.
해외파견 업무를 해보면 얼마나 좋을까?	해외파견에 필요한 어학 자격(OPIC IH)을 올해 획득하고, 기술 역량을 충족한다.
내 역량이 김 대리처럼 뛰어나면 좋겠는데.	제조기술 역량을 높이는 프로세스를 집중 습득하여 올해까지 마스터 한다.
살이 5kg만 빠졌으면 좋겠다.	5kg 다이어트를 위해 저녁 6시 전에 식사, 런닝 30분 3일/주, 절대 금주

희망은 무언가를 막연히 바라는 것입니다. 조금만 어려움이 있으면 바로 의지가 낮아집니다. 수동적 활동에 기반을 두고 있기 때문입니다. 단지 누군가가 해결하여 원하는 것을 해주기를 바라는 것에 초점이 맞추어져 있습니다. 반대로 목표란 달성하고자 하는 결과물을 객관적으로 표현한 상태를 말합니다. 무엇보다 '우리가 할 수 있다.'라는 것을 강조합니다. 목표는 곧 행동을 의미합니다. 희망 사항은 우연히 기다려 원하는 것이 해결되기만을 바랍니다. 목표는 움직이게 합니다. 계획하게 합니다. 모든

일이 목표 지향적인 계획을 갖는다고 반드시 이루어지는 건 아니지만, 분명 이러한 일련의 과정을 거쳐 성과라는 결과물을 얻을 수 있습니다.

목표를 세웠다고 해서 모두 쉽게 이룰 수 있는 것이 아닙니다. 가령 우리가 운동해야지, 다이어트를 해야지, 어학 공부를 해야지 하면서도 쉽게 시작하지 못하는 경험이 있을 겁니다. 이렇게 목표했지만 쉽게 시작하지 못하는 이유가 있습니다. 시작을 위해서는 동기가 꼭 필요하기 때문입니다. 영국의 심리학자 캐서린(Catherine V. Jansson-Boyd)은 동기를 발생하기 위해서는 3가지가 필요하다고 강조하고 있습니다.

첫 번째로, 사람이 행동하기 위해서는 근본적인 욕구가 있어야 합니다. 다른 말로 표현하면 간절함입니다. 옛말에 "지성이면 감천이다."라는 말이 있습니다. 그만큼 하고자 하는 바람이 있어야 시작할 수 있습니다.

두 번째 필요한 요소는 추진력입니다. 행동을 말합니다. 행동의 밑바탕에는 의지가 있습니다. 행동에 대한 저항은 항상 있습니다. 이 저항을 넘는 힘은 바로 의지입니다. 우리가 쉽게 운동이나 다이어트에 성공하지 못하는 이유가 있습니다. 한계에 도달했을 때 지속하는 추진력이 약하기 때문입니다. 상대적으로 의지가 강하면 지속 가능합니다. 마지막으로 달성하고자 하는 목표가 필요합니다. 목표는 행동할 수 있는 근거이며 의미를 통해 타당성을 채워주고 있습니다. 본인이 의미가 없다고 하는 일에 행동을 지속하기는 힘듭니다.

이렇게 행동을 하게 하는 과정인 욕구, 추진력, 목표 이 세 가지를 행동의 3요소라 합니다. 이것이 충족될 때 생각에만 그치지 않고 움직이게 됩니다. 이 힘이 바로 '동기'입니다. 시작이란 '동기가 채워졌다.'라고 보시면 됩니다.

작년 코로나가 2단계로 격상되면서 심각할 때 일입니다. 저는 희망 사항이 목표로 변경되면서 도전한 사항이 있습니다. 바로 책 쓰기입니다. 코로나로 재택근무 및 휴무가 발생하여 개인적인 시간이 늘었습니다. 불안한 마음에 책을 읽기 시작했습니다. 처음에는 단순하게 성공한 분들의 이야기를 도서관에서 보았습니다. 한번 시작하니 깊이 빠져들었습니다. 집중 독서에 들어갔습니다. 주말에는 1일 1권 이상을 목표로 독서에 집중했습니다. 주중에도 틈나는 대로 독서의 바다에 빠졌습니다. 책 속에서 책 쓰기에 관심이 갔습니다. 불현듯 책을 써보면 어떨까 하는 희망 사항이 생겼습니다.

주로 성공학, 자기계발에 관련한 책을 독서하였습니다. 논리 정연하고, 공감되는 부분에서는 감동이 있었습니다. 지난 20여 년의 직장생활을 되돌아보았습니다. 깊은 울림을 주는 작가의 글을 읽을 때면 '어떤 사람들일까? 얼마나 대단한 자부심이 있을까?' 하는 생각이 들면서 희망 사항의 강도가 점점 커졌습니다. 나도 모르는 간절함이 있었습니다. 욕구가 생겼습니다. 바로 작가가 되어 책을 써보자는 욕구가 생겼습니다. 희망 사항이 욕구를 거쳐 목표로 변경되었습니다. 목표의 힘은 상상 이상이었습니다. 목표가 생기니 막연함을 넘어 행동하게 되었습니다. 추진력이 생겼습니다.

평소 소심하고, 과감하지 못한 내가 어디서 이런 추진력이 생겼는지 지금 생각해도 기특합니다. 〈한국책쓰기1인창업코칭협회〉에서 책 쓰기를 교육한다는 내용을 많은 책에서 알았습니다. 김태광 대표 코치님과 통화하여 나의 목표인 책 쓰기를 배우고자 책 쓰기 과정에 바로 등록하여 배웠습니다. 이분의 이력을 보고 사실 좀 놀랐습니다. 25년간 250권을 쓰신 다작 작가이시고 10여 년간 1,100명을 작가로 배출한 코치셨습니다. 잘 가르쳐주시는 분에게 효율적으로 빨리 배운 것 같습니다.

이렇게 해서 목표가 생겼습니다. 목표가 있으니 흔들림이 없었습니다. 낮에는 평범한 직장인으로 밤에는 작가로 이중생활이 시작되었습니다. 늦은 밤에 잠자는 시간이 줄어도 피곤한 줄 몰랐습니다. 주말 새벽에 글을 쓰며 창작이라는 고통과 싸워도 힘든 줄 몰랐습니다. 지금 생각해보면 목표의 힘이라고 생각합니다. 내가 가고자 하는 목표가 있고, 실현하고자 하는 목표가 있고, 얻고자 하는 목표가 있으므로 얻은 나 자신의 힘입니다. 모든 원고를 끝냈을 때의 감정은 한증막에 있다가 수영장에 뛰어드는 기분이었습니다. 목표를 세우고 결과를 얻음으로 그 가치가 더욱 소중하게 생각하게 되었습니다.

직장에서 저절로 이루어지는 일은 없습니다. 수동적인 '희망 사항'만으로는 이루어지지 않습니다. 희망 사항과 목표는 본질부터가 다릅니다. 수많은 직장인이여! 희망 사항을 목표로 알고 최선을 다했다고 위안하지 않기를 바랍니다. 목표는 중요한 가치입니다. 여기에 걸맞은 옷을 입혀 주어야 합니다. 목표에 힘을 넣어주어야 합니다. 간절한 마음을 담아 이루고자 하는 의지로 추진해야 합니다. 목표에 생명을 불어넣는 것처럼 계획을 세우면 못 이룰 것이 없습니다. 자! 그러면 오늘 당신에게 가장 소중한 가치는 무엇이었습니까? 주저했다면 목표를 다시 보십시오.

03

보고의 오너를
찾아 물어라

'웅 ~ 웅 ~'

"네, 본부장님 김 팀장입니다."

"응. 김 팀장, 태양광 패널 투자건 이슈 사항 정리해서 보고 바랍니다."

"네 알겠습니다. 본부장님."

태양광 투자 기업 C 업체에 근무하는 본부장과 기획팀 김 팀장이 통화

하고 있습니다.

'하반기 태양광 패널 투자와 관련하여 인허가가 무사히 통과되어야 하

는데…'

본부장의 얼굴에 근심이 있습니다.

카톡

"김 과장 태양광 투자 진행 상황 정리해주세요. 본부장님 지시사항입니다."

"네 알겠습니다. 팀장님, 정리해서 보고 드리겠습니다."

기획팀 김 과장이 김 팀장으로부터 교육 중 태양광 투자 보고 업무 지시를 받고 답신을 보내고 있습니다. '이번 태양광 투자는 규모가 커서 예산이 많이 소요되는데 자금 조달이 문제네.' 김 팀장의 시각은 예산에 맞추어져 있습니다. 김 과장은 교육이 종료된 퇴근 무렵부터 보고서 작성에 들어갔습니다. '지난달에 개요는 간단하게 보고했고, 이번에는 신공법으로 적용되는 기술적 장점을 정리해야겠네.' 김 과장은 저녁도 거른 채 기술적 이해를 위해 연구소와 기술부에 있는 동기에게 자료를 요청하고 있습니다. 김 과장이 사진 등 자료를 취합하니 30페이지에 20메가가 넘는 양이었습니다.

이틀 후 본부장이 찾고 있습니다.

"김 팀장, 태양광 패널 투자 인허가 이슈건 정리되었나요? 언제 보고하려고 그래요?"

"인허가 건이요? 네, 지금 준비 중인데 보고하겠습니다."

보고 지연 통화를 하며 김 팀장의 안색에 근심이 있습니다. '다음 주 화요일 정도에 보고 예정이었는데, 그리고 인허가 이슈가 아닌데.' 하고 생각이 깊어집니다.

"아니, 김 팀장. 지금 태양광 패널 투자 관련해서 평택 현지인 허가받은 건가요? 환경단체와 현지 주민들의 부정적 시각이 많은데 이 부분부터 해결해야 하는 것 아닌가요? 금주에 경제 활성화 협의에서 사장님이 평택시장과 환경단체 전문가를 만날 예정입니다. 인허가 문제 및 대응방안 다시 준비해주세요."

'태양광 패널 투자'라는 같은 사항을 가지고도 사내 위치에 따라 생각과 문제를 보는 시각이 상이합니다.

직장에서 보고 업무만큼 어려운 것이 없습니다. 그렇지 않아도 어려운 관계가 상사인데, 여기에 더해 지시한 사항을 정확히 파악하여 원하는 내용을 전달하기가 쉽지 않습니다. 그러나 기업에서 보고는 중요한 업무

중 하나입니다. 경영자는 신속한 판단을 통해 결정하여 기업을 유지하고 이익을 내야 하는 의무가 있습니다. 이때 판단의 근거와 자료가 되는 정보를 각종 보고를 통해 수집하고 사고합니다.

사례와 같이 한가지 사안에 대해 다르게 생각하고 정확히 지시자가 원하는 내용을 보고하지 못하는 경우가 빈번합니다. 직장인이라면 모두 공감하는 상황이 아닐까 생각합니다. 보고도 커뮤니케이션의 하나입니다. 내용이 부실하거나 근거가 빈약한 보고라면 보완하면 됩니다. 업무 능력을 키우고, 역량을 향상하는 계획을 수립하여 보완해야 합니다. 직원의 역량을 향상하는 일은 회사와 상사가 적절한 교육의 기회를 제공해야 합니다. 하지만 지시자가 A를 원했는데 B를 가져오는 보고의 오류는 직원의 능력 저하로만 판단할 일이 아닙니다. 소통의 문제로 접근해야 합니다. 이런 일이 발생하는 원인은 따로 있습니다. 내 경험을 통해 정리해보았습니다.

첫째, 지시자의 의도를 정확히 이해하지 못했습니다. 단순한 현황 공유가 아니라면, 보고의 내용을 정확히 다시 묻고, 일정도 재확인해야 하지만 어렵다는 상황으로 '알겠습니다.' 하고 뒤돌아서서 생각하는 관계의 어려움 때문입니다. 구체적 문서가 있는 것도 아니고 짐작으로 관련 내용을 정리하여 보고하면 되겠지 하는 내 위주로 생각하는 경향이 있습니다.

두 번째, 고객의 중점이 아닌 나 중심으로 사고하기 때문입니다. 지시의 발주자를 포함하여 상사는 고객입니다. 고객 처지에서 생각하지 않고 제작자인 나 중심으로 생각하여 작성하기 때문입니다. 이러다 보니 내가 열심히 한 내용 위주로 보고의 중심이 바뀌어버립니다. 전형적으로 보고의 지시자의 니즈와 원츠를 자기중심으로 변경한 오류입니다.

보고가 본질에서 벗어날 때 많은 비효율이 발생합니다. 제조업에서는 품질이 중요한 요소입니다. 간혹 품질 문제가 발생되었을 때 본질에서 벗어나는 오류가 있습니다. 임시 조치나 현황을 공유하는 일은 무리 없이 진행됩니다. 하지만 품질 문제의 본질은 원인을 찾아 대책을 수립함으로써 차후 재발의 오류를 방지하는 데 중점이 있습니다. 원인이 분명하면 다행이지만 원인이 모호하면 흔들립니다. 원인을 찾는 다양한 방법을 이용하여 적극적으로 본질을 파고들어야 합니다. 대부분은 열심히 찾아본 행위에 중점을 두고 접근하는 직원이 많습니다. 목적에 맞는 보고가 되도록 사고해야 합니다.

이런 소통에 의한 보고 오류를 줄이는 방법이 있습니다. 바로 중간보고를 시행하는 겁니다. 위치에 따라 역할과 생각의 차이가 있기 마련입니다. 또 상황이 시시각각으로 변하고 있습니다. 지시한 상사는 제대로 알아서 잘 알아듣겠거니 합니다. 문제가 있으면 묻는 것이 당연하다고 생각하는지도 모르겠습니다. 중간보고를 하는 단계와 방법이 있습니다.

첫 번째, 지시한 사항의 목적과 일정을 포함한 개요를 보고하는 것입니다. 특히 사례와 같이 지시 발주자가 따로 있는 경우는 발주자에게 물어보는 것이 최선입니다. '당신이 지시한 사항이 이게 맞는지? 내가 이해한 것은 이것인데 이렇게 하면 되는지? 이것을 ○일까지 보고 예정인데 문제가 되는지?' 물어 피드백을 받는 것이다. 이렇게 피드백을 받으면 대부분 문제가 발생되지 않습니다. 사실 상사도 지시할 때 정리되지 않고 지시하는 경우가 많습니다. 발주자도 다시 생각하게 되면서 목표가 서로 확정될 필요가 있습니다. 이때는 메일로 간단하게 보고하면 됩니다. 당신이 지시한 일이 접수되었고 '내가 시작합니다.'라는 의미가 있습니다.

두 번째는 중간보고를 시행하는 것입니다. 당신이 지시한 사항에 대해 목적에 맞게 이렇게 진행되고 있습니다. 조사한 내용은 여기까지 진행되었습니다. 이렇게 하는 중간보고를 통해 얻을 수 있는 장점이 있습니다. 내용을 공유함으로써 방향을 점검할 수 있고, 양식 등 보고의 격에 필요한 외형적인 부분을 승인받을 수 있습니다. 또 당신이 지시한 사항을 내가 잘 진행하고 있으니 안심하셔도 된다는 메시지가 있습니다. 지시한 상사는 의외로 궁금증과 조급증을 동반하고 있습니다. 내가 시킨 일이 잘되고 있는지, 어디까지 진행되고 있는지 외형적으로 표현하지 않아 그렇지 상사 대부분은 가슴앓이하고 있습니다.

능숙한 역량을 갖춘 보고자는 중간보고를 이용하여 자랑뿐 아니라 필요한 지원을 적절히 요청합니다. 일정에 문제가 없는지 확인하고 필요하면 조율된 일정을 요청합니다. 관련 부서의 지원이 필요한 사항을 요청하기도 합니다.

어떤 상사가 자기 지시사항을 충실히 이행하는 부하를 싫어할 수 있겠습니까? 사전에 공유되고 상의하는 행위 자체가 모두 중간보고에 포함됩니다. 중간보고는 다양한 방법으로 가능합니다. 자주 보는 상사라면 말로 보고해도 좋습니다. 시간 공간적 제한이 있는 관계라면 메일로 보고하는 것도 좋은 방법입니다. 요즘은 SNS가 발달되어 카톡 등 휴대폰을 이용한 소통도 형식을 벗어나 가능한 방법입니다. 다만 회사 업무를 사적 영역인 SNS로 소통하는 방법을 싫어하는 사람이 있습니다. 이 부분은 사전 확인이 필요합니다.

몇 년 전 협력업체 지도를 위해 방문한 경험이 있습니다. 대부분 협력업체가 제가 근무하는 대기업에 비해서는 근무환경이 열악하고, 인력 수급도 원활하지 않습니다. 관리도 쉽지 않아 사장의 결재를 일일이 받아 집행하는 때도 있습니다. 품질 문제로 인한 검사 방법 변경과 관련하여 결재 루트를 보고 놀랐습니다. '반장-사원-대리-과장-팀장-본부장(임원)-사장' 7개의 결재를 받아야 한다기에 과하다고 생각했습니다. 경비, 투자 등 낭비의 요인을 막고자 사장이 일일이 승인을 한다고 했습니다. 나름대로 고충을 이해하지 못하는 것은 아니었습니다. 지도를 끝내고 사장과 강평하는 자리가 있었습니다. 모든 사항을 획일적으로 승인하기보다는 권한 위임을 통해 역할과 책임을 질 수 있도록 조정이 필요하다고 조언해주었습니다.

요즘은 주 52시간 근무가 정착되면서 효율적 업무가 필요한 상황입니다. 낭비적 요소를 줄일 필요가 있습니다. 보고에 투입되는 비효율은 철저히 제거해야 합니다. 보고의 오너가 판단, 결정에 필요한 정보를 효율적으로 받도록 다양한 방안을 시도할 필요가 있습니다.

보고는 소통입니다. 평소 상사와 원활한 소통을 하지 못하는 구조에 놓이게 되는 경우가 있습니다. 여러 단계를 거치며 발생되는 오류로 인해 정확한 보고가 방해를 받는 경우가 있습니다. 이런 낭비적 요소를 제거해야 합니다. 보고의 오너를 찾아 지시사항이 무엇인지, 목적이 이것이 맞는지 확인해야 합니다.

중간보고라는 방법이 있습니다. 결과에 초점을 두고 있지 않습니다.

'당신이 지시한 일이 이것입니다.', '잘 진행되고 있습니다.'라는 메시지를 전달합니다. 결과보다 과정에 초점을 둡니다. 지시자의 사고와 환경도 시시각각 변동됩니다. 중간보고를 통해 조율될 수 있습니다. 상사의 기다림을 기대감으로 변경할 수 있습니다. 보고의 오너를 만족시킨다는 것은 성과를 냈다고 볼 수 있습니다. 지시받은 일도 하며 성과도 내는 방법을 인재는 알고 있습니다.

04

말이 아닌
행동으로 보여라

"자, 지난달 우리 공장 에너지 절감 실적이 미달했습니다. 큰 노력에도 불구하고 결과가 미흡했습니다. 우리가 계획한 방안들은 계속 시행하겠습니다. 그러나 부족한 부분은 추가 개선이 있어야 합니다."

플랜트 사업부 공무팀에 근무하는 윤 팀장이 지난달 실적 미달에 관해 설명하고 있습니다.

"모두 듣고만 있지 마시고, 추가 개선안들을 제안해주시기 바랍니다. 김 대리 추가 안건 없습니까? 김 대리가 있는 1라인 실적이 제일 미달했습니다."

윤 팀장이 답답한 마음에 김 대리에게 묻고 있습니다.

"팀장님, 논의 중 추가 안건 같이 아이디어 발굴에 소극적으로 대응할 때는 브레인스토밍이 제일입니다."

김 대리가 추가 안건 대신 토의 방법 변경을 제안했습니다.

"좋습니다. 방법을 달리해보죠. 각자 절감 안건 다섯 건씩 의무적으로 제출해주시기 바랍니다. 20분 후에 다시 논의합니다."

윤 팀장의 말이 있었습니다.

브레인스토밍에서 다수의 안건이 논의되었습니다. 특히 대리 직급 직원들이 할 말이 많았습니다. 말로는 선배들의 눈치를 보았던 것 같습니다. 먼저 안건에서 즉시할 수 있는 안들을 적용하기로 했습니다.

"아침저녁으로 순찰하며 낭비되는 전원과 공기(에어, Air)의 누설을 먼저 찾아 조치하여주시기 바랍니다. 요즘 날씨가 쌀쌀하니 외투를 든든하게 챙겨주시기 바랍니다."

윤 팀장의 마무리 대책 협의가 있었습니다. 말로는 뭐든지 할 것처럼 얘기했지만 시행이 잘 될지 걱정이 되었습니다.

'와, 지난주보다 2% 절감이 되었네. 효과가 있는 것 같은데, 나는 첫날 밖에 참석하지 않았는데……'

시행 일주일이 지나면서 효과가 나타나기 시작했습니다. 하지만 김 대리는 매우 미안해합니다. '몸이 좀 좋지 않다. 회의 등으로 바쁘다. 보고 업무가 있다.' 하여 실제로 하루밖에 참석하지 않았습니다. 대신 안 차장이 묵묵히 매일 참석하여 확인하고 조치하였습니다. 대리 직급에서 말로는 다 할 것처럼 주도했습니다. 묵묵히 행동으로 결과를 만들어내는 윤 차장에게 모두 잘 배운 하루를 보내고 있습니다.

우리 주변에 말을 참 잘하는 이들이 많습니다. 특히 밀레니얼 세대는 어려서부터 논술 시험에 대비해 논리를 배워서인지 자기주장이 강하고 논리에 맞게 말하는 이가 많습니다. "말 한마디로 천 냥 빚을 갚는다."라는 옛말이 있습니다. 상대방이 감사함을 느끼는 좋은 말 한마디 또는 진심 어린 말로서 '큰 빚도 갚는다.'라는 얘기입니다. 말의 중요성을 강조하고 있습니다. 여러분은 말에 대해 어떻게 생각하고 있는지요? 저는 말이 어렵고 무겁다고 생각합니다. 말은 사람의 생각과 감정을 표현하는 가장 직접적이고 효과적인 수단입니다. 그런데 요즘은 말을 조금 가볍게 느끼는 것 같습니다. 본래 의도와는 다른 말을 꺼내기가 쉬워서인 경우도 있습니다. 누군가 하는 말이 순간을 모면하기 위한 것일 수도 있고, 진심에서 우러나오지 않는 것일 수도 있습니다.

우리가 다른 사람으로부터 신뢰를 받는다는 것은 기쁜 일입니다. 말을 잘하고, 목소리의 톤이 좋다 하는 것들은 상대에 대한 좋은 이미지를 말하는 것입니다. 하지만 진정한 신뢰를 얻기 위해서는 이에 따른 책임이 뒤따라야 합니다. 행동이 수반되어 이를 뒷받침하여주어야 합니다. 요즘은 시간이 지날수록 누군가가 하는 말을 그대로 받아들이기 어려운 상황들을 더 많이 접하게 되는 것 같습니다. 거짓말과 같이 상대를 크게 속이려는 의도가 아니더라도 본인의 진심을 제외한 말을 습관적으로 하는 경우가 많기 때문입니다. 통상 성장 배경이나 좋아하는 분야에 대한 접점이 적을 가능성도 큽니다. 아무래도 굳이 타인에게 위험을 감수하면서까지 본인의 진심을 보여줄 필요가 없다고 생각하기 때문입니다.

조금 더 심하면 본인이 진심으로 믿고 생각하는 것들과 정반대로 말하기도 합니다. 상대가 듣기 좋아하는 말로써 구슬리듯, 진심이 아닌 말로 현혹하는 때도 있기도 합니다. 우리는 사실을 정확히 인식하는 순간부터 상대가 하는 말을 크게 믿지 않게 되었습니다. 보통은 말을 경청함으로써 그 말에서 느껴지는 것들에 주의를 더 귀 기울이게 되었습니다. 하지만 우리는 알고 있습니다. 온전히 신뢰하고 받아들이기보다는 상대가 하는 행동들에 훨씬 더 많은 무게를 두게 됩니다.

우리가 직장에 있다 보면 많은 사람을 만납니다. 이 중에 꼴불견 중 하나가 평론가형입니다. 이것저것 참견은 많이 하고 의견도 내지만 정작 자신은 움직이지 않는 직원입니다. 대체적인 특징은 역량보다 허풍이 있다는 것입니다. 무엇인가 성과를 내보려는 자존심은 있는데 역량이 빈약한 경우입니다. 말은 쉽게 했지만 시행하기에는 역량이 부족하여 움직이지 못하는 부류입니다. 안 한다기보다는 못 하는 경우라고 생각됩니다. 또 고참 중에서 한 번쯤은 경험해보고 주변에서 들은 것이 많아 코칭을 하는 사원도 있습니다. 하지만 이렇게 하면 된다고 하지만 정작 본인은 시도하거나 행동하지 못합니다. 이 경우는 안 하는 측면이 있는 것 같습니다. 의욕을 잃으면 몸이 움직이지 못하게 됩니다.

많은 사람이 행동의 실천이 중요함을 알면서도 시행하지 못하는 데에는 여러 이유가 있을 수 있습니다. 말은 일종의 계획이라고 할 수 있습니다. 행동은 이에 따른 과정에 해당합니다. 이를 통해 결과라는 열매를 얻을 수 있습니다. 저도 말은 많이 하지만 실천에 이르지 못했던 경험이 여러 번 있었습니다. 나 혼자 생각한 것들은 더 어려웠던 것 같습니다. 개인적인 일이나 회사와 관련된 일도 마찬가지입니다.

실천에 대한 중요성을 알면서도 쉽게 움직이지 못하는 이유가 여럿 있을 수 있지만 크게 세 가지 이유가 있습니다.

첫째, 목표와 계획이 모호하기 때문입니다. 말로 하는 계획은 즉흥적이고 구체적이지 않습니다. 우리가 행동하고 실천하려면 여러 가지 제약이 뒤따릅니다. 시간적 여건이 충분치 않은 계획이라면 생각에 잠기고 맙니다. 혼자 시행할 수 있는 일이라면 다행입니다만 대부분 행동하기 위해서는 비용과 지원이 필요합니다. 계획이 구체적이지 않고 근거가 약하면 행동하지 못합니다. 차라리 계획이 부족한 행위는 하지 않는 것이 현명할 수 있습니다.

둘째, 실패에 대한 두려움입니다. 두려움의 근거는 책임입니다. 행동도 과정을 통해 결과를 얻습니다. 결과가 좋지 않은 것에 대한 책임을 생각하면 쉽게 행동하지 못합니다. 하지만 결과를 얻으려면 행동을 해야 얻을 수 있습니다. 이 부분은 기회의 측면에서 더 고려해야 합니다. 계획이 충분하다면 기회 측면에서 떨쳐 낼 필요가 있습니다.

셋째, 이루고자 하는 의지가 부족하면 행동하지 못합니다. 앞으로 이루어질 상황에 대한 어려움만 생각하면 쉽게 움직이지 못합니다. 확고한 신념은 자기 자신과의 자존심에 대한 약속입니다. 이 부분을 보완하는 방법은 동료 주변인들에게 계획을 공유하는 방법입니다. '금연한 사람과는 얘기도 하지 말라'는 얘기가 있습니다. 그만큼 금연하기가 어렵다는 얘기입니다. 금연 방법에서 처음 하는 단계가 주변인에게 금연한다는 얘기를 먼저 하라는 것입니다. 그만큼 본인의 의지가 확고함을 공유하면 도움이 됩니다.

사례에서처럼 윤 차장이 말이 아닌 행동으로 꾸준함을 실천하는 건 리더가 갖추어야 하는 덕목입니다. 일회성 이벤트로는 행동했다고 보기 어렵습니다. 한 번으로 결과를 보는 경우도 흔치 않습니다. 연속성을 유지해야 남을 리딩할 수 있습니다. 다른 사람의 본보기가 되도록 연속성을 가지고 행동하는 것을 '솔선수범'이라 합니다. 여러 말로도 설명하기 어렵고, 행위를 이끄는 방법 중 강력한 매개가 될 수 있는 것입니다. 솔선수범이 필요한 경우라면 '어렵고, 위험하고, 더럽고' 하는 등 타인이 하기 싫어하고 주저하는 일입니다. 이 부분을 깨뜨리는 한 사람의 행위로 전체를 바꿀 수 있습니다. 특히 군대나 전장에서 리더가 '나를 따르라' 하면서 앞장설 때 솔선수범은 무엇보다 강력한 리더십으로 인정받을 수 있습니다.

직장에서도 솔선수범으로 리딩할 때 더 많은 공유가 자발적 참여로 이루어집니다. '하라, 하라, 하지 마라, 하지 마라.' 하는 것도 리더가 말없이 행동으로 모범을 보여야 진행되는 경우가 많습니다. 자신의 자존심을 상하게 하고, 강요당하는 듯한 느낌은 자발적 참여를 방해합니다. 솔선수범은 타인의 생각을 확장하는 하나의 요소일 뿐입니다. 본인 스스로 확장할 계기를 제공할 뿐입니다. 그래서 어린이에게 좋은 행동으로 모범을 보여야 합니다. 어른의 나쁜 모습을 보고, 판단이 아직 서툰 어린이가 그대로 따라 하는 행동이 있습니다. 잘 알려주어야 하듯이 말입니다. 직장에서도 같은 경우가 많습니다. 아직 조직과 자기 자신 본연의 일에 대한 마인드가 확고하지 않은 직원이 있습니다. 그만큼 적응과 경험이 부족하기 때문입니다. 선배의 안 좋은 모습을 그대로 따라 해서는 곤란합니다. 제대로 일하는 법을 알려주어야 합니다.

습관적으로 일정이 늦고, 남에 대한 배려가 없고, 직장 예절을 벗어나는 것은 정확히 알려주지 않았기 때문입니다. 솔선수범의 의미를 다시 생각해보시죠.

요즘 우리 주변에서는 말보다 행동으로 지켜야 하는 것들이 늘었습니다. 코로나로 지켜야 하는 안전 수칙이 있습니다. 법의 의무를 떠나 나와 사회의 공동체 안전을 위한다면 먼저 행동으로 보여야 합니다. 솔선수범의 참 의미를 다시 생각하게 합니다. 그러나 외국에서처럼 개인의 자유 침해냐 하는 문제로 생각하는 것은 다른 사고인 것 같습니다. 미래에 대해 말하는 것은 계획입니다. 이를 통해 결과를 얻으려면 반드시 과정의 행동을 통해 이루어집니다. 행동하는 것은 여러 의미가 있습니다. 말의 논증도 행동을 통해 바로 증명할 수 있습니다. 말처럼 쉽지 않은 것이 행동입니다. 힘들고, 어렵고, 인내가 필요하고, 결과에 대한 책임을 감내해야 합니다. 그러나 이를 극복할 때 평범함을 넘을 수 있습니다. 인정이라는 것도 자신과의 약속을 이행한 후행적 결과입니다. 자신을 우선 이겨 보시죠.

꾸중 들으면서
칭찬받는 기술

여러분은 하루에 몇 번 꾸중 들으시나요? 꾸중, 꾸지람, 혼나는 것을 좋아할 사람은 없을 것 같습니다. 학창 시절에는 공부가 게으르다고 꾸중들 많이 들었습니다. 또 만화를 너무 많이 본다고, 게임을 많이 한다고 혼났던 경험들 있으실 겁니다. 학창 시절을 벗어나 성인이 되면 혼나는 일은 없을 줄 알았습니다. 하지만 인생은 혼나고 깨우침의 연속인 것 같습니다.

식품회사 품질관리팀에 근무하는 배 팀장은 요즘 심란합니다. 팀원들의 업무 태도와 능력이 다소 우려되기 때문입니다. 며칠 전 고 대리에게

차주에 있는 품질 워크숍에 대비하여 상반기 품질 현황을 지시했습니다. 지시한 완료일 퇴근 무렵이 되었는데도 보고할 생각이 없는 듯했습니다.

"고 대리, 차주 워크숍에 필요한 상반기 품질 현황 자료 어떻게 됐나요?"
"네, 지금 하고 있습니다. 마무리하고 있는데 보고 드리겠습니다."
"거의 다 됐다고요. 알았어요."

거의 다 되었다고 해서 배 팀장은 조금 더 기다리고 있었습니다. 배 팀장이 잠시 화장실과 휴식을 취한 후 돌아와보니 보고서가 있었습니다. 메모도 없고, 설명도 없는 지시사항에 대한 보고서를 보면서 왠지 씁쓸한 기분이 들었습니다. 내용을 보고서는 더 실망했습니다.

워크숍에서 여러 사람이 현황을 공유하기에는 적절하지 않았습니다. 오타는 기본이고 스펠링과 맞춤법이 틀린 부분이 많았습니다. 문제는 고 대리만이 아니고 본인의 팀원 상당수가 업무를 대하는 태도가 진지하지 못해 고민하고 있습니다.

"엔지니어에게 있어서 숫자가 틀리면 보고의 신뢰가 무너집니다. 결론 부분의 논리가 맞지 않습니다. 오타가 있다는 건 기본이 안 된 겁니다. 다시 해오세요."

20여 년 전 배 팀장이 초급 사원 시절에 상사에게 심하게 꾸중을 들은 내용입니다. 당시에는 혼나는 게 자존심도 상하고, 많은 고민도 했습니다. 하지만 지금 생각해보면 감사하게 생각하고 있습니다. 입사하고 첫 팀장님이었는데 보통 분이 아니었습니다. 논리는 기본이고 오타와 같은 사소한 실수를 그냥 넘어가지 않았습니다. 배 팀장은 그때 '제대로 일을 배워 다행이다.'라고 생각합니다.

"칭찬은 고래도 춤추게 한다."라는 말이 있습니다. 칭찬을 듣는 것만큼 기분 좋은 것은 없습니다. 자발적으로 스스로 이루어 완료하거나, 주어진 일을 알아서 착착 진행하는 것만큼 이상적인 것은 없는 것 같습니다. 직장에 있다 보면 일을 잘하는 사람이 있습니다.

스스로 노력하는 자세도 아름답습니다. 하지만 처음부터 잘했던 사람보다는 배우면서 성장한 사람들이 대부분입니다.

제가 대표적인 것 같습니다. 신입사원 시절에 꾸중을 많이 들었습니다. 그러면서 하나하나 배운 것 같습니다. 그것도 단계가 있습니다. 그 단계를 따라 나의 역량도 성장했습니다. 처음 신입 시절에는 주로 태도나 업무 기본기에 대해 꾸중을 들었습니다. 건성으로 듣는다, 메모하지 않는다. 일을 지시받은 후 바로 잊어버리곤 했습니다. 대리, 과장 시절에는 일정이 늦거나 보고서 내용이 모호하다 등 업무 스킬과 능력에 대한 지적이 있었습니다. 오타나 문서의 오류로 인한 지적은 줄었습니다. 반복적 지적으로 한 번 더 보는 노하우가 생겼습니다.

이후 중간 관리자가 된 지금은 방향성이 없다는 지적을 받고 있습니다. 주로 제대로 지도하며, 방향성, 계획을 세우고 리딩하는 것에 대해 부족함을 지적받고 있습니다. 지적을 받고 꾸중을 받는 것이 기분 좋을 리 없습니다. 하지만 부족함을 지적해주는 사람이 아직 있다는 것에 감사함을 느낍니다.

저 자신이 평소 잔소리가 많습니다. 칭찬보다는 꾸중을 많이 하는 편입니다. 부모님도 연로하셔서 지금은 꾸중하시지 않습니다. 주위에서도 지천명(50세)이 넘으니 꾸중하는 분이 없어졌습니다. 회사에서 상사에게 꾸중을 들을 뿐입니다. 아직 꾸중을 해주는 분이 있어 감사하게 생각합니다. 나의 부족함을 누가 말해주는 것도 애정이 있고, 관심이 있기 때문입니다. 긍정적으로 생각합니다.

나도 마찬가지입니다. 잔소리해본 사람으로서 압니다. 싫어서 미워서 하는 잔소리와 부족함을 지적해주는 꾸중은 틀립니다. 누군가가 나를 지적해준다는 것은 나를 생각해주는 진심 어린 조언이라 생각합니다.

꾸중을 들으면서도 긍정적인 소득을 얻을 수 있습니다. 생각하기 나름입니다. 반전을 통해 긍정을 얻는 기술이 있습니다.

우선 꾸중을 들을 일이 있으면 먼저 꾸중 들을 일을 알리는 것입니다. 직장에서 '나쁜 일은 먼저 보고하라.'처럼 꾸중 들을 일을 먼저 알리는 겁니다. 꼭 우리 속담에 "매도 먼저 맞는다."처럼요. 직장에서 '꾸중 들을 일을 먼저 안다는 것'은 사전에 문제를 파악하고 조치 중이라는 의미가 있습니다. 비록 결과가 좋지 않더라도 원인을 알고 있다는 의미이기도 합니다. 나는 이와 비슷한 일을 겪고 있습니다. 제가 근무하는 제조업에서 완벽하지 못해 간혹 불량이 발생됩니다.

이때 '불량대책보고서'라는 것을 작성하여 보고합니다. 불량을 보고 좋아할 상사는 없는 것 같습니다. 다른 사람을 통해 듣거나 인지하시기 전에 내가 먼저 불량을 인지하고 있고, 대책을 수립하여 진행 중이라고 보고합니다. 꾸중 들을 일을 먼저 알고 있고, 나 스스로 조치하고 있다는 점을 강조하고 있습니다. 비록 결과는 좋지 않지만, 꾸중 들을 일을 먼저 알고 대응하는 데 우선 안심하십니다. 꾸중하는 일도 없거나 상당 부분 감소합니다.

두 번째는 인정할 건 쿨하게 인정하는 것입니다. 직장에서 잘못되어 꾸중을 들을 때 나 하나만의 문제가 아닐 때가 많습니다. 이럴 때 나도 잘못이 있지만 누가 더 잘못했다고 물귀신 작전으로 여러 사람을 엮어서는 곤란합니다. 설사 여러 사람의 잘못이 있더라도 내가 잘못한 부분이 있다면 쿨하게 받아들입니다. 여러 사람이 엮여 있다면 차후에 밝혀지곤 합니다. 실제 꾸중하는 분도 쿨하게 인정하여 받아들이는 사람을 긍정적으로 봅니다. 반성과 개선의 의지가 있다면 쉽게 수긍합니다.

일전에 제품의 출하와 관련하여 재고 관리 문제가 발생되었습니다. 프로세스 문제로 여러 부서가 관련되어 있었습니다. 모두 머뭇거릴 때 제조의 문제도 있어 먼저 보고한 것이 있습니다. 마치 '고양이 목에 누가 방울을 다느냐?'처럼 누가 보고하느냐 하고 미루던 상황입니다. 처음 보고자인 저에게 먼저 꾸중하였지만, 대책 단계에서 프로세스를 보완하면서 알게 되었습니다. 나중에 적극적으로 대응하는 측면을 오히려 좋게 평가해주셨습니다.

셋째는 피드백을 이용하는 것입니다. 어려운 얘기일 수 있으나 자신이 배우고, 성장에 도움이 된 상황이라면 피드백을 이용해야 합니다. '잘 배웠다, 감사하다.'라고 진지하게 피드백을 주는 것도 많은 도움이 됩니다. 실제 근래에 있었던 상황입니다. 공정의 개선과 관련하여 작년부터 임시 대응만 한 사항이 있습니다. 근본 대책은 외부 프로그램을 설치해야 하는 상황이어서 주저하고 있었습니다. 그런데 최근에 관련 불량이 또 발생되었습니다. 제 머릿속으로는 이 부분의 개선만을 계속 생각하고 있었습니다. 팀원들과 임원실에 불려가 심하게 꾸중을 들었습니다. 특히 중간 관리자인 저에게 많은 꾸중을 하였습니다. 사람은 충격에 변화가 있는 것 같습니다.

꾸중을 듣는 가운데도 저는 생각에는 근본 대책인 프로그램 변경을 어떻게 하면 좋을까를 생각했습니다. 이때 내부 로직의 변경으로 가능하다는 안이 생각났습니다. 저는 속으로 '유레카(Eureka)'를 외쳤습니다. 역시 꾸중의 충격 요법이 효과가 있었습니다. 고대 그리스 아르키메데스가 목욕하던 중 욕조의 물이 넘쳤을 때 외친 것처럼 저도 속으로 크게 외쳤습니다.

며칠 후 이번 내부 프로그램 개선안에 대한 계획을 정식으로 보고 드렸습니다. 좋은 안이라고 해주셨습니다.

추가로 제가 '감사하다.'라고 말씀드렸습니다. 꾸중하시는 중에 이번 안이 도출되었다고 설명해드렸습니다. '하하' 하면서 웃으셨습니다. 심한 꾸중이 긍정으로 변하는 순간이었습니다. 그 개선안이 공정 전체에 현재 적용되었습니다. 내 마음의 자존감이 상승하였습니다.

사실 회사에서도 중간 관리자가 되어보니 꾸중 들을 일보다는 꾸중할 일이 많아졌습니다. 꾸중하는 분이 아직 있어 감사하게 생각합니다. 나의 부족함을 깨우쳐주는 진심 어린 조언이라 생각합니다. 중간 관리자 정도가 되면 알아서 해야 하는 경우가 많습니다. 서툴면 나 자신이 부끄럽고, 조금 힘들면 게으르기 쉽습니다. 그렇다고 누군가 쉽게 진심 어린 조언을 하는 것 자체가 쉽지 않습니다. 지금처럼 더욱더 개인주의 성향의 업무로 변경되는 추세에서는요.

누군가에게 꾸중을 듣는다는 것에 대해 한 번쯤 생각해볼 필요가 있습니다. 실수나 잘잘못을 떠나 원인과 대책을 논의하는 것과 별개로 꾸중을 조언이라 생각해보면 어떨까 합니다.

사람은 평생을 배운다고 합니다. 그만큼 배움에는 끝이 없습니다. 직장에 들어오면 처음에는 모든 것이 낯설고 적응하기 힘듭니다. 배울 것도 많은 것이 사실입니다. 업무와 관련하여는 더욱 배워야 하는 것도 많고 생소합니다.

교육과 칭찬을 통한 동기 부여가 필요합니다. 하지만 몇 번의 꾸중을 들었다 하여 실망할 필요는 없습니다. 꾸중을 들으면 의기소침하고 다운 됩니다. 이것도 넘어야 할 산입니다. 또 까다로운 상사 덕분에 제대로 배우는 계기가 됩니다. 반전도 만들 수 있습니다. 꾸중 들을 일은 먼저 알려 상의하고, 쿨하게 잘못된 것은 받아들이는 것도 필요합니다. 또 제대로 배우는 계기가 되었다면 후에 긍정의 피드백으로 소통해보십시오. 꾸중으로도 성장할 수 있습니다. 인재는 이런 면에서 차이가 있습니다. 오늘의 꾸중을 당신은 어떻게 대처할 생각입니까?

06

질문, 준비한
만큼 빛난다

카톡

"김 대리, 상반기 판매실적 정리해주세요. 가능한 한 빨리요."

"네, 알겠습니다."

"교육 중에 연락하기 어려우니 궁금한 사항 있으면 12시 중식 시간에

연락주세요."

"네, 알겠습니다."

외부 팀장 교육을 받는 반도체기업 영업기획팀의 권 팀장과 김 대리가

카톡으로 연락을 취하고 있습니다. 요즘은 SNS가 발달되어 즉각적으로

소통할 수 있고 자기 표출이 많이 늘어나고 있습니다. 하지만 아직 직장에서는 권위의식이 남아서일까요? 상사에게 쉽게 물어보지 못하고, 상사도 '꼰대' 소리 들을까 봐 예전처럼 다그치지 않습니다.

'상반기도 아직 끝나지 않은 5월 말인데 어떤 용도로 말씀하시는 거지? 누구에게 보고하시는 건가? 갑자기 왜 교육 중에 정리하라고 하시지? 언제까지 해야 하지? 오늘 마감으로 할 일이 많은데.' 막상 '알겠습니다.' 하고 즉각 답은 했는데 궁금한 사항이 김 대리는 많았습니다. 12시에 전화해볼까 하다가 그냥 5월까지 계획 대 실적만 업데이트하기로 했습니다.

'5월 실적에 연말까지 사업계획 예측치로 잘 정리하겠지? 또 모르면 유차장도 있으니 매년 해오던 정리니 알아서 잘하겠지? 또 모르면 중식 시간에 연락하라고 했는데, 연락이 없는 것으로 보면 알아서 잘 정리하는 중이겠지?' 권 팀장은 교육 중이기도 했었지만 알아서 잘하고 있으리라 생각하고 잠시 잊어버리고 있었습니다.

다음 날 2일 차 교육 전 메일을 열어봐도 보고서가 도착하지 않았습니다.

"보고서 어떻게 됐나요? 오후에 회사에서 봅시다."

카톡을 받고 부랴부랴 김 대리 행동이 빨라집니다. '오늘 오후 오신다고 해서 오늘 아침부터 정리하려고 했는데, 어제 정확히 물어볼 걸 그랬네.' 김 대리가 안절부절못하며 속으로 걱정합니다.

오후에 권 팀장이 도착해서 보고서를 검토하는 분위기는 좋지 않았습니다. 서로 후회하고 있습니다. '어제 자세히 물어보는 건데, 그러면 그리 어려운 일도 아니었는데, 괜히 혼나고 있네.'라고 생각하며 김대리는 조금 적극적이지 못했다고 후회하고 있습니다. '왠지 조금 불안하더라고. 전화해서 어떻게 진행되고 있는지 확인했어야 했는데.' 권 팀장도 명확하게 지시하지 않고 확인하지 않은 사항에 대해 후회하고 있습니다. 그냥 물어보고 이해하고 일하면 모르는 것도 아니고 한 번에 정확히 끝낼 수 있었습니다. 도대체 왜 물어보지 않는 걸까요?

사실 회사에 있다 보면 흔하게 일어나는 상황입니다. 거창한 질문이 아니더라도 궁금한 것은 묻고 추진하는 것이 당연합니다. 또 물어보면 별것 아니고, 쉽게 풀리는 경험을 해본 적 있으실 겁니다. 이런 때도 있습니다. 물어보는 과정에 해답이 풀리거나 다른 더 좋은 대안이 수립되어 일하지 않는 경우도 많습니다. 이렇게 물어서 이해하고 방향을 공유하면 좋은데, 왜 우리는 물어보지 않는 걸까요? 우리가 궁금한 것을 쉽게 질문하지 못하는 이유는 크게 두 가지인 것 같습니다. 저도 이런 경험이 많고 몇 번 물어보려고 하다가 놓치고 후회한 때도 있습니다. 이때를 생각해보면 아쉽습니다. 제가 경험한 직장에서의 질문을 하지 않는 이유는 첫 번째, 상사의 권위 때문인 것 같습니다. 상사는 아는 것도 있고, 자기보다 강한 사람이라는 인식이 있습니다. 그래서 질문하는 것이 이런 권위에 맞서 도전하는 것처럼 보이기 때문입니다. 시키면 시키는 대로 따르는 것이 착한 학생이고 좋은 직원이라는 인식이 있는 것도 사실입니다. 특히 직장은 위계질서가 있어 반대의견이라든지 하는 것은 상사에게 대드는 것처럼 인식하기도 합니다.

두 번째는 질문하면 나의 부족함이 드러나는 건 아닐까 하고 걱정이 들기 때문입니다. 용기를 내어 진심 어린 마음으로 물어보는데 '그것도 몰라, 몇 년 차야?'라는 말을 듣는다면 충격이 작지는 않고 다음에 쉽게 물어보지 못합니다.

어느 제조기획팀에서 있었던 얘기입니다.

"내년도 생산성이 5% 향상이 필요합니다. 도전적 목표인데 어떻게 해야 합니까?"

팀장이 물었습니다. 대부분 팀 회의에서 말이 없었고 팀장이 추가로 고장 개선을 통한 향상을 지시하였습니다. 사실 매년 해오던 업무로 현상과 개선 업무가 비슷합니다. 팀장의 지시에 토를 다는 직원이 없었습니다. 하지만 밀레니얼 세대 조 주임이 들어오고 나서는 분위기가 달라졌습니다. 팀 미팅 종료 무렵에 으레 하던 대로 팀장이 '질문 없나요?'라고 하면, 모든 팀원은 쥐죽은 듯 조용합니다. 조 주임이 일어나 팀장에게 물어보는 통에 팀장이 난감해했습니다.

"매년 5% 향상이 목표였는데, 고장만 개선하면 달성되는 건가요? 매년 이렇게 달성되었나요?"

또 팀장이 지시하면 눈치 없게 반문하는 것입니다.

"그렇게 하면 낭비가 아닐까요? 중복 지시 같은데요?"

분명 궁금한 사항은 물어보라 하여 물어보는데 아니라고 하기도 힘들고 이래저래 팀장이 말이 조심스러워졌습니다. 이를 지켜보는 기존 직원들의 반응이 엇갈립니다. '신입사원이 뭘 모르고 물어보네. 빨리 적응해야 할 텐데.' 하는 부류가 있습니다. '이번에 우리도 진정한 질문의 민주화를 이뤄야지.' 하며 반성하는 부류가 있습니다. 무엇보다도 고민되고 신경 쓰는 사람은 팀장입니다. 질문은 좋은 것인데, 질문에 대한 답이 준비되지 않은 자신의 관행에 고민하고 있습니다.

질문은 우리에게 생각하게 합니다. 믿고 있는 것을 대답으로 끌어내며, 생각하는 것을 실행에 옮기도록 동기를 부여합니다. 다른 사람의 말을 수동적으로 받아들이는 태도나 현재 상황에 안주하려는 자세를 깨우쳐주기도 합니다. 또 질문은 우리의 문제에 대해 창조적 능력을 발휘되도록 변화시킵니다. 우리가 잘 알고 사용하고 있는 '포스트잇'이 있습니다. 3M에서 개발하여 널리 알려져 있습니다. 이것도 처음은 단순한 '책갈피에 종이를 붙어두었다가 찢어내지 않고 다른 페이지에 다시 붙일 수 없을까?' 하는 질문에 답을 하면서부터 개발되었다고 합니다.

도로시 리즈가 쓴 『질문의 7가지 힘』에서는 질문의 중요성을 두 가지로 강조했습니다. 첫 번째는 질문은 더욱 나은 방향을 제시할 수 있다고 했습니다. 질문을 통해 세상을 바라보는 관점이 달라질 수 있고 적절한 질문은 더 나은 대답을 유도하여 더 좋은 해결책을 제시하기 때문입니다. 두 번째는 질문은 새로운 창조적 방향을 제시하기 때문입니다. 좀 더 신선하고 독창적인 사고를 하기 위해, 그리고 매일 마주하는 상황을 좀 더 분명히 이해하기 위해 일종의 정신적이고 정서적인 전환점을 마련하는 유일한 방법이 질문하는 것입니다. 작은 변화가 전혀 새로운 방향을 제시해줄 수 있음을 강조합니다.

‘에피소드’라고 하기엔 우리에게 너무 아쉬운 일이 있습니다. 바로 2010년에 있었던 서울에서 개최된 G20 얘기입니다. G20 폐막 기자회견에서 있었던 일입니다.

“한국 기자들에게 질문권을 하나 드리고 싶군요. 정말 훌륭한 개최국 역할을 해주셨습니다. 누구 없나요?”

당시 미국 대통령이었던 오바마 전 대통령이 갑자기 한국 기자들에게 질문권을 주었습니다. 국제사회에서 특정 국가에 질문권을 주는 것은 이례적인 상황이었습니다.

“한국어로 질문하면 아마도 통역이 필요할 겁니다. 사실 통역이 꼭 필요합니다.”

통역할 필요가 있고 문제없이 한국어로 편안히 질문해도 된다고 다시 오바마가 요청합니다. 하지만 한국 기자의 질문이 없자, 중국 CCTV 기자가 아시아를 대표해서 질문하겠다고 요청합니다. 오바마는 한국 기자에게 다시 묻습니다.

“한국 기자 중에 질문할 사람 없나요? 아무도 없나요? 없나요? 아무도 없나요?"

　무려 네 번을 물었습니다. 저도 이 장면을 보았습니다만, 짧은 시간 동안 기분이 좋지 않았습니다. 그리고 빨리 이 시간이 지나갔으면 좋겠다고 생각한 기억이 있습니다. 결국, 오바마는 질문권을 중국 기자에게 줄 수밖에 없었습니다. 왠지 개최국으로서 잘하고도 마지막에 공을 넘기는 듯한 기분이 들었습니다. 언론에서는 단순한 에피소드로 넘어갔지만, 후유증은 있었습니다. 한동안 국제사회의 기자들 사이에서 가십 거리가 되었습니다. 그리고 한국 기자들 사이에서 왜 이런 일이 일어났는지 토론을 한 적이 있었습니다. 크게 두 가지로 요약했습니다.

　우리 학습이 어려서부터 질문하기 어려운 구조 때문이라고 했습니다. 수능으로 대표되는 획일적인 암기와 시험 위주의 학습으로 토론에 익숙하지 않다는 반성이 있었습니다. 두 번째는 책을 많이 읽지 않아 인문학에 약하다는 원인이 있었습니다. 책을 통한 상상력이 부족하여 평소 토론, 질문에 익숙하지 않은 부분이 있습니다. 이러다 보니 틀리면 어떡하나 하는 걱정과 많은 사람 앞에서 주목받는 부담 등을 생각하는 부정적인 면이 있다고 하였습니다. 우리말에도 있잖아요. '가만히만 있으면 중간은 간다.'라고요. 참 소극적이고, 처세적인 면이 있는 것 같습니다. 질문에는 좋고 나쁨이 없다고 합니다. 우리가 너무 잘하려고 한 것은 아닌지 생각됩니다.

  어린이가 자라면서 참 질문을 많이 합니다. "왜 하늘은 파래요? 이건 이름이 뭐예요?" 호기심도 많고, 알고 싶은 것도 많은 시기입니다. 이때를 지나면서 성장하고 고학년이 되면 질문이 사라집니다. 직장에서도 입사 초기 부푼 꿈을 가진 사원은 많은 걸 알고 싶어 폭풍 질문을 합니다. 또 대리쯤 되면 질문이 없어집니다. 함부로 물어보기 힘들어졌기 때문입니다. "이것도 몰라?" 하는 한마디에 큰 충격을 받은 기억이 있습니다. 그러나 배움은 모르는 것을 향한 탐구이자 질문과 대답을 통해 내 생각을 키우는 계기가 됩니다. 언제부터인가 말들이 없어지는데, 이는 넘어야 할 필요가 있습니다. 질문은 정답을 위한 것이 아니라 해답을 찾아가는 과정입니다. 이를 통해 내 생각의 그릇이 커집니다. 오늘 당신은 무엇을 질문하셨습니까?

모르는 건 묻고
필요한 건 요청하라

"네, 제조1팀 차 ○○입니다."

"어, 차 대리. 나 김 반장이에요."

"네, 반장님. 어떤 일이세요?"

"A 차종 인식표 때문에 전화했어요. 박 과장이 잘 아는데 박 과장 없어요?"

"네, 오늘 휴가세요."

"그러면 A 차종 인식표 사양이 '옐로우'인지 좀 알려줘요."

"네, 그거 '옐로우' 맞아요. 반장님."

"알았어요. '옐로우'로 생산할게요. 고마워요."

자동차 부품업체 L 사에서 근무하는 차 대리와 현장 김 반장의 대화입니다. 전날 신차종에 대한 인식표를 알려주었는데 밤새 카톡에서 긴박한 상황이 벌어졌습니다. 도면을 확인하지 않고 알려준 '옐로우'가 문제였습니다. 고객의 요청으로 며칠 전 '레드'로 변경되었습니다. 담당인 박 과장은 알고 있었으나, 확인하지 않고 이전 사양을 알려준 차 대리의 마음은 무겁기만 합니다. 현장에 사양을 알려줄 때 도면과 메일 근거를 확인했어야 했는데 임의로 생각한 게 잘못이었습니다. 오천 개를 수정해야 하는 번거로움을 감수해야 합니다. '휴, 고객에게는 전달되지 않아 천만다행이네.' 차 대리의 혼자 말입니다.

"잘 모르면 전화하지 그랬어?"

"그러게요. 조금 긴가민가하기는 했지만, 예전에 '옐로우'를 보았던 터라 도면을 확인하지 못했습니다. 죄송합니다. 과장님."

"현장에 사양을 알려줄 땐 모르는 건 물어서 확실한 걸 알려주어야 해."

"네, 잘 알겠습니다."

"괜찮아. 기죽지 말고, 다음에는 있어서는 안 돼!"

"네."

　박 과장과 차 대리의 대화가 이어졌습니다. 임의 판단한 사항이 이렇게 커질 줄은 미처 생각하지 못했습니다. 차 대리의 마음도 편치 않습니다. 초급 사원도 아니고, 본인도 후배들에게 모르는 건 물어서 하라고 알려주었는데, 본인이 실수했습니다. 차 대리가 근무하며 제일 큰 불량을 발생시킨 건입니다. 품질을 확인하고 책임지는 엔지니어로서 자존심이 몹시 상했습니다. 정확히 아는 사항이 아니면 물어서 확인해야 한다는 것을 이번에 깨달은 것 같습니다.

회사에 입사하면 온통 새로운 것들입니다. 만나는 사람들도 모두 처음이고 하는 업무도 생소한 것들입니다. 처음부터 제대로 알아야 한다면서 모르는 건 꼭 물어보라고 합니다. 처음에는 아무것도 모르니 물어보는 것도 많습니다. 궁금한 것들도 많고요. 하지만 한 번에 알 수 없는 것들도 있습니다. 두세 번까지는 물어도 그 이상은 묻기 힘듭니다. 이것도 모른다는 얘기에 자존심이 상하기 때문입니다. 또 쉽게 물어보지 못하는 분위기도 한몫합니다. 꼭 신입사원만이 아닙니다. 부서 이동이나 업무가 변경되는 경우도 많습니다. 이때 처음 몇 번은 물어볼 수 있지만 한 달 정도 되면 물어보기 힘듭니다. 더구나 후배에게 물어보는 경우는 더 적은 것 같습니다. 그러나 모르는 걸 물어보지 않고 넘어가는 것은 한계에 부딪힙니다. 경력이 더 쌓일수록 기본적인 것을 모르면 그 상처는 큽니다. 우리가 직장에서 쉽게 물어보지 못하는 이유가 있습니다. 우선, 상사나 선배의 권위에 눌려 선뜻 물어보지 못합니다. 하지만 본인의 생각일 뿐입니다. 실제 물었을 때 싫어하는 상사나 선배는 별로 없습니다. 오히려 더 가르쳐주려고 오래된 자료를 꺼낼 수도 있습니다. 자주 상사에게 물어보는 것으로 오히려 더 가까이 친할 기회가 됩니다. 또 다른 이유는 자존심 때문입니다. 이것도 아직 몰랐냐는 듯한 눈총 때문입니다. 실제 모르는 걸 알려고 하지 않는 것이 더 창피하고 부끄러운 것입니다. 알려고 노력하는 것은 배울 점입니다.

저도 노력하는 중입니다만, 지시받았을 때 100% 이해하지 못하는 경우가 있습니다. 물론 어려워서 그렇습니다. 정확히 이해하고 일을 해야 하는데 습관적으로 "네, 알겠습니다." 하고 생각하는 경우입니다. 그러면 다시 피드백으로 물어서 이해해야 합니다. 부정확한 지시를 받고 일하는 우를 범하지 않기 위함입니다. 일을 다시 해야 하는 경우가 발생하며, 본인의 신뢰에 좋지 않은 영향을 미칩니다. 일은 일대로 하고 꾸중 듣는 꼴입니다. 물어보는 것도 습관입니다. 꼭 직장이 아니어도 대단한 지식을 물어보는 것이 아니어도 사소하다고 생각해서 모르는 걸 물어보는 것은 창피가 아닙니다.

혹시 요청의 묘미를 아시는지요? 모든 일의 시작은 누군가의 요청으로 시작됩니다. 당신이 상사로부터 받는 지시도 넓은 의미의 요청에 해당합니다. 이건 직접적이고 강력한 요청입니다. 메일에 하라는 것인지 말라는 것인지 참조인지 모를 듯한 문서는 아마 약한 요청일 가능성이 있습니다. 그래서 메일을 받은 본인도 요청이 아니라고 해석해버리곤 합니다. 일의 시작이 요청에서 시작되는데, 우리는 이 시작을 제대로 알리지 않고 알아서 해주기를 바랍니다. 문제가 생기거나 지연이 되면 소극적 요청을 하고 자기에게 유리한 방향으로 합리화합니다. 요청을 적극적으로 상대방이 인지하도록 할 필요가 있습니다. 실제 진지하고 존중을 담아 요청하면 많은 변화가 있음을 알게 됩니다.

첫 번째, 요청만 한 상태인데도 반은 요청한 것이 해결되는 경험입니다. 본인에게는 어려운 일이지만 상대방에게는 어려운 일이 아닐 경우 수용됩니다. 또 명확히 요청 사항이 전달됨으로써 다른 대안을 찾아 해결되는 경험이 있을 겁니다.

두 번째, 나의 내적 성장에 도움을 줍니다. 본인이 요청한다는 얘기는 자기 정리가 된 상태라는 겁니다. 회사에서 메일로 여러 사람에게 메일을 보냅니다. 역할 분담에 따른 근거를 가지고 요청합니다. 메일에 있는 모든 사람이 공감하지 않는, 억지에 가까운 요청을 할 수는 없습니다. 요청하기 전에 자신의 내적 성장을 향상하게 됩니다.

세 번째, 나의 요청이 근거가 됩니다. 상대방도 도와주고 싶고, 참여하고자 합니다. 하지만 근거가 있어야 일이 진행됩니다. 이때 나의 요청이 근거가 되어 일이 시작됩니다. 누구의 책임을 떠나 근거 없이 일이 시작되는 때는 없습니다.

요청과 관련해서는 일전에 읽은 '지아 장'의 『거절당하기 연습』에서 많은 것을 얻었습니다. 억지에 가까운 요청을 일면식도 없는 사람에게 요청하는 겁니다. 거절당할 걸 알면서도 도전하는 것입니다. 처음 다섯 번까지가 거절에 대한 두려움이 있지 그다음부터는 두려움이 없어진다고 합니다.

실제 저도 필요한 것이 있으면 먼저 말을 걸고 요청합니다. 대단한 근거가 없어도 좋습니다. 진심을 담으면 상대도 이해합니다. 거절하면 어쩔까를 생각하기 전에 내게 필요한 간절함을 전달하기만 하면 됩니다. 놀라운 것은 실제 말을 걸어 요청만 했을 뿐인데 상당한 부분이 받아들여진다는 사실입니다. 먼저 말을 꺼내기가 제일 힘들고 어렵습니다. 이런 일에 습관되지 않아서일 겁니다. 요청하고 받아들여지지 않았다고 거절의 의미라고 생각하지 않았으면 합니다. 저도 직장에서 근무하면서 결재를 많이 받습니다. 한 번에 승인을 받으면 날아갈 듯이 기쁩니다만, 승인을 받지 못하는 경우도 많습니다. 부족한 부분을 보완하여 여러 번 부딪히는 간절함을 담으면 통합니다. 한 번은 투자 관련하여 다섯 번 결재를 요청하여 승인을 받은 경우가 있습니다. 내가 필요한 것이고 해보고 싶은 것이라면 거절이 아니고 부족이라고 생각했습니다. 한두 번 요청해서 이루어지지 않았다고 포기할 필요는 없습니다. 회사의 상황은 언제 또 변화가 있을지 모릅니다. 본인이 원하는 간절함을 어떻게 표현하느냐도 중요합니다.

이런 면에서 요청의 준비도 필요합니다. 순간적인 상황에 따른 요청이 아니고 본인이 하고 싶고, 해보고 싶은 리스트를 준비해보십시오. 회사에서 매일매일 해야만 하고 지시받은 일만 있으면 동기 부여가 되지 않습니다. 자기 주도성이 없고 먼저 하고자 하는 계획이 공유되지 않으면 나중에 결과가 좋아도 본인의 성과로 인정받기 어렵습니다. 해보고 싶은 리스트를 준비해보는 겁니다. 저는 제조 공정이나 시스템과 관련하여 적용해보고 싶은 리스트를 준비해두고 있습니다. 하나씩 세밀히 검토하여 적용해보고 있습니다. 하지만 우연히 기회나 상황이 벌어지는 경우가 있습니다. 이때 미리 생각해보고 준비된 사항은 쉽게 적용됩니다. 이런 경험이 한두 번 쌓이면 그 힘이 얼마나 큰지 알게 됩니다.

모르는 건 묻고 필요한 건 요청하는 게 당연한 행동입니다. 하지만 실제 행동으로 시행하는 건 쉽지 않습니다. 필요하지 않다가 아니라 행동으로 옮기는 습관이 되어 있지 않기 때문입니다. 기업은 매 순간 정확한 판단을 해야 합니다. 어설픈 행동 하나가 큰 손실로 이어지곤 합니다. 사소한 것이라도 물어서 정확히 할 필요가 있습니다. 배울 때 제대로 배우는 것만큼 중요한 건 없습니다. 필요한데도 쉽게 얻지 못해 시간을 소비하고 실패를 반복해서는 안 됩니다. 나름의 실패를 통해 경험할 수 있습니다만, 비효율적 문제가 있습니다. 간절함을 담은 요청은 그 자체로 가치가 상대에게 전달됩니다. 잘 나가는 인재는 요청의 묘미를 알고 이용합니다. 혹시, 오늘은 무엇을 요청하셨나요?

08

우리가 모르는
'누적의 힘'은 강하다

역시 코로나가 우리가 사는 환경을 많이 변화시키고 있습니다. TV를 보면 외식을 하기 어려우니 혼자서 가족과 요리를 해 먹을 수 있는 프로그램이 많이 생겨났습니다. '요린이'라고 신생어까지 등장했습니다. 또 실내 운동을 예전처럼 할 수 없는 까닭에 '홈트레이닝'이 인기입니다. 집에서 헬스클럽에 있는 것처럼 나름 필요한 운동기구를 이용하여 운동하는 것입니다. 유튜브나 블로그를 찾아보면 인기가 대단합니다. 운동은 필요해서 시작하지만, 육체적 고통과 시간, 공간적 제약이 있어 쉽게 지치고 포기하기 쉽습니다. 그래서 작심삼일 하면 대표적으로 운동을 꼽습니다. 여러 제약을 극복해서라도 꾸준히 하시는 분들을 보면 부럽기도

하고 대단한 열정을 느낍니다. 목표를 향해 꾸준히 시행하는 이런 누적된 힘이 있기에 좋은 결과를 얻을 수 있습니다.

자동차 부품을 만드는 H 기업에서 차 과장은 설계를 담당하고 있습니다. 최근 원가 절감을 위한 사내 워크숍이 열렸습니다.

"여기 A 차종의 블록 두께를 줄이면 어떨까요? 지난달에 출시된 B 차종도 블록 두께를 줄인 경험이 있습니다."
"차종마다 위치와 강도가 다르니 연구소에서 우선 검토해보겠습니다."
"연구소에서 B 차종도 처음에는 무조건 안 된다고 하다가 나중에 적용하였습니다. 안 될 것 없을 것 같은데, 차 과장 그렇지요?"
"네, 뭐 검토해보면 알겠지요?"

원가절감에 대한 안건 협의가 활발하게 논의되고 있습니다. 요즘 차 과장은 원가 절감 안건으로 심란합니다. 이론적으로는 A 차종의 블록 두께를 줄여도 문제없어야 하지만, 실물 테스트에서는 결함이 발생되고 있습니다. 사실 이번 안건은 처음이 아니고 최근 몇 년째 다루는 안건입니다. 그래서 사실 워크숍 6개월 전부터 이 부분에 대해 검토를 하고 있으나 결론을 내리지 못하고 있습니다. 또 B 차종의 적용 이력도 있어 마냥 안 된다고만 하기 어려운 현실입니다. 그냥 누가 포기하라고 하면 당장 그만두고 싶은 상황입니다.

"차 과장, 강도 데이터와 검증 자료 좀 봅시다. 이론적으로는 가능한
상황입니까?"

"네, 이론적으로는 불가능하다는 결론은 없습니다. 단지 시간과 추가
검토가 필요한 상황입니다."

"안 된다는 근거도 없으니 다시 비교하여 답을 찾기 바랍니다. 한 번에
배부를 순 없습니다. 단지 우리가 못 찾았으니 지금까지 누적된 자료를
다시 검토해봅시다."

"네, 알겠습니다. 팀장님!"

주변에서 자신이 원하던 것을 이루는 분들을 보면 부럽기도 하고 어떤
비결이 있는지 관찰해보곤 합니다. 특별한 타고난 능력이 있는 분들도
있지만, 무엇인가 목표한 바를 이루는 꾸준함이 있는 것 같습니다. 자신
이 세운 목표를 성공적으로 얻는 사람과 포기하고 실패하는 사람들의 차
이가 뭐라고 생각하는지요? 그것은 누적된 힘에 있다고 생각합니다. 누
적된 힘 없이는 어떤 일도 성공하기 어렵습니다. 또 단기적으로 성공한
다고 해도 계속 통제할 수 없습니다. 그만큼 어떤 일을 이루고자 한다면,
시간과 노력을 들이는 누적된 힘이 필요합니다. 한 번 시도하여 단번에
성공하는 방법은 없습니다.

우리가 직장에서 목표한 것을 이루는 과정만 보아도 마찬가지입니다. 신입사원 시절에 좌충우돌하게 하는 일에 집중하여 일을 배웁니다. 일정한 시간 반복적인 일을 하면서 실수와 오류를 방지하며 보완합니다. 잘 되는 일은 유지하고 잘 안 되는 일은 반복적으로 시도하여 습득합니다. 이런 과정을 거쳐 같은 시기에 직장생활을 시작해도 10년, 20년이 지나면 다른 위치에서 능력을 보이는 이들을 봅니다. 무슨 차이가 있을 것이라는 생각이 듭니다.

'1만 시간의 법칙'을 주장한 분이 있습니다. 말콤 글래드웰(Malcolm Gladwell)이 『아웃 라이어』에서 처음 쓴 말입니다. 일리 있는 이야기입니다. 어떤 경지에 도달하기 위해서는 대략 1만 시간의 노력이 필요하다는 겁니다. '1만 시간' 하고 가늠해보면 막연합니다. 쉽게 표현하면 하루에 3시간씩 노력해도 10년이 걸립니다. 우리가 하루 근무하는 8시간을 기준으로 해도 5년이 조금 넘습니다. 대략 회사 경력으로 치면 대리 정도 되는 것 같습니다. 이 과정을 거쳐 과장 레벨이 되면 자기 목소리가 나오고 자기 주도 업무가 가능한 시기입니다. 누적의 과정을 거쳐서일까요? 이 시기부터 본인의 능력을 펼칩니다. 회사에서도 허리 부분에 해당하는 직원들로 가장 활발하게 움직입니다.

내가 직장에 근무하며 지낸 지도 벌써 5만 시간 가까이 되고 있습니다.

그러나 부끄럽게도 많은 시간을 근무하며 배웠어도 나만의 특별한 무기가 없습니다. 열심히, 꾸준히는 누구나 합니다. 다른 무엇이 필요하다고 생각합니다. 사실 '1만 시간의 법칙'을 처음 창시한 분은 심리학 박사인 안데르스 에릭슨(Anders Ericsson)입니다. 그와 로버트 폴(Robert Pool)이 쓴『1만 시간의 재발견』을 읽으며 내가 공감한 부분이 있습니다.

여기에 내 생각을 더하고 싶습니다. 처음 의문은 나도 5만 시간 가까이 누구보다 열심히, 꾸준히 직장생활을 했음에도 왜 얻은 것이 없는가 하는 것이었습니다. 또 누구는 깊이 있는 지식과 스킬을 가지고 자신의 능력을 당당하게 펼치는 분이 있음을 알았습니다. 무슨 차이가 있는지 생각해보았습니다.

첫 번째, 간절함의 차이가 있었습니다. 누적의 힘은 어느 정도까지는 경험과 반복적인 습득으로 가능합니다. 특별함은 여기에 더해 깊이 있는 자기만의 분야를 파고드는 힘이 있어야 합니다. 이것을 이루고야 마는 간절함이 있어야 누적된 힘이 제대로 발휘됩니다.

두 번째, 전략적 측면의 목표가 필요합니다. 막연히 무엇을 이루겠다는 목표도 중요합니다. 단계별 구체적인 목표를 가지고 접근하는 사람과는 차이가 있었습니다. 하나하나 단계별로 목표를 이룰 때 성취 의욕을 느끼고 이를 바탕으로 또 다른 레벨의 목표를 이루려 합니다. 중간중간 힘을 얻는다고 할까요. 꾸준함에 보람을 느낄 때 계속해서 나아갈 힘을 얻습니다.

세 번째, 피드백이 필요합니다. 잘하고 있는지, 중간에 어떤 부족한 건 없는지 피드백을 받을 필요가 있습니다. 한마디로 직장에서 롤모델과 멘토가 필요합니다. 특히 1만 시간의 경험을 쌓는 대리급까지는 롤모델과 멘토의 지도를 받으면 수월합니다. 또 같이 피드백을 받으면 자신의 보완점을 쉽게 찾고 개선할 수 있습니다. 이미 굳어버린 잘못된 습관이나 업무 태도는 그만큼 고치기 힘듭니다. 뭐 시간이 더 많이 걸린다는 얘기입니다. 안 되는 건 없다고 생각합니다. 잘못 배운 업무를 제대로 배우는 것은 빠르면 빠를수록 쉽게 고쳐집니다.

같은 경우는 아니지만, 개인적으로 누적을 통해 느끼는 엄청나게 큰 힘을 경험하였습니다. 다독을 통한 누적의 경험입니다. 평소 책은 꾸준히 읽었습니다. 하지만 간헐적으로 시간이 남을 때 독서를 하였습니다. 책 한 권을 잡으면 어떨 때는 한 달이 넘는 기간에 걸쳐 읽었습니다. 읽기 자체에 의미를 두기도 했습니다. 최근 몇 년 사이 집중 독서를 하였습니다. 주로 자기계발에 관련된 책을 먼저 집어 들었습니다. 주로 처음 읽은 책이 '한근태, 류랑도, 공병호, 이지성' 저자들의 유명 도서였습니다.

한번 빠져드니 그 깊이를 모를 정도로 독서했습니다. 주말에도 일찍 일어나는 편이긴 했습니다. 주로 산책하거나 TV를 시청하는 정도였습니다. 주말에 4시에 일어나 집어 드는 책만큼 좋은 것이 없었습니다.

자기계발에 관한 책을 주로 읽어 보니 세부적으로는 내용이 같지 않다는 것을 알게 되었습니다. 하지만 전체적인 주제가 유사한 경우가 많아 점점 예측할 수 있게 되었습니다. 제목을 보고 목차를 보면 내용을 이해하는 것을 넘어섰습니다. 각 내용에서 사용된 인용이나 사례를 예측하면 맞는 경우가 많았습니다. 이것도 단계가 있었던 것 같습니다. 처음에는 책의 내용을 보면 내가 지나온 과거의 몰랐던 부분을 알면서 재미가 있었습니다. 그러면서 독서량이 늘었습니다. 물론 1일 1권 독서하는 분들도 많습니다. 직장을 다니며 1일 1권 독서는 힘들었습니다. 주말에 1일 2권 독서는 며칠씩 가능한 날도 있었습니다. 독서량이 늘면서부터는 양적 독서에 빠졌습니다. 한 달에 20권 독서할 때 누적의 힘을 느꼈습니다.

그다음 단계가 되자 책을 나름대로 평하고 쓰고자 하는 마음이 생기기 시작하였습니다. 여기까지 오는 과정도 제대로 책을 읽어보자는 마음에서부터 출발하였습니다. 무엇인가에 빠져 누적될 때 그 자체로 가치가 있습니다. 또 여기에 더 좋은 책을 읽어보려는 간절함을 더했습니다. 없는 시간을 내게 되었으며, 삶의 중심이 책으로 바뀜을 느끼게 되었습니다.

지금 코로나 상황이 여의치 않아도 우리는 끈기를 가지고 이겨내고 있습니다. 머지않아 종식될 것으로 생각합니다. 모든 것이 간절히 노력하면 안 될 것이 없습니다. 한두 번 잘 안 된다고, 단기간에 원하는 결과가 없다고 낙담하지 않았으면 합니다. 무엇인가를 이루려면 경험을 동반하는 누적이 있어야 합니다. 누적된 힘은 무엇과도 바꿀 수 없는 중요한 자산이며 가치를 가집니다. 제대로 경험하는 누적은 그 힘이 배가 됩니다. 여기에 뚜렷한 목표를 가지고 올바른 피드백을 받으면 제대로 된 누적을 쌓을 수 있습니다. 단순히 시간이 지남을 통해 얻은 경험은 제대로 된 누적과는 차이가 있습니다. 목표로 하는 의도된 누적을 말합니다. 여러분은 지금 어떤 목표로 하는 누적을 쌓고 있나요?

success

4 장

1%의 인재는 '내가 준비되어 있음'을 밝힌다

01

일에 날개를
달아라

오늘도 늦은 시각까지 유 차장은 명일 있는 고객에게 설명할 자료 준비로 분주합니다. 유 차장은 자동차 부품을 제조하는 업체에서 품질관리 2팀에 근무하고 있습니다. 그래도 다음 주를 유 차장은 고대하고 있습니다. 차주에 고대하던 후임이 배치되기 때문입니다.

몇 년째 혼자 자동차 고객을 상대하면서 출장에 승인 서류 준비, 고객 감사 대응으로 항상 바쁘게만 지내 온 것 같았습니다.

"네, 안녕하세요. 신입사원 고ㅇㅇ라고 합니다. 잘 부탁드립니다."

기대가 커서일까? 유 차장은 고 주임의 첫인상에서 다소 실망감을 느꼈습니다. 목소리도 작고 자신감 없는 행동에 다소 부정적인 인상을 받았습니다. 앞으로 자동차 고객을 상대하려면 많이 가르쳐 자신감부터 향상할 계획이었습니다. 수습 기간 3개월 동안도 고 대리의 어눌함은 계속되었습니다. 팀 회의에서 팀장님이 질문해도 별반 다르지 않았습니다.

"이번 품질 문제도 초기 신차 개발 점검에서 다 걸러지지 않았습니다. 고 주임 이번 품질 문제를 보고 어떻게 보완해야 할까요?"
"저, 좀 더 생각해보고 보완 방법을 찾아보겠습니다."

거의 기어들어가는 목소리에서 긴장이 더 느껴졌습니다. 단순하게 잘하라는 의미로 물어본 사항입니다. 다른 신입사원들은 큰 소리로 자신감 충만하게 잘만 대답합니다.

"잘 모르겠습니다만, 열심히 해서 잘 배우겠습니다."

유 차장의 생각이 기우였습니다. 코로나로 재택근무가 시작되면서 여러 상황이 변경되었습니다. 평소 협의할 사항이 있으면 회의실에서 하거나 대면 접촉을 통해 확인하는 업무로 진행되었습니다. 메일로 공유하는 사항도 있지만, 말로 하는 업무도 상당했습니다. 서로 보지 않고 하는 업무에서 익숙한 사람이 나타났습니다.

'이번 품질 문제에 대한 FTA 분석 방법 및 일정 수립' 고 주임의 논리에 모두가 놀라고 있습니다. SNS에 익숙한, 고 주임은 혼자 생각하며 메일로 차분히 생각을 정리하는 게 좋았습니다. 그리고 늘 자기 생각을 글로 설득하던 전형적인 밀레니얼 세대입니다. 수능 세대로 학원에 다니며 혼자 공부하던 습관에 익숙합니다. 펜으로 글을 적는 것보다 자판을 힘차게 두드려 자신의 논리를 펴는 게 편합니다. '거 봐. 생각이 없는 애가 아니고, 우리랑 스타일이 다른 세대라고. 밀레니얼 세대 말이야.' 유 차장이 고 주임의 메일을 보며 집에서 혼자 중얼거리고 있습니다. 한시름이 놓였습니다.

저도 직장에서 다양한 소통을 합니다. 회의를 통해 이슈를 확인하고 협의를 통해 결과물을 도출합니다. 이 과정에서 본인의 의견을 제시하며 생각을 전달합니다. '회의에 참석하여 의견을 내지 않는 사람은 참석하지 않은 것이다.'라고 어느 CEO가 한 말이 생각납니다. 또 다른 소통은 말로 하는 보고입니다. 주로 간단한 공유 내용이거나, 진행 상황을 설명할 때 주로 구두로 공유 소통합니다. 지금은 SNS 시대입니다. 어디를 가나 SNS에 노출되어 있습니다. 회사에서도 가장 많이 소요되는 소통이 메일 및 카톡을 포함한 SNS입니다.

저는 하루에 100여 통의 메일을 받습니다. 30%는 제목만 보고 바로 삭제하는 전체 공유 정보 전달로 저에게 해당하는 부분이 작습니다. 필요하면 복구하여 검색하면 됩니다. 한 50%는 업무와 관련된 공유 및 보고 관련 사항입니다. 20%는 지시 및 중요사항으로 일일이 클릭하여 확인해야 하는 내용입니다. 직장인이 메일로 업무를 하면서 느끼는 부분입니다. 인터넷 포털을 보듯 부담 없이 관심 있는 부분을 보기만 하면 얼마나 좋겠습니까? 하지만 일의 진행을 위해서는 메일의 답신 및 일의 주관(회의 요청 등), 보고하기 위해 논리를 펼칠 때가 가장 힘듭니다. 또 시간도 많이 소요되는 업무입니다.

일의 상당한 부분이 메일로 이루어집니다. 일은 철저히 보이게 일해야 합니다. 그러려면 메일에서 철저히 자신의 논리를 글로 펼쳐보여야 합니다. 관련된 일이 진행될 때 참석자가 많아도 여기서도 20:80 법칙이 적용됩니다. 20% 수준만이 대응합니다. 상대방이 둘이라면 모르겠으나, 여러 사람이 있는 가운데 글을 쓰는 사람이 많지 않습니다. 그냥 지시받거나 자신에게 해당 사항이 있으면 그냥 수행하고 맙니다.

궁금해하거나 문의 사항이 있어도 글을 달지 못하는 이유가 있습니다.

첫 번째는 자신감이 없기 때문입니다. '누가 물으면 어떡하지? 틀리면 어떡하지?' 하는 자신감이 부족한 상태라면 굳이 참여하지 못하게 됩니다.

두 번째는 익명성 뒤에 숨은 책임을 지지 않는다는 의식이 지배하기 때문입니다. 본인의 주장이나 논리를 편다는 것은 내가 책임진다는 뜻입니다. 또 이를 검증해야 하는 뒤의 일이 따라옵니다.

세 번째는 수동적 자세입니다. 지시가 아닌 이상 적극적으로 나서지 못하는 자세입니다. 어떤 게 맞는지 모르겠지만 지금은 적극적으로 논리를 펼칠 때입니다.

마지막으로 메일이 익숙하지 않기 때문입니다. 메일을 쓰는 요령이나, 글 논리가 익숙하지 않아 마음같이 되지 않은 부류입니다.

똑같이 메일을 받아도 적극적으로 일의 진행을 확인하고 보이게 공유하는 사람이 있습니다. 반대로 지시한 사항에 대해서만 본인 생각으로 일을 진행하는 사람이 있습니다. 주임이나 대리 직급까지는 별 차이가 없습니다. 하지만 과장 이후부터 많은 차이가 있습니다. 보이게 일해 최종 목적에 도달하기 위해서는 중간 오류를 빨리 줄여야 합니다. 묻지 않고 일부터 시작한다면 기계적으로 움직여 목적에 도달했는지 의문이 들게 됩니다. 실제로 나도 메일에 일의 과정을 공유합니다. 하지만 매번 어려움을 느낍니다.

직장에서 일하면서 지시받은 일만 해서는 안 됩니다. 본인의 일에 자기주장을 추가하여 주도하고 몰입해야 합니다. 대부분 직장의 일이 근무시간보다 많은 일을 해야 합니다. 이중 우리가 근무시간에 맞추어 일을 진행합니다. 자칫 지시받거나, 주어진 고유 업무만 하게 됩니다. 스스로 성장과 역량을 단련하기 위해서는 주도성이 있어야 합니다. 저는 이 부분을 보완하기 위해 20:80 법칙을 이용하여 일합니다.

이탈리아 경제학자인 알프레도 파레토가 발견한 통계이론입니다. '20%의 부자가 80%의 부를 차지하고 있다.'라는 법칙입니다. 처음에 일개미들의 움직임을 관찰하다가 모두 열심히 일하는 것 같아도 20% 만이 일하고 있다는 것을 알았습니다. 그래서 다음날 20%의 일 잘하는 개미들만 모아 관찰하면 이 중 20%만이 열심히 일하는 것을 발견하였습니다. 이것을 다시 알게 된 순간 내 현실에 맞추어보자 생각했습니다. 그래서 매일매일 바쁘지만 80%의 일은 평상시 지시받은 업무나 고유 업무를 합니다. 20%는 내가 주도하는 향후 미래를 위해서는 필요한 일에 배분하여 시행합니다. 처음엔 몹시 어색했습니다. 매일매일 바쁜데 다른 일을 할 여유가 없었습니다.

하지만 조금씩 적용하여 늘여보니 행동은 못 미치지만, 생각은 20%에 도달함을 깨닫게 되었습니다. 이후 적극성이 생기고, 계획성이 향상되었습니다.

저는 20:80 법칙을 처음에는 단순한 현상으로만 공부했습니다. 하지만 살아오면서 다양한 우리 삶에 깊숙이 적용되고 있음을 알게 되었습니다.

백화점에서 20%의 고객이 전체 매출의 80%를 차지합니다.
기업에서 대략 20% 핵심 제품이 전체 이익의 80%를 가져옵니다.
근무 중 20%의 집중 업무에서 80%의 성과를 얻습니다.
회사에서 20%의 우수 인력이 80%의 업무를 선도합니다.

이런 사례들을 많이 보면서 적용해보고 있습니다. 가령 '하루 업무 중에서도 20%의 중요업무는 마무리하여 완료를 해보자. 보고 시에도 20%의 핵심은 반드시 논리를 주장해보자. 반복되는 업무의 일상이어도 20%는 변화를 주어보자자.' 등으로 적용해보았습니다. 이렇게 하면서 일부분 일이라도 완료하고, 생각하게 되면서 일하는 스킬이 늘어나게 되었습니다. 일하는 요령이 늘어난다기보다는 앞을 보게 되고 이를 준비하는 생각의 깊이가 좋아졌습니다.

우리는 하루하루를 바쁘게 살아가는데 제자리인 경우가 있습니다. 한 번 뒤를 돌아보아야 할 필요가 있습니다. 직장에서도 마찬가지입니다. 지시하는 사항을 처리하고, 보고서 작성하고, 하루하루를 바쁘게는 보낸 것 같은데 제자리걸음을 하는 듯한 현상 말입니다. 20:80 법칙을 이용하여 20%의 핵심에 집중하고, 20%의 미래를 준비하는 업무에 준비해보시기 바랍니다. 반복적 업무에서 벗어날 필요가 있습니다. 20%만이라도 변화를 준다면 계속 앞서는 업무에 몰입됩니다. '내 일에 날개를 단다.'라는 것은 내 일을 내가 주도한다는 뜻입니다. 앞서는 생각 습관을 통한다면 내 일에 날개가 달릴 것입니다.

02

PLAN B를
준비하라

"어, 누가 준비하면 좋을까? 아무래도 밀레니얼 세대인 오 대리가 하면 어떨까 생각합니다. 평소 IT 다루는 스킬도 있는 것 같고, 또 우리 팀 대표적인 얼리어댑터잖아요?"

품질보증팀 주 팀장이 영업소 소장들과의 화상회의 준비와 관련하여 설명하고 있습니다.

"신제품 사용 교육과 관련하여 이번에는 집합이 어려운 만큼 화상으로 진행 예정입니다. 이를 오 대리가 잘 준비해주시기 바랍니다. 본부장님

께서도 참석하시고 처음 시도하는 방법이니 철저한 대비 부탁합니다."

주 팀장의 설명이 길어졌습니다.

"네, 잘 알겠습니다. 줌(Zoom)은 예전에도 많이 사용하던 방법입니다. 점검하여 착오가 없도록 준비하겠습니다."

오 대리가 잘 알겠다고 큰 소리로 대답합니다. 목소리에서 자신감이 있어 보입니다.

"영업소 소장들은 나이가 많으시고 영세한 분들입니다. 줌이 뭔지도 잘 모르시는 분들이 있습니다. 그리고 혹시 모르니 팀즈(Teams) 사용도 가능하게 준비해보세요. 처음이라 혼란에 대비할 필요가 있습니다."

옆에 있던 유 차장이 처음 하는 방법을 두고 말합니다.

평소 유 차장의 잔소리처럼 얘기하는 '문제가 발생하면 어떻게 하지요?' 하는 말이 싫었던 오 대리는 건성으로 대답합니다.

"네, 알겠습니다."

대학 동아리에서 많이 사용하던 줌은 오 대리에게는 익숙했습니다. 별 문제 없이 준비되고 있었습니다. 일일이 영업소 소장들과 통화하여 줌을 설치하고 사용법을 알려주고 있습니다. 순조로운 줄 알았던 화상회의에 비상이 걸렸습니다. 보안에 취약하다고 회사에서 줌(Zoom) 사용에 제동을 걸었습니다. 팀즈로 변경하라는 정보기술팀 메일이 전날 도착하였습니다.

사전에 IT에 물어보지 않은 것을 오 대리는 후회하고 있습니다. '야단 났네. 나도 팀즈는 사용해보지 않아 누굴 가르치기 힘든데.' 오 대리는 한숨이 깊어지고 있습니다. 동료 김 대리의 도움을 받아 늦게까지 영업소 소장들에게 재교육을 했습니다. 힘든 건 없는데 눈꼬리를 높이 치켜든 유 차장의 눈초리는 계속 신경 쓰였습니다.

코로나가 길어지면서 우리 일상생활에 깊숙이 들어온 문화가 있습니다. 바로 비대면 화상 문화가 아닌가 합니다. 올해도 저의 자녀들은 부분적인 화상 수업을 하고 있습니다. 격주로 등교를 합니다. 빈번한 혼란이 먼 곳이 아니고 바로 우리 집에서도 일어납니다. 이번 주는 등교하는지 화상 수업인지 헷갈립니다.

그런데 이젠 익숙해졌는지 혼자서도 잘합니다. 작년 3월 초기에는 어떻게 하는지 몰라 PC도 새로 사고, 집사람과 여러 사람에게 물어본 기억이 있습니다. 저도 이젠 회사에서 익숙해졌습니다. 처음엔 PC로 연결이 잘 안 되어 휴대폰으로 이중 준비를 하기도 했습니다. 한 번은 제 목소리가 한동안 송출되지 않아 여러 사람이 회의에서 찾은 일이 있었습니다. 이후 나름 PLAN B를 준비한다고 휴대폰으로도 연결하여 준비했습니다. 실제 익숙해지기 전까지 여러 번 휴대폰으로 일했습니다.

누구도 예측하지 못한 상황이 이어지고 있는 것처럼. 우리 삶을 둘러싼 모든 환경도 우리가 바라는 대로 톱니바퀴가 한 치의 오차도 없이 맞물려 돌아가지는 않은 것 같습니다. 그보다는 여러 가지 변수에 부딪혀 예측하지 못하는 상황이 훨씬 더 많이 발생한다고 생각합니다. 변화하는 정도가 어떻게 해볼 도리가 있다든지, 긍정적으로 변한다면 다행입니다. 하지만 점점 더 악화할 가능성도 있다는 가정을 해야 합니다.

이럴 때 필요한 것이 요즘 말로 '플랜비(PLAN B)'입니다. 원래 유래는 불확실성이 높을 때 외환 통제를 통해서 금리와 환율을 안정화하려는 처방에서 시작되었습니다. 하지만 요즘 같은 코로나 시대에 이제는 일반화되는 상황입니다. 초기 예측한 상황을 기반으로 중요한 계획을 세운다 해도 예측한 계획대로 진행되지 않는 경우가 있습니다. 이때를 대비하여 어떻게 대처할 것인지 방안을 미리 세우는 걸 말합니다. 이렇게 '플랜B'

까지 세우고 나면 혹시 처음 계획에 차질이 생겨도 혼란 없이 움직일 수 있는 장점이 있습니다. 혼란을 대비해서 미리 플랜B를 준비해두었기 때문입니다.

주위에 실제 플랜B를 강조하는 분이 계십니다. 정확히는 예측을 통한 단계별 시나리오를 계획하는 겁니다. 제조업 측면에서 볼 때 코로나로 북미 상황이 한참 심각할 때가 있었습니다. 북미 상황에 따른 물량이 단계별로 변경될 때를 가정하여 3단계로 방안을 수립하는 것입니다.

또 요즘과 같이 자동차 반도체 수급이 불안할 때도 단계별 시나리오를 수립하여 상황별로 대응하는 것입니다. 마치 지금 코로나로 정부에서 시행하는 단계별 대응 단계와 비슷합니다. 이런 시나리오도 실제 적용해보면 쉽지 않음을 깨닫습니다. 시나리오가 타당하고 근거가 있어야 가능합니다. 추진력도 있어야 강력하게 시행할 수 있습니다. 앞을 내다보고 예측하고 그래서 무엇을 할 것인지 준비하는 것은 리더의 역량이라 생각합니다. 이후 어떤 환경적 변화의 조짐이 보이면 의식적으로 단계별 시나리오를 준비하게 되었습니다. 사전에 예측하고 대비하는 역량을 배우고 있습니다.

같은 의미는 아닙니다만 협상학에서 가장 중요하게 다루는 요소가 있습니다. 'BATNA'를 아십니까? 우리말로 표현하면 '차선책' 정도로 표현됩니다. (BATNA, Best Alternative To Negotiated Agreement) 'BATNA'는 협상이 만약 결렬됐을 때 각 협상가가 대신 취할 수 있는 최선의 대안을 말합니다. 즉, 막강한 'BATNA'가 있는 상태에서 거래하면 언제든 협상을 끝내고 협상 테이블을 떠날 수 있다는 뜻입니다.

반대로 'BATNA'가 없거나 매우 빈약하다면 그 협상가는 다른 대안이 없기에 꼼짝없이 끌려가는 거래를 할 수밖에 없습니다. 협상을 주도할 수 없고 불리한 조건을 감수할 수밖에 없게 됩니다. 그래서 협상에서는 협상 테이블에 앉기 전에 본인의 'BATNA'를 정확하게 파악하고 있어야 합니다. 또는 'BATNA'가 없다면 새로 만드는 노력을 할 필요가 있습니다. 대안 없이 추진할 수 없음을 말합니다. 의미는 상이합니다만 항상 백업 플랜을 준비한다는 면에서는 플랜B와 유사하다고 생각합니다.

회사에서는 성과 중심으로 일하고 좋은 평가를 받기를 원합니다. 높은 성과를 달성하기 위해서는 목표가 명확해야 하며, 이를 이루려는 계획을 빈틈없이 수립해야 합니다. 하나의 계획이 확실하면 우리는 이를 '플랜A'라고 합니다. 일반적이고 예측 가능할 때는 확실한 플랜A만으로도 충분합니다. 그러나 누가 코로나 시대를 예측할 수 있었으며, 또 이로 인한 불확실성이 장기화하는 상황을 알 수 있었을까요? 미래를 비관적으로만 보는 것도 좋지 않습니다.

그렇다고 낙관주의(Optimism)로 미래를 긍정적으로만 보는 사고도 다소 위험합니다. 매사에 앞으로 일이 잘 안 될 것으로 생각하는 부정적 사고에 비하면 낙관주의는 거친 세상을 살아가면서 우리가 가져야 하는 삶의 덕목임은 틀림없습니다. 하지만 준비도 없고 아무 노력도 하지 않으면서 그냥 시간이 지나면서 자연스럽게 모든 것이 잘될 거라는 믿음은 매우 위험합니다.

스스로 위험을 대처하는 측면에서 준비하는 계획은 필요합니다. 플랜B가 필요하고 유효합니다. 이번 조사를 위해 다양한 공부를 하였습니다. 반대로 많은 부분에서 플랜B의 역기능이 있음을 표현하고 있습니다. 불확실성에 플랜A도 세우기 힘들고, 더욱 실행하기 힘든데, 플랜B에 집중할 필요가 없다는 이론입니다. 머리에 플랜B를 생각한다는 것은 플랜A가 유효하지 않으며, 죽기 살기로 플랜A에 도전할 각오가 준비되어 있지 않다는 뜻입니다.

회사에서는 많은 목표와 계획을 수립합니다. 이를 바탕으로 성과를 달성하려는 노력도 꾸준히 합니다. 우리가 예측한 대로, 초기 계획한 대로 모든 것이 유효하지 않은 경우가 많습니다. 마치 지금의 코로나 시대 혼란처럼 말입니다. 초기 목표나 계획이 환경에 따라 유효하지 않음을 판단하는 역량이 필요합니다. 특히 리더들에게 절실히 요구되고 있습니다. 플랜A가 유효하지 않다고 실망하거나 우왕좌왕할 필요가 없습니다. 플랜B를 가동해보십시오. 우리가 준비한 플랜B가 정답은 아닐지 모르지만, 협상학에서처럼 'BATNA'가 될 수 있습니다. 진정 우수한 리더는 앞날을 보고 있습니다. 당신도 플랜B를 준비하는 리더가 될 수 있습니다.

03

본질적 업무에
우선하라

오늘도 김 대리의 아침 출근은 현장으로 먼저 시작했습니다. 자동차 조향 부품을 만드는 M 사에 근무하는 5년 차 대리입니다.

고객사 물량이 늘어 바쁜데 근래 불량이 간헐적으로 발생되어 부쩍 민감해 있습니다. 어제도 불량이 발생되었다는 카톡 연락으로 현장을 먼저 파악하고 있습니다.

"김 대리, 어제도 C 라인에서만 불량이 발생되었습니다."
"네, 팀장님. 그렇지 않아도 현장에 먼저 들렀다 오는 길인데 특별한 상황은 없었습니다."

"근래 계속 불량이 발생되어 불안합니다. 이유가 있을 것 같습니다. 모레까지 조사해주세요."

"네, 알겠습니다."

김 대리는 생산 데이터도 점검해보고 있습니다. 현장의 의견도 들으려고 반장들과 논의 중입니다.

"네, 반장님. 불량이 발생되어 조사하고 있습니다. 생산할 때 의심되는 사항 없나요?"

"네, 김 대리, 요즘 생산하기 너무 힘듭니다. 생산량이 많이 늘어 정신이 없습니다. 생산 모델도 늘어 관리해야 하는 사항이 많습니다."

생산부 현장 유 반장이 생산 어려움을 호소하고 있습니다.

"자재도 조사해보아야 합니다. 근래 들어 불량이 발생되는데 차이가 있을 것 같습니다. 품질관리팀에서는 문제없다고 했는데, 테스트해보아야 합니다."

제조부 현장 최 조장도 원론적인 자재 확인을 요청합니다.

"김 대리, C 라인 불량 건은 좀 어떻게 진행되고 있습니까? 확인되었나요?"

팀장이 이틀 전 지시한 사항에 관해 묻고 있습니다.

"네, 열심히 하고 있습니다. 현재 라인이 물량 증가로 매우 바쁜 상황입니다. 소재 부품과 연관하여 테스트도 진행 예정입니다. 작업자 변동도 있어 영향이 없는지 확인하고 있습니다."

김 대리가 회의에서 언급한 내용 위주로 보고하고 있습니다.

"불량은 제품에 대한 현상을 바탕으로 원인을 밝혀 대책을 수립하여 개선해야 하는데, 의견만 들으면 어떻게 한다는 겁니까?"

팀장이 불량 원인 조사 관련 수박 겉핥기에 대해 꾸중을 하고 있습니다.

우리는 직장에서 다양한 일을 하게 됩니다. 시키는 일을 열심히 하면 되는 줄 알고 있습니다. 본인 각자에게는 주어진 업무가 있습니다. 해야 하는 일도 별도로 부여받습니다. 그냥 열심히 했는데 왜 인정해주지 않느냐고 묻는 사람도 있습니다. 일의 본질에 맞는 목표와 목적에 맞게 일을 추진해야 합니다. 일의 진행이 맞게 가고 있는지 목적지가 있어야 방향을 알고 결과에 대한 효율을 알 수 있습니다. 일도 목적에 맞게 행하고 결과를 얻을 수 있어야 합니다. 그냥 열심히 했다고 위안 삼아서는 발전이 없습니다.

오랜만에 만난 여자 친구의 생일을 맞아 근사한 레스토랑에 갔습니다. 깨끗하고, 분위기며, 야경이 멋진 자리에 앉았습니다. 주문한 스테이크가 나왔습니다. 모든 것이 좋았는데, 스테이크를 한 입 먹는 순간 "아차!" 했습니다. 스테이크가 질기고 맛이 없었습니다. 음식이야 기호에 따라 맛을 느끼는 차이가 있기 마련입니다. 하지만 대부분 사람이 맛이 없다고 느끼면 그 레스토랑은 본질에서 벗어난 것입니다. 레스토랑은 음식을 제공하는 곳인데 본질인 음식이 맛이 없다면 다른 뛰어난 것으로 커버하기는 힘듭니다.

우리가 필요한 본질을 잘 파악하여 대응해야 해결되는 경우가 많습니다. 아직 말을 하지 못하는 아이가 있습니다. 배고파 우는 아이에게는 먹을 것을 주어야 해결됩니다. 다른 방법으로 어르고 달래도 울음이 그치지 않습니다. 대부분 엄마가 금방 알아챕니다. 아기 달래기의 본질을 알기 때문입니다. 요즘 반려견 인구가 늘어나면서 TV에 관련 프로그램이 많습니다. 아무리 오래된 주인도 알지 못하여 해결하지 못하는 문제가 있습니다. '개통령(개들의 대통령)'이라 불리는 분들이 반려견이 원하는 본질을 파악하여 해결합니다.

주인이 아무리 해결하려 노력하고 애정을 주어도 본질을 모르면 해결되지 않습니다. 열심히 했는데 해결되지 않을 때 답답합니다. 하지만 문제의 본질을 알려면 그 분야를 깊이 있게 꿰뚫어 보는 안목이 있어야 합니다.

우리도 직장에서 본질을 벗어나 헤매는 경우가 많습니다. 제조업에서 불량이 발생되면 그것만큼 조기 해결이 중요한 것이 없습니다. 빠른 해결을 위해서는 본질인 원인을 조기 찾아야 합니다. 다른 조치들도 순간을 다투기도 합니다. 하지만 발생에 대한 원인을 정확히 알고 대책을 수립해야 근본적인 발생원을 제거하게 됩니다. 이런 본질을 계속 향상하는 업무가 필요합니다. 이를 위해서는 꾸준한 노력을 해야 합니다.

첫째, 일을 추진하기 전에 목표와 목적을 생각하고 추진해야 합니다. 지시받은 사항도 목적이 무엇인지 확인해야 합니다. 목적을 알아야 본인의 이해를 바탕으로 한 계획을 수립할 수 있습니다. 목적을 확인하지 않고 하라는 대로 했는데, 결과가 엉뚱하게 생성되는 경험이 있을 겁니다.

특히 상사로부터 지시받은 과정에서 여러 단계를 거치는 경우라면 더욱 목적을 바탕으로 이해해야 합니다. 본인의 재해석을 통한 이해가 있어야 주도할 수 있습니다.

둘째, 본질을 확인하게 하는 다양한 양식 및 프로세스를 이용하기 바랍니다. 직장에서는 보고 업무 위주로 일이 진행됩니다. 특히 제조업에서는 조사 보고라 하여 다양한 현상에 대한 원인 및 대책을 수립하는 일련의 보고 업무가 많습니다. 자칫 목적과 원인을 먼저 확인해야 하는 본질을 잊기 쉽습니다. 현상에 따른 또는 시간의 순서에 따른 확인한 내용을 열거하는 행위입니다. 원인을 밝혀야 한다면, 다양한 프로세스를 이용하여 분석해야 합니다. 그렇지 않으면 초보적 가설에 의한 행위로 열심히 했다고 인정받으려는 오류를 범하기 쉽습니다.

셋째, 결과가 목적에 부합되는지 피드백하면서 추진해야 합니다. 결과 따로 목적 따로 추진되는 잘못을 중간 피드백을 통해 바로 잡아야 합니다. 초기 계획을 수립할 때 맞추어야 하는 일정이나 기간이 있다면 반드시 확인해야 합니다. 아무리 목적한 대로 결과물이 좋아도 일정이나 필요한 시간을 지난 뒤에는 가치가 없어집니다. 행사를 위한 기획안 준비를 지시받았다면 행사 일정에 맞추어 시행되어야 효과가 있습니다. 행사 끝나고 좋은 기획안 있다고 보고한들 꾸중만 듣습니다. 일정을 반드시 확인하고 피드백하는 습관을 들여야 합니다.

본인의 본질적 업무에 우선하는 것은 중요합니다. 우선 본인의 본질적 업무가 무엇인지 개념을 이해해야 합니다. 직장에 있다 보면 다양한 정크 업무가 많습니다. 최근 인터넷에서 본 기사인데 선생님들의 정크 업무가 과도하여 애들을 잘 가르치는 업무만 했으면 한다는 내용이었습니다. 선생님들이 학생을 잘 가르치는 일이 우선인 것은 누구나 알고 있습니다. 이것 외에 정크 업무로 본질이 영향을 받는다면 재고할 사항인 것 같습니다. 회사에서도 각 팀에 속해 있는 직원이 각종 감사, 설문, 손님 대응, 외부 행사 등이 있습니다. 본인의 본질적 업무 외에 정크 업무로 영향을 받는다면 재고해볼 일입니다.

자칫 자신의 본질적 업무를 상기하지 않으면, 바쁘다는 생각에 하루 조치 처리 위주의 업무에 만족하는 직원이 있습니다. 본인의 본질적 업무에 전부를 투입하지 못한다 해도 주기적으로 주도하는 시간을 가져야 합니다. 이를 위해서는 본인이 주도하는 대표 프로젝트를 가져야 합니다. 또 본인이 소속되어 있는 팀의 본질적 목적이 무엇인지 인지하는 상위 개념으로서의 이해가 필요합니다. 제조업 제조팀 업무이면, 품질, 생산성 향상과 관련 팀의 선제적 기술 개발이 본질적 우선 업무입니다. 감사나 관리 업무가 있다 하여 이 부분에 집중하는 것은 본질에서 벗어난 것 같습니다. 팀의 목적 및 목표를 포함한 정체성을 잊어서는 올바른 성과를 기대하기 힘듭니다.

아직 본질적 업무가 정립되지 않은 사원이 보이는 오류가 있습니다. 본인이 지시받거나 한 사항을 열심히 수행합니다. 하지만 본인의 계획대로 수립해서 얻은 결과가 이것입니다 하고 말하기 어렵습니다. 대부분이 찾아보거나 조사한 사항의 시간순 정리가 대부분이라 갖은 세부 데이터를 포함하여 나열만 합니다. 목적과 결론의 영향성을 확인하는 검증이 없습니다. 대신 방대한 데이터만 있을 뿐입니다. 양이 많으니 많은 일을 열심히 한 것처럼 보입니다. 전형적인 열심히 한 것으로 어필하려는 상황입니다.

우리가 일상에서 바쁘거나, 단기적으로 어느 부분에 집중하다 보면 중요한 것을 놓치는 경우가 있습니다. 바로 추구하고자 한 본질입니다. 직장에서도 마찬가지인 상황에 놓이는 경우가 있습니다. 본인의 일을 잠시 잊어버리는 것입니다. 일이란 고객을 만족시켜 가치를 창출하는 일련의 행위입니다. 고객은 바로 나의 상사부터 시작합니다. 지시받거나 부탁받거나 한 사항은 본질에 맞게 성과물을 내야 인정받을 수 있습니다. 초보적인 어필인 '열심히 했습니다.', '최선을 다했습니다' 등과 같은 말로 성과물이 부족한 면을 보완하려 해서는 어렵습니다.

일의 목적을 정확히 이해하는 정석이 필요합니다. 본질을 확인하는 다양한 툴(Tool)을 이용해보면 한층 쉽게 본질을 파악할 수 있습니다. 중간 보고를 통해 계속 피드백을 받고 소통하는 습관이 필요합니다. 처음 일을 배우는 직장인이라도 방법을 알고 툴을 정확히 이해하면 본질에 맞게 성과를 낼 수 있습니다. 일의 본질은 변하지 않습니다. 당신도 변하지 않는 방법을 습득할 수 있습니다.

04

모호한 부사 대신
숫자로 표현하라

최 대리와 강 대리는 입사 동기입니다. M 기업 인사팀과 재무팀에 각각 근무하고 있습니다. 올해 대리로 승진하여 1년 차 문제 해결 과정 교육을 받는 휴식시간입니다.

"최 대리, 축하해!"
"이제 강 대리님이네! ○○ 너도 축하해."

최 대리와 강 대리가 서로 자축하고 있습니다. 입사하고 환경에 잘 적응하고 사원 시절의 좌충우돌 이야기로 오랜만에 만나, 못다 한 경험을 얘기합니다.

"강 대리, 너는 좋겠다. 그래도 상대도 나왔고 평소 재무팀에서 숫자를 계속 다루는 업무를 하니 나 같은 고충은 없을 것 같은데."

최 대리가 업무 보고 관련 어려움을 토로하고 있습니다.

최 대리는 인사부에서 급여 업무를 담당하고 있습니다. 다른 업무에서는 나름대로 인정도 받고 소통도 원활하여 팀장으로부터 칭찬도 자주 받고 있습니다. 하지만 유독 숫자 감각이 없다고 보고 시마다 꾸중을 듣고 있습니다. 어제도 4월 근태 현황 보고 시 있었던 상황입니다.

"총합계는 맞는데, 왜 세부 유급 인원하고 교육 인원이 상이하지요?"
"확인한다고 했는데, 틀린 부분이 있는 것 같습니다. 다시 확인하겠습니다."
"본부장님 보고 시간이 2시간 밖에 없습니다. 얼마만큼 수정해야 하고, 언제 보고 가능합니까?"
"조금만 하면 됩니다. 곧 다시 보고 드리겠습니다."
"숫자가 틀려 묻고 있는데, 조금이면 몇 % 정도예요? 또 곧은 10분입니까? 1시간입니까?"

어제의 최 대리 머리는 매우 복잡했습니다.

"최 대리, 부러워할 것 없어. 사실 나도 숫자 오류 때문에 지적을 많이 받고 있어. 특히 재무팀에 있다 보니. 돈과 관련된 숫자가 많거든. 그래서 더욱 민감하고 혼도 많이 나고 있어."

오히려 더 민감한 돈과 관련된 숫자로 중요함을 강 대리가 얘기하고 있습니다. 사실 강 대리는 입사 초기부터 숫자 오류로 스트레스가 이만저만이 아니었습니다. 지금도 개선 방안을 계속 보완하고 있습니다. 자신은 3단 방법을 적용하고 있습니다. 변수가 있는 기본 데이터는 바로 업데이트합니다. 그리고 합계는 별도로 계산기를 이용하여 수식 오류를 확인하고 있습니다. 또 전체적으로 보고 전에 10분 정도 시간을 두고 재확인합니다. 그만큼 숫자에 대한 준비를 철저히 하고 있습니다.

직장인이라면 모두 공감하는 내용일 것입니다. 다른 실수는 살짝 눈감아주기도 하고, 오타 등은 바로 수정도 하는데, 숫자가 틀린 건 용서하지 않고 보고하는 경우가 많습니다. 특히 위로 올라갈수록 숫자에 민감하고 빈틈없이 검토합니다. 그만큼 숫자가 갖는 중요한 의미가 있기 때문이 아닐까요? 회사에서는 숫자가 갖는 특징이 있습니다. 숫자는 간결성을 갖습니다. 과정을 거친 다양한 활동이 숫자를 통해 결과를 대변합니다.

우리가 많은 설명이 필요한 사항도 숫자가 들어가는 표로 정리하면 한결 단순하고 쉽게 이해할 수 있습니다.

우리는 4년마다 익숙한 수학을 경험합니다. 86년부터 매회 월드컵에 진출하고 있습니다. 크게 선전한 2002년을 제외하고는 예선전에서 마지막 경기를 앞두고 그 경우의 수를 계산합니다. 말로 설명하기 힘든 내용을 표로 숫자를 곁들여 정리합니다. 훨씬 이해하기 쉽습니다.

회사의 활동은 목표를 정하고 이를 결과로 확인하여 평가합니다. 이를 이용하는 언어가 바로 숫자 언어로 이루어져 있기 때문입니다. 회사는 숫자를 근거로 경영을 판단하고 예측합니다. 회사에서 숫자는 생활의 기본입니다. 지금은 글로벌화 되어 실시간으로 세계와 교류하며 경영합니다. 여기에도 숫자의 특징이 있습니다. 특별히 소통이 잘되지 않아도 숫자로 표현하면 많은 부분에서 이해합니다.

숫자는 세계 공통어인 영어보다도 상위 개념의 유일 공통어입니다. 기업에서 숫자를 잘 다루고 표현하는 기술을 익힐 필요가 있습니다. 본인의 업무를 한 차원 높은 수준으로 올릴 수 있습니다. 나는 인문계라 수능에서도 수학에 중점을 두지 않았습니다. '전 수포자(수학 포기자)입니다.'라고 말하는 사람들도 있습니다. 숫자는 적어도 이과생들의 전유물이고 수학과나 공대 정도는 나와야 할 줄 안다고 생각하는 분이 당신이 아니길 바랍니다. 숫자도 익숙해지고 잘 표현하려는 노력이 있으면 누구든 잘 이용할 수 있습니다. 미적분이나 함수가 아니니까요! 숫자의 언어를 익히는 네 가지 기술을 습득해 이를 보완할 수 있습니다.

첫 번째는 일상에서 모호한 부사 대신 숫자로 표현하는 생활화입니다. 우리는 일상 대화에서 부정확한 부사를 은연중에 습관적으로 사용합니다.

"팀장님, 길이 막혀 조금 늦을 것 같습니다."

카톡을 보내면 바로 묻습니다.

"어딘데? 얼마나 늦는다는 거야?"
"지금 ○○ 사거리인데, 앞에 사고가 났습니다. 20분 정도 걸릴 것 같습니다."

처음부터 숫자를 표현하면 다시 묻거나 궁금증으로 인한 오해는 줄어듭니다.

"이번 달 코로나로 영향이 있을 것 같은데 실적은 어때요?"

상사가 묻습니다. '네, 많이 향상되었습니다.'보다는 '네, 지난달보다 5% 향상되어 ○○억 원이 증가되었습니다.'가 정확하고 설득력이 있는 표현입니다. 정확하지 않아도 숫자로 표현하는 노력이 필요합니다.

두 번째는 돈으로 표현하는 능력을 키우는 것입니다. 돈은 숫자로만 표현됩니다. '저 사람은 대단한 부자야.'라고 한다면 짐작이 되지 않습니다. 적어도 '백억 대 또는 천억 대'라고 해야 정도를 이해합니다. "김 대리, 이번 분기 매출 및 영업이익은 마감되었나요?"라고 묻는 말에 '네, 매출하고 영업이익이 각각 3%, 4% 증가하였습니다.' 보다 '네, 매출이 3% 증가한 ○○억 원, 영업이익이 4% 증가한 ○억 원으로 마감되었습니다.'가 더 구체적이고 정도를 이해할 수 있습니다. 회사는 이익을 목적으로 하는 집단입니다. 자신 주변의 일을 돈으로 표현하는 사람은 더 크게 될 준비가 되어있는 것 같습니다. 실제 제 주변에도 업무를 돈으로 표현하는 동료가 있습니다. "A 회사 납품 지연으로 절품이 2시간 발생하였습니다. 약 3백만 원 손실 비용이 발생되었습니다." 하고 돈으로 표현합니다. 자신과 관련된 업무를 돈으로 표현하는 능력은 일반적이지 않습니다. 그의 성장이 기대됩니다.

세 번째는 숫자를 비유, 비교하여 이해를 돋보이게 하는 겁니다. 가령 20년 5월 1일에 발생한 고성 산불로 밤잠을 설치며 걱정하던 시기입니다. 언론에서 자주 표현하던 방식입니다. 손실 면적이 정확히 85헥타르(ha)였습니다. 이를 곧이곧대로 표현하면 이해하는 사람은 살림 전문가가 아니고서는 힘듭니다. 850,000제곱미터(㎡)라고 해도 잘 이해되지 않습니다. 그럼 정식 넓이가 아닌 우리에게 익숙한 257,125평이라 하면 조금 이해합니다. 그래서 언론에서는 비유법을 적용하여 축구장 120개 넓이의 손실이 발생하였다고 설명합니다. 숫자를 상대가 이해하기 쉽게 표현하는 능력이 필요합니다.

네 번째는 많이 사용하는 데이터는 암기하는 것입니다. 숫자가 신뢰를 준다고 했습니다. 빠르게 대응하고 항상 미리 준비되어 있다면 그만큼 더 신뢰가 있다는 얘기입니다. 어딘가는 있는 데이터, 계산하면 되는 데이터가 있습니다. 그러나 내가 중요한 부분을 항상 숙지하고 준비하고 있다면 장점입니다. 회사에서 본인과 관련된 중요 데이터는 암기할 필요가 있습니다. A4 용지에 잘 정리해두는 것도 하나의 업무 기술입니다.

제 경우에는 제조업 특성상 공정에서 다루는 갖가지의 숫자가 있습니다. 스펙(Spec: Specification, 규격)을 암기해야 하고, 각종 조건을 숙지하고 있어야 하는 경우입니다. 도면이나 자료를 찾아보면 있지만, 이 정도는 암기해야 할 책임이 있기 때문입니다. 그런데 문제는 헷갈리고 암기력이 떨어지는 문제가 있습니다. 지금은 휴대폰을 이용하고 있습니다.

필요한 자료를 사진으로 찍어 보관합니다. 필요 데이터는 따로 정리하여 파일로 보관합니다. 암기 테스트를 하는 것은 아니니 필요한 사항은 바로 꺼내 활용할 수 있도록 무기를 만들어 이용합니다. 많은 도움이 되고 있습니다.

회사에서 숫자의 중요성을 스스로 강조하는 상사가 있습니다. 본인의 문서에 있는 숫자가 틀리는 때는 없습니다. 자신에게 보고되는 자료 중 숫자가 틀린 부분에 대해서는 강하게 꾸중을 합니다. 보고할 때 재계산 되거나 근거가 있지 않은 보고서는 통과되지 않습니다. 경영 이전에 엔지니어에게 숫자의 데이터는 진실이며, 신뢰의 문제임을 강조하고 있습니다. 또 우리가 이런 부분에 약하지만 이를 계기로 중요성을 인식하고 자주 보게 됩니다. 덕분에 저도 보고할 때 다시 한 번 점검하고 확인하는 습관이 있습니다. 저 나름의 방식은 아무리 바빠도 데이터의 총합(Total, 합계)은 직접 확인합니다. 저 역시 오류를 찾아 누구를 꾸중하는 데 목적이 있지 않습니다. 숫자의 중요성을 알려주어 차후 오류가 없어야 하는 데 중점을 둡니다. 직장에서 알아야 하는 여러 요소 중 숫자는 기본입니다. 기본에 충실해야 합니다.

직장에서는 다양한 업무를 세분화하여 분담합니다. 요즘은 전문화, 세분화되면서 업무별로 많은 팀 부서가 있습니다. 팀 부서 간 업무 분담으로 다툼이 있어 진실을 가리는 경우가 있습니다. 아무리 목소리가 커도, 직급이 높아도 진실한 숫자를 가진 사람이 이기게 되어 있습니다. 숫자는 증명이고 결론이기 때문입니다. 숫자는 원래부터 나하고는 맞지 않는다거나 숫자의 지적을 대수롭지 않게 생각하는 직원은 멀리 가지 못합니다. 다시 한번 설명하지만, 숫자를 잘 기억하고 적절히 인용할 수 있는 직장인은 준비된 인재입니다. 숫자는 회사에서는 기본 중의 기본입니다. 특히 리더 역할을 하는 분들은 숫자에 강해져야 합니다. 숫자는 회사의 공식 언어입니다. 아니 다른 한편의 세계 공통언어입니다. 우리 주변의 숫자의 의미를 궁금해해보십시오. 인재로 한 발짝 다가선 하루가 될 것입니다.

전문성은 일의 양이
아닌 질의 문제다

"김 대리, 어젯밤에 도착한 불량품 확인이 되었나요?"

"네, 팀장님. 아직 확인하지 못했습니다. 불량품 분석 진행 상황 계속 보고 드리겠습니다."

"네, 알았어요. 혹시 확대될 수 있으니 바로 분석 바랍니다."

N 기업 품질보증팀에 근무하는 진 팀장이 김 대리에게 불량품 분석에 대해 지시하고 있습니다. 요즘 고객의 눈높이가 매우 높아 조그만 결함도 고객이 바로 찾아 개선을 요구합니다. 진 팀장의 마음을 아는지 모르는지 김 대리의 업무 깊이에 대해 우려하고 있습니다.

"김 대리, 지난번에 알려준 파워포인트 개별 슬라이드 다시 좀 도와줄 수 있어?"

"어~, 이거 해야 하는데, …… 이렇게 하시면 됩니다."

유 차장이 보고서 작성에 대해 김 대리에게 도움을 청합니다. 김 대리가 잠시 알려준다고 한 게 직접 구성까지 하면서 2시간 소요되었습니다.

"김 대리, 작년에 발생된 불량 보고서 있잖아. 왜 간섭되어 조립이 안 되는 불량 건 말이야. 그 대책서 좀 찾아줄 수 있어? 내가 아무리 찾아도 없네!"

"아, 네, 조금만 기다려보세요. 제가 저장해둔 파일이 있는데, 찾아볼게요."

〈1시간 후〉

"여기 있습니다. 고 과장님, 이거 맞지요?"

김 대리가 고 과장이 요청한 불량 대책서 파일을 전송하며 말하고 있습니다. 또 본질에서 벗어나 지원 업무로 1시간 반을 소비하였습니다. 바쁘게 움직이는 것 같습니다. 하지만 김 대리의 마음속은 편하지 않았습니다.

퇴근 무렵 진 팀장이 김 대리를 부르며 큰소리가 나고 있습니다.

"김 대리, 아침에 얘기한 불량품 분석 어떻게 됐나요? 원인이 무엇인지
요?"

"그게, 제품만 보고 아직 분석이 끝나지 않았습니다."

김 대리가 열심히 했다는 무언의 암시를 주는 것 같습니다.

"아침부터 급하다고 했는데, 아직 안 된 건가요?"

"다른 급한 분들 이것저것 도와주었습니다."

"아니, 지금 불량품만큼 급한 일이 어디 있어요? 분석은 할 줄 아나요?
원리평가 계획 좀 봅시다."

"그거 잘 모르는데요."

진 팀장의 우려가 현실이 되었습니다. 원리평가도 몇 번씩 해보고 모
르면 적극적으로 물어서 배워야 하는데, 본질은 배우지 않고 이것저것
익숙한 것들만 하려 합니다. 사이드 잡만 하려고 하는 김 대리를 어떻게
해야 하는지 진 팀장의 고민이 늘어갑니다. 오늘도 많은 일을 했다고 생
각하는 김 대리와 제대로 본질적 업무에 집중하길 바라는 진 팀장의 생
각과는 차이가 있습니다.

2018년 7월부터 주 52시간 근로제가 시행되었습니다. 이제는 소규모

사업장으로도 확대되어 많은 기업에서 적용하고 있습니다. 대기업에서는 대체로 엄격히 적용하고 있습니다. 나름대로 정착을 위해 다양한 방안이 적용되고 있습니다. 어떤 기업은 퇴근 시간이 되면 PC를 하지 못하도록 모두 꺼버리는 곳도 있고, 사무실 전체를 불을 끄는 곳도 있다고 합니다. 또 관리자가 순찰하며 남아 있는 직원을 보내는 일도 있다고 합니다. 아이러니하게 초기에는 필요한 업무를 하기 위해 인근 피시방이나 카페에서 업무를 본다는 기사도 본 적 있습니다. 기성세대가 경험한 과거와 비교하면 많은 변화가 있습니다. 이제는 일을 더 하고 싶어도 마음대로 할 수 없는 시대가 되었습니다. 그런데 또 다른 고민이 생긴 것 같습니다. 근무시간이 줄어든 만큼 일의 양이 줄어든 것은 아니거든요. 일하는 방식을 바꿔 효율을 높여야 하는 숙제를 앉고 있습니다.

저도 사실은 과거에 전형적인, 늦게까지 남아 일하는 스타일이었습니다. 회사가 시내와 떨어져 있는 외곽에 있다 보니 식사할 곳이 여의치 않아 매 끼니를 제공합니다. 아침부터 저녁까지 하루 세끼를 회사에서 해결하며 남아 있었습니다. 투자 업무나 긴급 조사와 같이 일이 몰리는 시기가 있습니다. 이때는 근무시간에는 부서 또는 동료와 같이 협업해야 하는 업무 위주로 했습니다. 예를 들면 회의나 테스트, 공동 조사 등을 낮에 하고 남아서 혼자 하는 업무를 하였습니다. 문서 정리, 보고서 작성, 명일 계획 수립 등 내가 혼자서 고민하고 할 수 있는 일을 했던 기억이 있습니다.

또 일이 많거나 급하지도 않은데 습관적으로 남아 있던 적도 있었습니다. 부끄럽지만 일찍 퇴근하는 것에 대한 부담이 있었습니다. 뒤돌아보면 몇 가지 이유가 있었습니다. 우선 뚜렷한 목적이 없었습니다. 퇴근 후 무엇을 해야 하거나 하고자 하는 계획이 없다 보니 습관적으로 남아 있었습니다. 또 소위 눈치를 본 것 같습니다. 나만 일찍 가면 일 안 하는 것처럼 보이는 부담 말입니다. 그러다 보니 내 본질의 업무에 집중하기보다 사이드 업무에 시간을 소비하게 되었습니다. 근무시간에 집중해서 고민하고 처리해야 할 일을 느슨하게 생각했습니다. 이따 남아서 해야지 하고 으레 생각했습니다. '어차피 남아 있을 건데 이때 해야 할 일을 남겨두어야지.' 하며 지금 보면 바르게 생각하지 않은 시기가 있었습니다.

이제는 기업이나 개인이나 일하는 방식을 바꾸는 업무의 효율성 중심으로 일해야 합니다. 마치 몸짱이 되려면 군살을 빼고 근육을 만들 듯이, 업무의 군살을 빼 효율성을 높여야 합니다. 그다음에 제대로 일하는 일의 근육을 만드는 업무의 웨이트 트레이닝을 해야 합니다. 이를 위한 방법을 생각해봅니다. 첫 번째, 자기 업무의 본질을 이해하고 집중해야 합니다. 자신이 담당하는 업무의 본질에 우선하여 집중해야 합니다. 제조하는 사람은 제조 경쟁력을, 연구원은 자신의 연구 성과를, 품질, 생기,

구매 등은 자신이 일하는 각각의 분야에 집중해야 합니다. 자신만이 이 일을 할 수 있고, 가장 잘하려는 마인드십도 필요합니다.

저는 현재 제조업에서 제조를 담당하고 있습니다. 최고의 경쟁력을 갖는 제품 제조에 관련된 품질과 생산성 향상이 저의 본질입니다. 이 부분에 최상위 개념을 두고 생각하여 계획합니다. 다음은 업무의 우선순위를 정하여 비효율적 업무를 제거해야 합니다. 우선순위를 정한다는 것은 한 번에 필요한 업무를 끝내는 효율성을 말합니다. 무턱대고 발생하는 일에만 집중하다 보면 전체를 보지 못하고 비효율적 업무에 빠지는 함정이 있습니다.

특히 관리자나 리더의 역할이 필요한 부분입니다. 초급 사원이나 자기 주도가 미흡한 사원은 지시받은 업무만을 수행합니다. 자율적 업무는 자기 컨트롤이 가능할 때 시너지 효과가 있습니다. 초급 사원의 업무를 지도해주고 피드백 해주는 것은 간섭이 아니고 인재 육성의 사랑입니다. 마지막으로 시스템적 낭비 요소를 줄여야 합니다. 이것은 회사와 개인이 같이 노력할 부분입니다. 이제는 하루 8시간 근무에 본인이 처리해야 하는 고유 업무도 해야 하고, 또 발전을 위한 업무 능력도 향상해야 합니다.

온종일 회의만 하고, 보고 준비, 문서 작성, 보고 대기 등에 많은 시간을 빼앗겨서는 곤란합니다. 이를 줄여 본인의 전문성을 높이는 부분에 할애해야 합니다. 회사에서도 불합리 시스템을 개발해야 하고, 개인도 철저한 계획을 통해 개인의 로스를 줄여야 합니다. 다양한 업무 효율화가 있습니다. 간단한 공유 내용은 메일로 대체합니다. 보고서는 1페이지 리포트를 적용합니다. 단순히 한 장으로 작성하는 게 중요한 것이 아닙니다. 평소 본인의 일을 한 장으로 핵심만 정리할 수 있는 스킬과 능력을 갖추는 노력이 있어야 합니다.

회사에서 중간 관리자 역할을 하는 저도 요즘 들어서는 근무시간이 적다는 생각이 듭니다. 근무를 더 많이 해야 한다는 얘기가 아닙니다. 8시간을 근무하는 동안 짜임새 있게 더 움직일 필요가 있다고 생각됩니다. 그래서 더 계획적으로 움직이려 합니다. 아침 10분 생각을 통해 하루에 벌어질 저의 하루를 계획합니다. 중간중간 무엇을 해야 하지 하는 혼란을 줄이는 효과가 있습니다.

지시받는 사항과 현장에서 벌어지는 현상을 종합하여 우선순위를 나름 정하여 추진합니다. 사실 모두가 아는 정답은 없습니다. 우선순위라는 것도 자기중심적인 주관적인 판단입니다. 물론 더 중요하고, 판단에 따라 다른 사항이 있을 수 있습니다. 중요한 것은 내가 해석하고 판단하여 추진하는 자기중심적 업무입니다. 끊임없이 생각하고 주도하고 실행하는 것만큼 좋은 습관은 없습니다. 좋은 습관을 통한 반복적 누적이 잘 하게 될 때 남들과 차별화가 있는 전문성으로 이어집니다.

이제는 확실히 밤새워 일하고 많은 양을 투입하였다고 인정하는 시대 는 아닙니다. 그만그만한 능력과 아는 것을 가지고 어필하기 어렵습니 다. 남들과 차별화가 있어야 하고 논리적 뒷받침이 되어야 내 말을 믿고 인정받는 시기입니다. 초급 사원들은 새로이 적응하는 단계에서는 일의 근육을 단련하기 위해 다양한 업무를 접할 필요가 있습니다. 누가 무엇 이 어떤 일이 있는지 알아야 연관성을 가지고 확장할 수 있습니다.

다음은 제대로 배우는 것입니다. 몇 번을 반복적으로 그만그만한 실력 으로 남들만큼만 해서는 차별화가 어렵습니다. 전문성은 남들과 다른 그 분야의 깊이를 인정하는 역량입니다. 처음부터 모든 것을 잘 알아 잘하 는 것이 아닙니다. 처음은 남들과 다른 조금의 차이에서 비롯됩니다. 본 인이 노력하고 파고드는, 하고자 하는 의지가 처음은 미비하지만, 이것 이 큰 차이로 발전합니다. 조금 더 잘해 남들보다 더 많이 하게 됨으로써 기회가 주어집니다. 여기 반복적 행위에 본인의 생각이 더해져 강한 전 문성을 얻게 되는 것입니다.

직장에서 자신이 인정받는 것만큼 기쁜 것은 없습니다. 또 누구나 본인의 일에 대한 성과를 내고 싶어 합니다. 모두 본인의 일을 사랑하기 때문입니다. 남들과 다른 전문성을 가져 차별화가 있다면 자존감 또한 상승합니다. 과거에 많이 일하면 성실을 인정하고, 많이 아는 것으로 생각했습니다. 지금은 우물 안 개구리가 되어서는 곤란합니다. 제대로 배워 일해야 합니다. 혼란을 줄이고 낭비적 요소를 제거하여 본질적 역량을 키워야 합니다. 단순히 반복적 일로 상황을 처리하는 능력만으로는 부족합니다. 전문성을 가진 차별화로 성과를 내는 궁극의 목적에 집중합니다. 당신의 전문성은 무엇이고 어떻게 다릅니까? 인재는 오늘도 이 물음을 자신에게 묻습니다.

06

일의 시작,
프로세스부터 이해하라

"생각 좀 해!" 하는 얘기 많이 듣지 않으시나요? 저는 아직도 익숙하게 듣는 얘기입니다. 요즘 근무시간이 짧아지면서 놓치는 게 있어서인지 더욱 그러는 것 같습니다. 우리 직장인들은 하루 대부분 시간을 일에 할애하며 사는데도 불구하고 놓치는 것이 많습니다. 일의 본질이 무엇인지 물어보는 경우는 드물고, 일단 빠른 행동부터가 익숙합니다. 이러다 보니 현상에만 머물고 마무리가 되지 않는 경우가 많습니다.

"생각하는 대로 살지 않으면 사는 대로 생각하게 된다."라고 프랑스의 유명한 철학자 플 부르제(Paul Bourgat)가 한 말입니다. 나를 중심으로

두라는 교훈입니다. 회사에서도 마찬가지입니다. 조직이 만든 시스템 안에서 주어진 대로 움직이게 되면 생각이 한정됩니다. 생각하는 대로 일하는 것이 아니라 주어진 대로 일하게 되는 것입니다. 내가 일의 주인공이 되기 위해서는 일의 본질을 파악하고 자기만의 프로세스를 갖는 것이 중요합니다.

요즘 제가 가장 많이 보는 프로세스가 있습니다. 어느 회사뿐 아니라 학교에서도 가장 강조되는 것일 겁니다. 바로 코로나 대응 및 발생에 대한 대처일 겁니다. 제가 있는 회사에서도 아침에 열을 점검하며, 환기 및 손 자주 씻기, 마스크 착용에 대한 안내가 많습니다. 특히 대체 방법에 대해 프로세스를 잊을 만하면 사내 공지로 상기시켜줍니다. 일전에 누가 물었는데, 상세히 알려주었습니다. 바로 프로세스로 예측 가능한 상황에 대처하도록 미리 준비되어 있기 때문입니다.

회사에서 직장인이 하는 업무가 반복되는 듯하지만 매일 같은 업무를 하지는 않습니다. 때로는 뭔가 새로운 일을 받는 경우가 있습니다. 이때 이 일을 어떻게 계획하여 시작하고, 추진할 것인지 당황하고, 시작을 주저하는 때가 있습니다.

특히 평소 하던 일 또는 유사한 분야의 일과 조금 다른 성격의 일이라면 더욱 가중됩니다. 이런 경우를 관찰해보면, 평소 일을 잘하던 친구도 다른 성격의 일을 맡게 되면 매우 당황하고 고민합니다. 시작하지 못하고 시간만 허비합니다. 주어진 일정을 보면 마음만 앞서고 전체적인 일정 관리를 힘들어합니다.

또 이를 잘 극복하지 못하면 다운되면서 슬럼프를 겪게 됩니다. 몇몇 후배가 이런 경우는 어떻게 해야 하는지 물은 적이 몇 차례 있었습니다.

"응, 이걸 이용해서 조사해봐. 그리고 여기 갖가지 포맷이 있어 가장 유사한 것을 적용해봐."

딱 정확히 들어맞는 경우가 아닐 때도 있습니다. 하지만 대부분 제품과 고객, 방식이 조금 다를 뿐 유사한 프로세스가 대부분입니다. 제가 다양한 경험을 하면서 처리한 결과물에 대한 일하는 방식을 정리하였습니다. 이걸 가지고 도움을 주고 있습니다.

우리가 일할 때 프로세스대로 하라는 얘기를 많이 듣습니다. 특히 문제가 발생되어 진행하는 과장에서 우왕좌왕하거나 만족한 결과를 얻지 못할 때 더욱 찾게 됩니다. 일의 프로세스가 중요한 이유를 요약해보았습니다.

첫째로 일의 본질에서 중요한 '목표'를 찾도록 연결되어 있기 때문입니다. 잘 수립된 프로세스는 정해진 단계를 수행하면 목표를 이루도록 연결합니다.

두 번째로, 내가 왜 이 일을 하는지 동기 부여와 일의 가치를 부여합니다. 특히 초급 사원들이 일의 간섭은 싫어하는데 해결은 되지 않는 경우가 있습니다. 일하는 방식의 도움을 받아 자기 주도적 업무가 가능해지면서 자존감이 상승합니다.

셋째로, 같은 실수나 오류를 방지하는 기능이 있습니다. 최적화된 루트로 인하여 실수 방지에 대한 대안이 프로세스에 반영되기 때문입니다.

회사에서 경험하게 되는 다양한 프로세스를 살펴보겠습니다.

첫 번째, 성과 프로세스입니다. '목표 수립 – 계획 수립 – 실행 – 평가와 피드백' 순으로 진행됩니다. 성과의 본질은 '의도하고 계획한 행위가 있어야 하며, 이로 인한 결과물'이 도출되어야 합니다. 결과가 좋다고 높은 성과를 받는 것은 아닙니다. 본인의 목표와 계획을 공유하고 오픈되어야 하는 선결 행위가 있어야 합니다. 이 프로세스를 지켜야 성과로 평가받습니다.

두 번째, 기본 업무 프로세스입니다. '이슈 이해 – 분석 – 방안 검토 – 적용 – 관리'입니다.

상사가 지시하거나, 이슈가 발생하여 일이 시작됩니다. 이때 우리가 정확히 이해하지 못하고 시작하는 때가 있습니다. 중간에 점검해보면 모호하고, 되돌리기 어려울 때가 있습니다. 처음부터 이해하지 못했기 때문입니다. 상사가 지시하여 한참 진행되고 있는데 '그게 아닌데?'라는 말을 들으면 난감합니다. 중간보고라도 이용하여 조정되었다면 다행입니다. 최종 보고하는데, 방향이 잘못 설정되어 있기라도 하면 여러모로 바쁜 시기에 효율 저하입니다.

세 번째, 문제 해결 프로세스입니다. '문제 발견 – 계획 – 실행 – 해결'입니다. 우리 주변에서 인지하지 못하는 사이 발생되는 경우의 문제를 해결하는 과정입니다. 서서히 판매 물량이 감소한다든지, 인적 구성원의 변동이 계속 있다든지 하는 경우입니다. 평상적인 업무에서 무엇인가 변동이 있을 때 필요합니다. 여기서 중요 요소는 문제를 문제로 보는 시각입니다. 그래서 문제를 발견하는 평소의 이상점 관리가 필요합니다.

네 번째, 원인 조사 프로세스입니다. 제조업 등에서 많이 발생되는 일입니다. 불량이 발생되었거나 설비의 고장 등 여러 요인으로 원인을 분석하여 대책을 수립하는 일이 많습니다. '현상 – 원인 분석 – 대책 수립– 시행'에 대한 프로세스입니다. 여기의 결과물은 발생 원인을 분석하여 대책을 수립하는 것입니다. 가장 중요하고 어려운 단계가 원인을 찾는 것입니다. 간혹 대책을 많이 수립하여 시행했는데, 반복적 문제가 발생하는 경우가 있습니다. 분명 오류가 있음을 알 수 있습니다. 원인이 정확히 분석되지 않은 가운데 행해진 대책입니다. 그만큼 원인을 정확히 분석하기 어렵다 보니 흔히 시간을 들여 조사한 여러 가지 내용을 열거하는 것으로 마무리하는 때가 있습니다. 중간에 원인을 찾아야 한다는 과제를 잊기도 합니다. 조사한 방대한 자료로 노력의 정도를 평가받기를 바라는 소극적 대응입니다. 프로세스를 통해 본질을 찾는 기술이 필요합니다. 관련된 양식을 이용한다면 본질을 계속 상기합니다. 이를 이용하여 보완하는 것도 많은 도움이 됩니다.

일을 지시받거나 변경된 업무라든지, 새로운 일로 도전의 기회를 얻는 경우가 있습니다. 들뜬 마음에, 단숨에 성과를 내려는 열정은 높이 사고 싶습니다. 하지만 일을 시작하기 전에 '자신만의 업무 노하우, 일 처리 프로세스가 있는가?' 하고 반문해보시기 바랍니다. 그리고 그 프로세스를 펼쳐 유효성을 따져보시기 바랍니다.

자기만의 프로세스를 가졌다는 것은 '이미 이런 경우를 예측했다는 방증이며, 준비되어 있다.'라는 자신감이 아닐 수 없습니다. 꼭 본인이 모든 걸 경험하지 못더라도 관심을 가지고 최적화된 방법을 적용해볼 필요가 있습니다.

구분	프로세스			
성과	목표수립	계획수립	실행	평가와 피드백
기본업무	이슈 이해	분석	방안검토	적용 / 관리
문제 해결	문제 발견	계획	실행	해결
원인조사	현상이해	원인분석	대책 수립	시행

〈갖가지 프로세스 도표〉

회사라는 조직에서 일을 잘하기 위한 프로세스는 꼭 필요합니다. 하지만 여기서 간과해서는 안 되는 사항이 있습니다. 좋은 프로세스를 이용하고 적용하고 하면서 프로세스 자체를 목표로 오해하는 실수를 해서는 안 됩니다. 프로세스를 찾고 적용하는 것 자체가 쉽지 않습니다. 자칫 프로세스를 충실히 지키고 적용했으니 완료된 것으로 생각해서는 안 됩니다. 프로세스는 각각의 경우에서 필요로 하는 목표를 달성하기 위한 수단에 불과합니다. 마치 요리에서 음식이 맛있어서 감동을 주어야 하는데, 완벽한 레시피대로 했다고 막연히 음식이 맛있을 거로 생각해서는 안 되는 것과 같다고 할 수 있습니다. 우리의 목적은 목표를 달성하여 성과를 내는 것입니다.

　새로운 것을 할 때는 언제나 설렘이 있습니다. 특히 회사에서는 익숙한 업무 외에 생소한 업무를 부여받을 수 있습니다. 잘해서 성과를 내보려는 욕심이 있는 것이 당연합니다. 하지만 막상 일을 시작한다는 건 도전일 때가 있습니다. 잘 아는 것 같아도 무엇부터 시작해야 할지 난처합니다. 일을 시작하기 전에 본인만의 프로세스를 확인해야 합니다. 완료를 상상하여 과정을 뒤돌아볼 수 있어야 합니다. 이 중에서 어떤 프로세스가 가장 적합한지 판단하고 적용해야 합니다. 프로세스 자체가 목표는 아닙니다. 하지만 충실한 프로세스를 거치지 않고 쉽게 목표를 달성할 수 없습니다. 경험할 때마다 본인만의 프로세스를 계속 저장해보시기 바랍니다. 목표를 달성하고 성과를 이루는 건 시간문제 아닐까요?

07

해야 할 일과
하지 말아야 할 일을 알아라

"윤 대리, 상무님이 지시하신 도급계약 개선 건 어떻게 되고 있나요? 다 되었으면 초안 보고해주세요."

"아, 도급 개선 건이요. 지금 리스트 정리하고 있고, 개선안에 대해 생각해보고 있습니다."

"아니, 검토한 지 1주일 넘은 것 같은데, 아직 초안도 작성되지 않은 거야?"

"네, 요즘 다른 검토 건이 있어서 늦어졌습니다. 매일 바빠요. 시간이 부족합니다."

"……."

중견 건설업체 J 기업 총무팀을 이끄는, 고 팀장은 깊은 고민을 하고 있습니다. 자신이 채용한 윤 대리의 역량으로 고민을 하고 있습니다. 6개월 전 퇴사자가 있어 후임으로 면접을 통해 윤 대리를 채용했습니다. 짧은 시간 면접을 시행하기는 했지만, 법대 졸업에 어려서 외국에서 학교에 다닌 경험이 있습니다. 타 회사 경력도 인정되어 대리로 채용했습니다. 우수 인재가 팀에 합류되어 레벨업 될 것으로 한껏 기대하고 있었습니다.

기대가 컸던 만큼 실망이 배가 되는 상황입니다. 능력과 역량은 아직 제대로 보지도 못한 것 같습니다. 무슨 일만 지시해도 시간이 없어 바쁘다고 합니다. 출근 시간 임박해서 자리에 앉고, 커피와 담배로 시작해 만나는 사람과 공유 협의한다는데 자리에 돌아올 생각을 하지 않습니다. 몇 번 주의하라고 하였는데도 태도 변화가 없습니다. 요즘 주 52시간 근무로 효율성이 강조되고 있는 상황입니다. 직장 내 괴롭힘 방지에 대한 적용으로 잔소리처럼 여러 번 얘기하고도 어려워 고민입니다.

요즘 모두에게 해야 할 것과 하지 말아야 할 것을 알려주는 게 있습니다. 바로 코로나 안전 수칙입니다. 마스크 쓰기, 손 씻기, 환기하기 등은 해야 하는 것들입니다. 반대로 하지 말아야 할 것들은 5인 이상 집합 및 식사 금지입니다.

여기에 더해 저는 기업에서 주기적으로 강화된 조치들을 받습니다. 국가에서 수립한 대책 외에 집합 회의 금지, 출장 사전 승인 등입니다. 애석하게도 경조사도 가능하면 자제하고 있습니다. 이러다 끈끈한 관계까지 소원해지는 건 아닌지 염려도 됩니다. 사전에 충분한 양해를 구하고 있습니다.

이런 비상상황으로 인한 강제성이 아니더라도, 우리는 살면서 '해야 할 일'과 '하지 말아야 할 일'을 참 많이 듣고 삽니다. 한창 배우는 학창 시절은 아직 자아가 형성되지 못해 바른 성장을 위해 교육 차원에서 그런다고 그나마 이해합니다. 직장에서는 본인의 능력과 역량을 펼쳐 성과를 내고 평가로 이어집니다. 본인의 평가와 인정에 관한 성과인데도 하라, 하지 말라 하는 건 무언가 측은한 마음이 있습니다.

물론 저도 마찬가지입니다. 중간 관리자임에도 또 여기에 부합하는 '해야 할 일'과 '하지 말아야 할 일'에 부합하지 못해 많이 꾸중 듣고 있습니다. 직장에서 일을 잘하고 성과를 이루는 사람들의 공통점은 해야 할 일을 한다는 것입니다. 적극적으로 움직이는 타입입니다. 실적과 성과도 실행력이 있어야 하는 결과물입니다. 능력과 역량도 무엇인가를 실행했을 때 인정한 후행적 성격입니다. 사실 해야 할 일을 하다 다소 실수가 있어도 적극적이 다는 태도의 긍정성을 얻습니다.

그럼 직장에서 어떻게 적극적으로 움직일 수 있을까요?

첫째, 자신이 할 수 있는 일은 적극적으로 하고, 마무리하라는 것입니다. 할 수 없는 일을 하라는 얘기가 아닙니다. 자신이 할 수 있는 일을 할 때 자신감이 상승합니다. 또 마무리 결말을 도출할 수 있어야 합니다. 일만 벌이는 사고뭉치로 오해받지 않아야 합니다.

둘째, 해야 할 일을 가려서 해서는 곤란합니다. 본인 일을 묵묵히 해낼 때 가장 돋보입니다. 손익을 따져 쉽거나 이익이 되는 일을 찾으면 안 됩니다. 오히려 역효과가 발생합니다.

셋째, 협업할 수 있어야 합니다. 일은 주도하되 효율성이 있어야 합니다. 협업이 필요한 사항은 리더십으로 추진해야 합니다. 본인이 할 일이 아닌 사항은 적극적으로 권한위임을 통해 나누어져야 합니다. 본인이 할 줄 안다고 모든 것을 혼자 하는 '독불장군'식은 자제해야 합니다. '해야 할 일'은 플러스적 성격을 띠고 있습니다. 앞서가는 인재는 '해야 할 일'을 하지 않으면서 인정과 평가를 바라지 않습니다. 남들과 똑같이 행동하며 무엇인가를 바라지 않습니다.

반면에 '하지 말아야 할 일'도 있습니다. '하지 말아야 할 일'이 부정적이지만 이것을 하지 않았다고 인정과 평가를 좋게는 받지 못합니다. 이것은 부정적 성격으로 하지 않았다고 칭찬을 받지 못합니다. 다만 '하지 말아야 할 것'을 하지 않음으로서 추가적인 기회를 얻을 수 있습니다. 특히 소모적인 일이 줄어들어 시간을 허비하지 않는 긍정적 요인이 있습니다.

첫째, 거짓말하지 않으며, 모르는 건 모른다고 말해야 합니다. 초등학생에게 해당하는 말 같지만, 직장에서도 중요한 사항입니다. 사소한 것은 넘어가더라도 습관적으로 대응하는 직원이 있습니다. 특히 한참 배우는 대리급 직원들이 모르면 이제는 곤란한 상황을 인식하여 안다고 하여 문제가 더 커지는 경우가 있습니다. 기업은 스피드가 필요합니다. 빠른 판단을 통해 결정해야 하는데 여기에 뒤처지면 곤란합니다.

둘째, 본인의 능력과 역량을 핑계로 일관해서는 안 됩니다. 작은 자존심으로 능력이 부족해서 보완해야 할 일을 마무리하지 않고 갖가지 핑계를 대서는 차후 기회마저 잃어버립니다. 직장에서 흔히 하는 핑계는 사례의 윤 대리처럼 '시간이 없다'가 제일 많은 것 같습니다. 업무가 과중하거나 집중되어 도저히 처리할 수 없는 업무는 상사와 조정하는 것도 역량의 한 일부분입니다.

셋째, 과거에 집착한 중계방송형입니다. 문제나 현상이 있을 때 과거에 집착하여 본인이 이렇게 했다는 중계방송만 하는 부류입니다. 일부 경력자들에게 보이는 현상입니다. 현재 발생한 진행형이라면 액션에 무게를 두어 수습하고, 미래에 대비해야 합니다. 과거에도 이런 일이 있어서, 그래서 이랬다고 중계방송은 그만했으면 합니다. 빠른 액션과 행동으로 손발이라도 더는 것이 도움이 될 수 있습니다.

넷째, 방관형으로 문제를 키우는 형입니다. 이슈 발생 시 빠른 판단을 위해 즉시 공유하고 협업을 통한 지원을 받아야 합니다. 누가 하겠지 하고 한발 물러서서 방관하다 문제를 키우는 경우가 있습니다. 이런 대표적인 경우가 제조업에서는 품질 문제입니다. 초기 현상에 즉각 대응할 필요가 있는데 움직이지 않는 경우입니다. 이미 100여 년 전에 하인리히의 법칙(Heinrich's law)으로 널리 알려진 1:29:300으로 초기 경고에서 대응할 필요가 있습니다.

우리 속담에 "가만히 있으면 중간은 간다."라는 말이 있습니다. 삼국지 '조조와 양수 이야기'에서 유래된 말입니다. 말 그대로 함부로 나서지 말라는 얘기입니다. 하지만 직장에서 '해야 할 일'을 하지 않고 '하지 말아야 할 일'을 하지 않았다고 해서 중간은 가지 않을까 하는 것은 어리석은 생각입니다. 자신에게 주어진 본연의 업무와 역할에 맞는 일을 스스로 할 때 가장 아름다운 모습으로 보입니다.

사실 말처럼 직장에서 역할에 맞게 '해야 할 일을 스스로 알아서 하는 것'은 쉽지 않습니다. 일부 우수한 직원을 제외하고는 완벽하게 소화하기 어렵습니다. 저도 어려움을 느낍니다. 그래서 부족하지만 이런 부분을 보완하기 위해 나름 노력하는 것들이 있습니다. 우선 그날 또는 최근 도래하는 일들이 놓치는 것들이 없도록 확인하는 것입니다. 평소 일찍 출근하기는 습관이 되어 있습니다. 아침에 조금 여유를 가지고 '10분 생각하기'를 실천하고 있습니다. 그날 주어진 나의 일정과 내가 중간 관리자로서 놓치는 때는 없는지 확인하는 것입니다. 특히 내 일정은 내가 확인하면 되는데 전체 일정에 대해서는 화이트보드를 이용하여 조율합니다.

사실 여러 가지 방법을 사용했으나 아직 매뉴얼적인 방법에서 벗어나지 못했습니다. 다음은 이슈나 문제가 발생했을 때, 전체를 보고 '이 이슈의 완료는 무엇일까'를 생각합니다. 일의 방향성을 보려고 합니다. 숲을 보지 못하면 눈앞의 잔뿌리만 피해 가게 됩니다. 단기적인 처방, 처리 위주를 원인에 먼저 접근하려 생각합니다. 그래야 재발 방지를 할 수 있고, 주변의 유사한 때에 대비할 수 있습니다. 여러 번 듣고 교육받았지만, 몸에 익지 않습니다.

최근에 깊게 생각하는 사고가 있어서인지 다시 이런 습관을 들이려 노력하고 있습니다. 또 우선순위의 업무에 집중하고 있습니다. 이런 일련의 노력 덕분일까요? '해야 할 일'을 제대로 하기 위해 여러 가지 방법으로 확인하고 있습니다. 일이란 게 지시받는 일만 할 때는 몰랐습니다. 스스로 내 일을 찾기 시작하니 너무 많습니다. 그리고 그 경계도 명확하지 않은 것들이 있습니다. 그것을 풀어보고자 계획하고 있습니다.

'회사에서 신입사원이 알아야 할 일 완벽 정리 해야 할 일 ○○개, 하지 말아야 할 일 ○○개.' 제가 상상해서 제목을 붙여 보았습니다. 그리고 최근까지도 서점에 가면 신입사원 자기계발 서적으로 '해야 할 일, 하지 말아야 할 일'을 정리한 유사한 책들을 볼 수 있습니다. 그만큼 우리가 직장에서 중요하지만 자율적이지 않은 것 같습니다. 지금은 효율적으로 일을 하는 방법을 많이 연구하고 있습니다. 하지만 본인의 일은 본인이 자기 주도적으로 이끌어 역량을 펼칠 수 있어야 합니다. 실적과 성과로 바르게 평가받아야 합니다. 소모적인 일에 투입할 시간과 에너지가 없습니다. 내 할 일이 계획되어 있다면 이 부분에 집중할 수밖에 없습니다. 인재는 '하지 않아야 하는 일'로 '해야 할 일'을 놓치지 않도록 끊임없이 들여다봅니다. 당신은 오늘 무엇을 보았습니까?

08

항상 구체적인 목표를
정하고 실천하라

5월 중순입니다. '벌써'라는 말을 빠뜨렸습니다. 그렇습니다. 매년 오월이 되면 계절적 변화가 있고 장미가 한 아름 흐드러지게 핍니다. 언제부터인가 5월이 되면 개인적으로 올해 잘 지내고 있는지 생각하게 되었습니다. 올해 목표는 잘 진행되고 있는지, 여름은 어떻게 보내야 하는지 생각이 많아지는 시기입니다. 올해 여러분의 목표는 무엇인지요? 없다면 세워보시고, 점검해보시는 것도 좋겠습니다.

'어, 이상하네! 이번 달은 생산이 초과되면서 전력 금액이 미달일 줄 알았는데 달성이네! 집계가 잘못되었나?' 제지업체 T 사에 근무하는 정 팀장이 월별 계획을 비교하며 반문하고 있습니다.

"노 대리, 이번 달은 전력 금액이 미달일 줄 알았는데 달성이 되었네요. 실적에 오류는 없나요?"

"네, 팀장님. 실적에 오류는 없습니다. 다만 연말 실적만 맞추면 돼서 목표를 조금 낮춰 수정했습니다."

"아니, 목표를 수정하다니요. 실적이 미달로 나오면 그 나름대로 원인이 있을 것입니다. 원인을 분석하여 반영하는 게 관리입니다. 올바른 과정을 통해서 연말 목표한 실적이 달성되는 것 아닙니까?"

"최근 몇 년은 연말 목표만 맞추고 세부 월별로는 매년 수정했는데 문제가 있는 건가요."

"목표는 세부적, 구체적이어야 하고 이를 바탕으로 한 트렌드 관리를 통해 달성될 수 있습니다. 과정이 엉망인데 어떻게 최종 목표를 맞추어요? 이런 경우는 목표가 잘못 수립된 경우입니다."

"네, 알겠습니다. 그러면 어떻게 해야 하나요?"

"제대로 된 수정 계획을 다시 수립해봅시다."

목표관리와 관련하여 정 팀장의 오류 설명이 있습니다. 목표의 중요성을 이해하여 성과를 내는 것이 아니고 숫자상의 결과만을 내려는 노 대리와 같은 목표를 보아도 차이가 있습니다. 대다수 회사에서 KPI(Key

Performance Indicator)를 위한 목표를 수립하고 월별 관리를 합니다. 혹시 사례 같은 경우는 아닌가요?

목표의 중요성은 아무리 강조해도 지나치지 않는다고 생각합니다. 어느 자기계발 서적이든지 나오지 않는 경우가 없습니다. 하지만 이 중에서 반복되는 말을 제대로 지키기란 쉬운 일이 아닙니다. 목표란 '활동을 통해 이루거나 도달하려는 실제적 대상'을 말합니다. 목표를 달성하기 위해서는 수립 단계에서부터 특징을 잘 이해해야 합니다. 또 계획과 전략을 통해 일을 실행해야 얻을 수 있습니다. 우선 우리는 왜 목표가 중요하다고 하는 걸까요? 목표의 순기능이 있습니다. 목표는 우리가 이루고자 하는 것을 하게 하는 최고의 '동기 부여' 수단이기 때문입니다. 우리가 이루고자 하는 것이 있어도 모호하면 방향감을 잃습니다.

목표는 방향성을 알려주며, 무엇을 왜, 어떻게 해야 하는지 알려주는 이정표입니다. 이것이 있을 때 방향감을 잊어버리지 않으며, 저항을 만났을 때 극복하는 힘이 됩니다. 목표를 수립할 때 고려할 사항이 있습니다.

첫째, 목표는 구체적이고 명확해야 합니다. 가령 '건강하기 위해 운동하기'라면 너무 모호합니다. 구체적이지도 않고 명확하지도 않습니다.

목표는 저항에 대한 극복성이 있어야 의지를 발휘하여 달성할 수 있습니다. 목표를 달성하기 위해 시간을 내서 의지를 발휘해야 하는데, 시간이 날 때를 기다리거나 마음이 있거나 할 때 하는 것은 목표가 아닙니다. '체중 5kg을 줄이기 위해 매일 30분 런닝, 주 2회 1시간 수영하기, 하루 세 끼 식사하기'처럼 구체성과 명확성이 있어야 합니다.

둘째, 도전적이고 성취 가능해야 합니다. 목표는 현실적이고, 주어진 조직이나 개인이 통제할 수 있는 수준이어야 합니다. 초인적인 힘이나 능력이 요구되는 것들과는 차이가 있습니다. 이런 것들은 '희망 사항'이라 할 수 있습니다. 올해는 독서를 통해 인문학 수양을 높이고 자기계발을 한다고 200권의 책을 읽는다는 계획은 전형적인 희망 사항이 될 수 있습니다. 물론 다독가 중에는 1년에 200권 이상을 읽는 분들이 많습니다. 하지만 체계적으로 독서법을 배워 단계적으로 목표를 향상한 경우입니다. 평소 독서를 하지 않아 시작하는 단계라면 '주 1권 독서, 자기계발 및 인문학 위주로 55권을 독서'로 수립해도 쉽지 않습니다. 단계적으로 집중도를 높이는 것이 현실적입니다.

셋째, 목표는 시간과 싸움이라 해도 과언이 아닙니다. 직장에서도 목표에는 언제까지 하겠다는 일정이 있습니다. 이 일정을 또 세분화해서 주기적으로 점검하고 관리합니다. 일정이 없으면 언젠가 하겠지 하는 것은 효율적이지 않습니다. 또 목표라는 것이 항상 유효하지 않습니다. 시간이 지남에 따라 상황이 바뀌기 때문입니다. 이때마다 계획을 수정한다는 것은 혼란만 있습니다.

사실 개인적으로 목표의 힘은 대단하다고 생각합니다. 올해 1월에 세운 저의 목표가 있습니다. 여러 목표가 있습니다. 회사와 관련된 목표는 제외하고 개인적인 두 가지를 예로 들려고 합니다.

첫째가 다독을 목표로 하고 있습니다. 작년에 150여 권을 독서한 경험이 있습니다. 올해는 이보다 높여 200권을 읽을 계획을 하고 있습니다. 주에 3~4권을 읽는 계획입니다. 독서법도 제대로 배워 필요한 부분만 읽는 다독법을 배울 계획입니다. 여러 권의 책을 읽으면서 하게 되는 고민은 시간과 노력도 필요하지만 읽을 책을 준비하는 과정도 필요하다는 것입니다. 무엇을 읽을 것인지 준비하는 게 조금 부담입니다. 하지만 읽을 책이 준비되어 주말을 맞을 때의 기분은 마치 '소풍 가기 전날 밤의 어린이 마음'이 아닌가 합니다. 진짜 많이 설렙니다.

둘째가 두 권의 저술 활동입니다. 작년에 쓴 원고가 책으로 출간되었습니다. 올해는 더 욕심을 내서 두 권의 책을 저술하고자 합니다. 지금도 집필로 배다리도서관에서 자판과 씨름하고 있습니다. 어깨도 아프고 '창작'이라는 고통의 무게가 머리를 누르고 있습니다. 하지만 감내해낼 수 있습니다.

이것이 목표의 힘이 아닌가 합니다. 내가 스스로 수립한 목표이고, 달성 이후의 보람도 알기에 즐겁기만 합니다. 비록 새벽에 일어나 책을 읽고 글을 쓰면서 몸은 피곤합니다만, 몸이 저절로 반응하여 일어납니다. 자신이 좋아서 수립한 목표야말로 최고의 '동기 부여'라고 생각합니다. 실제 제가 느끼는 지금의 감정입니다. 시간이 부족함을 야속하게 생각하는데, 조금 더 여유를 가지고자 합니다. 구체적 목표가 없었던 몇 년 전과 비교하면 상상하기 어려운 삶의 변화입니다. 뒤늦게 깨달은 목표의 중요성을 진심으로 전합니다.

목표의 중요성을 인지하여 최상의 목표를 수립했습니다. 적절한 목표만 있으면 성과로 이어지는 결과물을 얻을 수 있을까요? 목표를 달성하기 위한 시작에 불과합니다. 원하는 것을 이루기 위한 계획과 노력이 필요합니다. 이에 대한 구체적인 시행 방안을 소개합니다.

첫째는 전략과 계획을 수립해야 합니다. 동호회에 가입하여 마라톤을 완주하는 목표를 수립했습니다. 도전적 목표로 아마추어 마라토너의 꿈이라는 '서브-3(전 코스를 3시간 이내 완주)'을 목표로 했습니다. 이를 달성하기 위한 전략과 계획을 체계적으로 훈련하는 계획을 수립하고 실천해야 가능합니다. 여기에는 체력 훈련과 식단 관리 등 피나는 노력과 훈련량이 동반되어야 가능합니다.

둘째는 연속적인 모니터링입니다. 체계적인 훈련 후 처음 계획이 전 코스 완주입니다. 충실한 훈련과 의지력이 강해서일까요? 쉽게 전 코스를 완주했습니다. 이에 들떠 훈련량을 게을리하고, 처음의 성취에 만족한다면 결과는 뻔합니다. 연속적인 모니터링을 통해 집요한 훈련이 있을 때 가능합니다. 우리가 흔히 목표를 세우고 열심히 의지를 다지고 도전하는데 어느 날 보면 언제 모를 정도로 포기하는 자신을 볼 때가 있습니다. 이때의 원인이 계속적인 모니터링이 부족하여 발생됩니다.

나중에 한꺼번에 몰아치기로 해보려는 하는 마음이 드는 순간 무너진 겁니다. 연속적인 모니터링을 통해 실행력을 향상할 수 있습니다. 중간 목표 조정을 통해 최종 목표의 달성을 볼 수 있습니다.

셋째는 다양한 변수에 대비하는 'PLAN B'를 준비하는 겁니다. 실전이나 훈련 과정 중 발생할 수 있는 부상이나 계절적 변수를 고려하여 대비책을 준비하는 것입니다. 전체를 보고 목표에 도달하는 과정을 준비해야 합니다. 오로지 '서브-3'만을 보는 집착으로 발생되는 과정을 점검해볼 필요가 있습니다. 다양한 돌발 변수를 예측하고 준비하는 것도 폭넓은 의미의 역량에 해당합니다. 목표도 실천을 통해 달성될 때 의미가 있고 성과로 이어집니다.

　직장에서 많은 일을 하는 것 중에 목적과 목표가 없는 것은 없습니다. 다만 단기적으로 대응하면서 생략할 뿐입니다. 일을 시작하기 전에 목표를 수립하고 실행의 과정을 거쳐 성과로 이어지는 일련의 과정이 있습니다. 세부적인 계획을 설정하고, 구체적인 목표를 위해 끈기 있게 열정적인 노력을 기울이면 성공하여 성과로 이어질 수 있습니다. 불분명하거나 모호한 목표가 있거나 정리되지 않은 모순된 전략과 계획으로는 원하는 성과를 얻지 못합니다. 성과는 둘째 치고 실패할 확률이 높습니다. 목표가 중요하다는 것을 다시 한번 상기할 필요가 있습니다. 여기에 계획과 실천을 병행하는 방법을 꾸준히 습득해보시기 바랍니다. 간절히 원한다면 목표를 이루지 못할 이유가 없습니다.

success

5 장

숨겨진
자신의 가치를
높여라

01

스스로
평가 기준을 만들어라

"네, 어서들 오세요. 내 부탁이 있어서 차 과장과 염 과장을 보자고 했습니다. 어제 임원 워크숍에서 코로나가 장기화하면서 이를 반영한 변화를 주문했습니다. 우리 팀이 코로나 대응의 주무 부서로서 잘하고 있는지, 변화가 필요한 부분은 없는지 확인해보고 싶습니다. 팀 내 허리 부분인 양 과장들께서 자체 평가를 해주시기 바랍니다."

"네, 알겠습니다. 팀장님." 차 과장이 대답합니다.

"네, 알겠습니다. 팀장님, 언제까지 하면 될까요?"

염 과장도 대답하며 궁금한 사항을 묻고 있습니다.

"내일 모레 10시에 봅시다."

구 팀장이 일정을 정하고 있습니다. '어떻게 해야 하나.' 하고 오전 내내 고민했던 사항이 일부 덜어지는 것 같아 구 팀장의 얼굴이 밝아지고 있습니다. 막상 대답은 했지만 어떻게 해야 하는지 막막했습니다. 매년, 반기마다 실적 등을 정리하여 평가를 받아보는 위치에만 있었습니다. 누구를 평가하고 하는 것에 익숙하지 않은 상황입니다. 뒤돌아서서는 양 과장의 이마에 땀방울이 맺혀 있습니다.

"네, 수고들 많았습니다. 어제도 늦게까지 검토하는 것 같은데 어떤가요?"
"네, 쉽지 않은 일이었습니다. 하지만 정리하면서 많이 배웠습니다."

차 과장이 말합니다.

"코로나 장기화에 따른 변화된 부분에 있어서 잘한 부분과 미흡한 부분에 대한 객관화를 시도해보았습니다."

염 과장은 변화에 대한 객관화에 관해 얘기합니다. 모두 열심히 이틀 동안 나름대로 역량을 발휘하여 준비했습니다. 차 과장은 작년에 사용한 계획 대 실적을 이용하여 정리했습니다. 초과 달성한 부분과 미흡한 부분에 대한 보완 사항에 대해 작년과 같이 서술 형태로 작성하였습니다. 염 과장은 10개 항목에 대한 평가 시트를 만들어 객관화를 시도했습니다. 본인이 생각하는 항목과 기준을 정했습니다. 일부 주관적인 생각이 있으나 객관적으로 팀 내 활동과 부족한 부분을 평가하도록 표를 작성했습니다. 구 팀장의 생각에도 양 과장이 깊이 있게 고민한 부분이 보입니다. 모두 열심히 작성하였습니다만 객관적 기준을 가지고 작성한 염 과장의 보고가 조금 더 쉽고, 독특한 평가로 생각되었습니다.

우리는 살아오면서 다양하고 많은 평가에 노출되어 있습니다. 학교 다닐 때 시험이 대표적인 평가가 아닌가 합니다. 잘 아는 것과 모르는 것, 잘하는 사람과 모르는 사람, 노력한 사람과 노력하지 않은 사람을 구분하는 방법의 하나입니다. 우리는 어쩌면 '시험만 아니면 행복하겠다.'라고 말하며 자라지 않았나 생각합니다. 수능을 거쳐 대학을 졸업해도 또 중요한 평가가 있습니다. 입사라는 어려운 관문을 통과해야 직장이라는 곳에서 사회생활이 시작됩니다. 여기에도 평가는 있습니다. 인사평가, 실적평가 등 나를 시험하는 다양한 평가가 있습니다. 우리는 항상 평가를 받기만 한 것 같습니다. 하지만 누군가를 평가하기도 쉽지 않습니다. 모두가 서울대에 들어갈 수 없듯이, 직장에서의 평가도 모두 좋은 고과를 받을 수 없습니다. 상대평가라는 차등 평가로 선의의 경쟁을 하고 있기 때문입니다. 우리는 많은 경우가 누군가가 만들어놓은 시스템에 맞추어져 있습니다. 조직에서 내 마음대로 할 수 없는 구조이기 때문입니다. 모두가 여기에 맞추어져 있어서는 내 몸과 정신도 소극적, 피동적으로 움직입니다. 누군가가 나를 평가하고 결과를 받을 것이 아니라 나를 평가해보면 어떨까요? 회사에서 만든 MBO, KPI, 고과 기준에서 벗어나 보는 겁니다. 물론 회사에서는 중요한 요소입니다. 게을리해서는 안 됩니다. 하지만 기존에 만들어진 틀에 나의 전부를 맞추어가는 것은 끌려가는 것입니다. 현재의 평가에 집중하는 관점을 나의 성장으로 한 발짝 앞서보는 것이 필요합니다. 내 생각과 계획이 맞게 가고 있는지, 나의 태도와 간절함이 목표에 부합하는지 스스로 기준을 만들어 확인하는 겁니다.

나는 6월, 12월 정도에 스스로 나를 평가합니다. 누구에게 보여주고자 하는 것이 아니므로 사실대로 평가합니다. 몇 가지 항목 중 부지런함은 점수가 높습니다. 최근에는 나 스스로 평가 중 소통이 약점으로 나타났습니다. 중간 관리자가 되면서 지시와 계획 등의 실행에서 다소 밀어붙이는 일방통행이 있어서입니다. 물론 철저히 나 스스로 기준을 만들고 평가하는 게 한계가 있습니다. 객관적이고 명확한 근거가 있는 것도 아닙니다. 다분히 주관적 관점의 한계도 있습니다. 하지만 몇 가지 도움이 되는 효과가 있습니다. 앞만 보고 가고 있는 방향이 맞는지 뒤돌아보는 계기가 됩니다. 현재 나의 상태에서 무엇이 최선이고, 우선순위가 무엇인지 볼 수 있습니다. 더 중요하게 얻는 것은 무엇을 해야 하는지 계획을 볼 수 있다는 것입니다. 잘하는 점은 더 잘하고 유지해야 하겠다는 마음가짐이 얻어집니다. 당연히 부족한 부분을 보면 어떻게 보완해야 하는지를 생각하게 됩니다. 모든 것을 완벽하게 보완할 수는 없지만, 생각하고 계획하는 것만으로도 흐트러진 나의 몸과 마음을 바로잡게 됩니다.

회사는 조직으로 구성되어 있습니다. 대부분 가장 작은 팀 단위부터 실, 부문 등 큰 단위로 구성하여 경영합니다. 여러 사람이 각자의 역할에 맞게 업무를 합니다. 중복을 피하고 효율을 높이는 업무 능률 향상을 추구합니다. 하지만 현실은 따로따로 노는 경우가 많습니다. 중복 보고, 통일성 부족으로 같은 내용인데 이해하기 힘든 경우가 발생합니다. 이런 부분이 불합리하다는 것이 중간 관리자 정도 되면 눈에 보이는 경우가 많습니다. 하지만 문제는 이런 문제를 적극적으로 개선하려고 주도하는 사람이 없으며 불합리를 유지하게 된다는 것입니다. 어떠한 주도하는 변경점이 나타나기 전까지 변화가 없다는 것입니다. 이런 부분을 잘 짚고 개선하는 사람이 리딩하고 주도하게 됩니다. 일종의 규칙을 적절히 만드는 겁니다. 너무 앞서가서 규정, 사규, 프로세스 개념을 말하는 것이 아닙니다. 이런 것들은 공식화된 문서입니다. 잘못되고, 불합리한 규정을 바로잡으려는 노력은 꼭 필요합니다. 이것도 자신의 관점에서 개정하는 것도 적극적으로 리딩할 수 있는 계기입니다. 제가 얘기하고자 하는 것은 일종의 규칙입니다. 여러 사람이 각자의 일정, 주기, 방법으로 업무하는 것의 규칙을 만드는 것입니다. 흔히 이럴 경우가 있습니다. 본인이 생각하기에 중대 사항은 보고합니다. 하지만 사소한 것을 임의 판단하는 경우가 초급 사원들에게는 있습니다. 판단하기 어려운 경우에서 오는 일종의 혼란입니다. 이런 경우는 어떻게 하라는 세부 기준을 만드는 것입니다. 말하자면, 업무를 디테일한 기준에 맞춰 구분하는 것입니다. 부서가 바뀌거나, 더 확장된 업무를 위해 승진하거나 하여 주어진 업무가 변경될 때입니다.

이런 경우 깊은 사고를 통해 주변의 인적 자원을 위한 내 나름의 규칙을 만들고 있습니다. 제가 있는 제조업에서 확인하는 각종 지표의 주기적 보고, 각 부서의 일정, 취합, 공통 업무의 리딩 등입니다. 각자의 방식으로 추진하면 대기, 비교, 수정 등에서 발생되는 저효율과 불합리가 발생합니다. 이 불합리를 개선할 수 있을 뿐만 아니라 자신의 내적 성장을 이룰 수 있습니다. 무엇인가 기준을 만든다는 건 단순한 작업이 아닙니다. 그만큼 깊은 사고 및 업무의 내용을 알게 되는 기회가 됩니다. 또 디테일 규칙을 통해 얻을 수 있는 효과가 있습니다.

첫 번째, 조직 및 조직 구성을 빨리 이해할 수 있습니다. 조직의 방향성이 맞는지 목표는 정확히 일관성이 있는지 확인할 수 있습니다. '알아서 잘하겠지, 목표는 년 초에 사업계획에 반영되어 있는데 뭐 잘하겠지?'

하면 나의 역할은 피동적 수동적으로 작아지는 것입니다. 내 기준으로 다시 볼 필요가 있습니다. 잘 수립되고 방향성이 맞다면 지원이 필요한 것이 무엇인지, 격려가 필요하겠습니다. 나의 관점과 방향성의 확인을 쉽게 할 수 있습니다.

둘째는, 객관화가 가능합니다. 각자 여러 사람의 개별적 해석을 객관화할 수 있습니다. 예를 들어 어떤 사항을 주기적으로 보고하면 임의 자의적으로 해석하는 잘못을 방지합니다. 중요사항이라 생각하고 적극적으로 생각한다면 매일, 매주로 볼 수 있습니다. 반면에 어려운 일이고, 눈치 보는 스타일이라면 한 달로 생각합니다. 한 달 후에 가서 여러 사람이 하는 것을 보고한다는 생각입니다. 이런 부분에 대한 세부 규칙을 정한다면 부정적으로 업무 효율이 낮은 부분을 보완할 수 있는 효과를 얻을 수 있습니다.

세 번째, 나 자신이 이를 통해 리딩할 수 있습니다. 부정적으로 표현하면 업무 장악이라고 표현할 수 있습니다. 자신의 역할을 정확히 이해하는 것이 중요합니다. 특히 중간 관리자 이상이 되면 실무를 떠나 리딩과 리더십이 필요한 사항입니다. 누구나 리더십이 필요하다는 것은 압니다. 하지만 여러 업무의 조합을 이해하고 조율이 가능할 때 리더십도 가능합니다. 무조건 실적과 지시만 한다고 모든 게 해결되지 않습니다. 본질을 같이 알고 리딩해야 리더십이 따라옵니다.

네 번째, 조직의 건강한 긴장을 통한 변화를 이끌 수 있습니다. 규칙과 기준이 없을 때는 소극적으로 행동을 취하기 쉽습니다. 아무래도 직장이라는 곳이 항상 시간이 부족한 상태입니다. 하지만 규칙이 있다는 건 나만이 아니고 다른 사람의 업무를 비교, 평가할 수 있게 해줍니다. 자신의 부족한 면은 보완할 수 있습니다. 일종의 경쟁입니다. 주변의 벤치마킹을 통해 자신만의 생각을 더 할 수 있는 계기가 됩니다. 일이라는 것도 보고, 생각하고, 행동할 때 성장합니다.

직장에서의 일은 대부분 지시와 규정된 본인의 업무를 중심으로 이루어집니다. 이 가운데서 본인의 능력과 역량을 발휘하여 성과를 평가받습니다. 누군가의 기준에 맞추어진 상태를 적극적으로 개선해보려는 노력 속에 기회와 성장이 있습니다. 무엇인가 지시를 받을 때 기준이 뭐야 하고 찾습니다. 누군가는 기존의 기준을 찾아 적용해보고, 또 그 불합리를 알면서도 그대로 적용합니다. 잘못됐다는 얘기는 제일 많이 합니다. 적극적으로 리딩하고 앞서가는 인재는 스스로 규칙과 평가를 포함한 기준을 만듭니다. 업무의 중심을 본인으로 이동해보십시오. 본인 자신의 기준이기 때문에 이미 이기고 싸움을 하는 격입니다. 인재는 일하는 방법을 알며, 성과를 내고 일을 합니다.

02

숨겨진 자신의
가치를 높여라

"유 대리, 아직 정리 멀었어? 점심시간 다 돼간다고."

"네, 회의는 끝났습니다. 마지막 안건 정리만 하면 됩니다."

'영어는 잘하는데 정작 국어가 좀 서툴러서 말이야. 글쎄 오늘 점심은 뭐 먹으러 가지? 오늘은 왠지 피자가 생각나네.' K 전자 해외 영업팀에 근무하는 오 차장이 점심 식사와 관련하여 고민하고 있습니다. 실무회의를 담당하고 있는 유 대리가 마지막 안건 정리를 하고 있습니다. 어학으로 여러 차례 진급에 고생하는 오 차장은 영어 구사 능력이 뛰어난 유 대리를 볼 때마다 부러운 생각이 듭니다. 하지만 왠지 답답한 데가 있다고 핀잔을 주기도 합니다.

"네, 팀장님. 오늘 점심 메뉴는 피자로 결정했습니다. 이번 주 들어 계속 한식만 드시는 것 같아 별식으로 준비했습니다."
"네, 알겠습니다."

해외영업팀 인원들이 건물을 나서는데 어디선가 노랫소리가 들렸습니다.

"스승의 은혜는 하늘 같아서………. '쌤' 감사드립니다. 감사합니다."
"어! 너희들이 웬일이야! 어떻게 왔어!"
"쌤, 스승의 날 축하드립니다. 그리고 감사드립니다."
"어! 그래. 애들아, 고마워!"

모두가 당황한 순간입니다. 중학생쯤으로 보이는 학생들이 유 대리에게 축하와 함께 정성 들여 준비한 꽃다발을 전달하였습니다. 알고 보니 유 대리가 평소 결손 가정 학생들을 대상으로 영어 학습을 지도하고 있는데, 그에게 배우는 제자들입니다. 개인 블로그와 인스타그램에서 유 대리는 '닥터 잉글리시'로 통합니다. 학원에 갈 상황이 되지 않는 제자들이 영어를 잘 가르쳐준다고 지어준 별명입니다.

"유 대리 '닉네임'이 '닥터 잉글리시'라고? 아주 좋은 이름이네! 그리고 훌륭하네! 유 대리 멋집니다."

"아, 과찬의 말씀입니다. 감사합니다."

피자를 먹으며 점심시간 내내 김 팀장의 칭찬이 이어졌습니다. 이참에 학생들만 가르치지 말고 팀 어학 능력 향상을 위해 별도 학습 방안을 고려해보라는 조언도 있었습니다. 제자들 피자값도 김 팀장이 기분 좋게 계산하였습니다. 정작 피자를 먹고 싶었던 오 차장은 오늘 따라 피자가 왜 이리 맛이 없냐고 하며 투덜거립니다.

자신의 가치는 '퍼스널 브랜딩'이라 할 수 있습니다. 요즘은 SNS가 워낙 빠르게 활성화되고 있습니다. 또 나를 알리고 표현하는 시대에 살고 있습니다. '나'라는 사람이 브랜드가 되어 자신의 가치를 높이고 있습니다. 예전에는 직장에서 일을 열심히 하고, 시키는 일을 성실히 하는 것이 가치였습니다. '성실한 김 대리, 열심히 하는 이 대리' 이것이 퍼스널 브랜딩의 시초입니다. 하지만 지금은 사례에서와 같이 일만 열심히 하는 것도 기본으로 중요합니다.

자신이 잘 알고 있고, 자신의 장점을 이용하여 가치를 높이는 것도 중요합니다. '퍼스널 브랜딩'의 중요성입니다. 사례와 같이 유 대리는 잘하는 일을 승화하여 '닥터 잉글리시'라는 좋은 퍼스널 브랜딩을 하고 있습니다. 퍼스널 브랜딩이 단순히 듣기 좋은 닉네임만을 뜻하지 않습니다. 바로 '나는 어떤 가치를 제공할 수 있는가?'라는 관점에서 출발합니다. 가장 우선시되어야 하는 것은 바로 '나'라는 브랜드가 제공할 수 있는 가치가 무엇인가에 대한 답을 할 수 있어야 합니다. 사례의 유 대리는 명확하게 '닥터 잉글리시'에 맞게 어려운 환경의 학생에게 영어를 가르치는 가치를 가지고 있습니다. 바로 자신의 영어 장점을 이용한 '가르침의 봉사'입니다. 멋진 닉네임에 누구나 부러움을 가지는 순수 봉사를 실천하고 있었습니다. 하나를 보면 안다고 사내의 행동에서 유 대리를 상상해 볼 수 있습니다. 능력과 역량은 실제 일하는 사람만이 알 수 있는 일입니다. 하지만 성실성과 진정성의 태도는 좋은 이미지를 연상할 수 있습니다. 바로 누구 하면 떠오르는 이미지 이것이 '퍼스널 브랜딩'입니다.

우리는 회사에 근무하며 내가 하는 일은 어떤 가치를 가졌는지 물어본 적 있는지요? 나는 어떤 가치를 제공할 수 있는 사람인가? 나의 장점과 재능은 누구에게 도움이 될까? 이런 질문들을 한 번쯤은 해봐야 할 것입니다. 대부분 졸업 후 소신 있게 직업적 소명을 갖지 못한 채 취업을 위한 목적으로 접근한 경우가 많습니다. 나중에라도 개인 브랜드 가치를 제공하지 못하고 계속 반복적인 일을 한다면 단지 '급여'를 위한 일밖에는 볼 수 없습니다.

요즘 밀레니얼 세대에게는 익숙한 브랜드 가치를 높이는 익숙한 용어가 있습니다. 무엇인가 취미 생활을 넘어 깊이 있게 빠져드는 분들을 'ㅇㅇ 마니아'라고 했습니다. 지금은 마니아 수준을 넘어 전문가 수준에 도달한 분들을 'ㅇㅇ 덕후'라고 합니다. 앞으로는 덕후의 시대가 될 것이라고 합니다. 특정 분야에 남다른 열정과 애정을 가지고 매진하는 덕후들이 창의성을 발휘할 때 혁신적인 상품이나 서비스가 탄생됩니다. 이런 덕후 수준의 브랜드 가치를 만들려면 전략도 필요합니다.

첫째로, 차별성이 있어야 합니다. 자기가 속한 집단에서 보통의 사람이 할 수 있는 일이거나, 누구나 아는 정보라면 궁금해하지 않습니다. 우선 '자신이 좋아하는 것'부터 찾아야 합니다. 내가 좋아하는 것을 찾아 연구하고 분석하면서 전문성을 키워야 합니다. 세상에 능력과 역량을 갖춘 사람들은 많습니다. 그중에서 나만의 '차별화 전략'을 세워야 합니다. 꿩장히 어렵게 생각할 필요 없습니다. 남과 다른 나를 돋보이게 하는 이미지가 필요합니다.

둘째로, 브랜드의 일관성이 있어야 합니다. 자신의 전문성을 내세워야 하고 이미지가 맞아떨어져야 시너지 효과가 있습니다. 사례에서 유 대리가 영어 전문성으로 학생들을 가르칩니다. 다른 과목, 수학도 가르칠 수 있어 교육을 통한 개인 브랜드는 통합니다. 브랜드의 확장에 해당하니다. 하지만 학습과 다른 연기나 체육의 확장으로는 브랜드 일관성에 혼란이 있습니다.

셋째로, 진정성이 필요합니다. 자칫 브랜드화가 남에게 좋은 이미지만을 주고, 전문성이 부족하면 심각한 상황에 놓이게 됩니다. 남의 브랜드로 시각화하고 겉모습에만 치중해서는 곤란합니다. 순간적으로는 시각화된 자료로 브랜드화를 할 수 있습니다. 하지만 이것은 자칫 남을 속일 수도 있는 한순간의 거짓으로, 받아들여서는 매우 곤란합니다. 진정성을 상대방이 의심하거나 하면 '신뢰'는 한순간에 무너지고 맙니다. 우리가 추구하는 가치를 높이고 퍼스널 브랜드화하는 것은 신뢰의 바탕에 근거합니다. 브랜드란 바로 신뢰입니다. 가격이 비싸고, 한정된 제품을 우리는 명품이라 합니다. 이것은 브랜드가 가지는 제품 자체의 품질만이 아니고 신뢰를 바탕으로 한 자존심을 같이 구매하는 것과 같습니다. 그만큼 신뢰가 주는 영향성은 큽니다.

나의 특별한 브랜드 가치는 무엇이 있을까? 생각해보았습니다. 뭐 특별히 브랜드화할 수 있는 게 떠오르지 않았습니다. '부지런함과 꼼꼼함' 정도가 다른 사람들이 말하는 차이점 정도가 되는 것 같았습니다. 사실 부끄러움을 느낍니다. 많은 시간을 회사에서 근무하였습니다. 나름대로는 최선을 다하고 성실하게 '내 일'에 애정을 갖고 직장생활을 하였습니다. 누군가와 차별화되고 일관성을 갖는 브랜드화가 가능한 게 무엇이 있을까 생각해보아도 언뜻 떠오르는 것이 없는 것을 보고 다소 자조적인 후회가 되었습니다.

지금은 두 가지를 가지고 있다고 생각됩니다.

첫째는 독서입니다. 제 프로필에 당당히 기록하고 있습니다. 독서 애호가이고 다독을 수행 중이라고 기록하고 있습니다. 요즘은 책을 거의 읽지 않은 직원들이 많은 추세입니다. 유튜브보다 독서를 사랑하고 수행하는 진정성과 일관성을 보여 주고 있습니다.

둘째는 책 쓰는 엔지니어입니다. 책을 출간하는 게 보통 사람과는 차별화가 있습니다. 책을 통해 일관적으로 얘기하는 내용은 업무 능력을 향상시킬 수 있는 일하는 방법에 관한 것들입니다. 회사에서 열심히 일하는 것은 당연합니다. 어떻게 하면 주어진 일을 제대로 하고, 역량을 발휘할 수 있는지를 알려줍니다. 또 실적과 성과로 연결하는 노하우를 풀어 진정성과 일관성으로 브랜드화하고 있습니다. 사실 회사에서 오래 근무하며 경험한 것들이 많아도 개인 브랜드화를 하는 사람들은 많지 않습니다. 하지만 내가 책을 읽고 글을 쓰며 얻은 지식을 동료에게 물어봐도 정확히 알려주는 직원이 많지 않음을 느낍니다. 이 부분을 개인 브랜드화하고 있습니다.

자신의 가치를 높이는 것만큼 자존감이 높아지는 것도 없습니다. 저를 알고 있는 사람들 대부분은 저를 책을 쓴 특별한 사람으로 인식하고 있습니다. 지인들은 책을 읽지도 않으면서 어떻게 글을 썼냐고 하며 그런 사람은 주위에서 처음 봤다는 얘기들을 합니다. 남들보다 뛰어나서라기보다는 조금은 특별한 사람으로 인식받고 있는 것에 자존감이 향상됨을 느낍니다. 어느 날 독자로부터 조언을 구하는 메시지를 받을 때 나의 존재를 새삼 느낍니다. 매일매일 반복되는 일상이지만 나만의 차별화된 브랜드가 있다는 것에 매료됩니다.

인간은 만물의 영장으로 무한한 능력을 갖췄다고 합니다. 당신의 무한한 능력을 아십니까? 자신의 가치를 찾아보는 행위는 중요합니다. 우리가 매일 반복적인 일상에서 자신을 돌아보는 시간을 잊어버리기 쉽습니다. 하지만 자신의 가치를 찾아 높이는 여행이 필요합니다. '나다움을 찾는 여정'이 바로 퍼스널 브랜딩의 본질입니다. 좋은 직장에 있고, 높은 직급에 있는 명함을 내민다고 하여 퍼스널 브랜딩이 높은 것은 아닙니다. 당신의 외형을 내밀 뿐입니다. 진정 자신의 내면에 색깔을 입힐 때 퍼스널 브랜딩 되고 당신다움을 찾은 것입니다. 그때서야 더 명확하게 자신이 보이기 시작합니다. 무한한 당신의 가치를 어디까지 높이실 건가요?

03

성공의
내비게이션을 켜라

카톡

"선배님, 현 과장입니다. 저녁에 시간 가능하세요? 날도 더워지는데 선배님 생각이 나서요. 저녁에 맥주나 한잔하게요."

"어, 그래. 얼굴 본 지도 오래된 거 같은데 그러지 뭐."

"그럼 6시에 ○○에서 뵙겠습니다."

K 상사 기획팀에 근무하는 현 과장이 대학 선배 구 차장에게 저녁 약속을 묻고 있습니다. 현 과장은 요즘 어떻게 해야 하는지 방향성을 읽은 '기러기' 같다는 생각이 듭니다. 입사 10년 차로 앞만 보고 달려온 시간이

주마등처럼 지나갑니다. 근래에 퇴사하여 잘된 친구들도 있습니다. 부동산에 일찍 전문적으로 뛰어들어 대박이 난 동기 얘기가 계속 머리에서 맴돌기도 합니다. 최근에 헤드헌터로부터 제안을 받은 사항도 있고, 회사에서는 유럽 주재원 파견을 통보받은 상태입니다. 여러 가지 상황이 겹치면서 많은 고민을 하고 있습니다. 속 시원하게 결정을 내리지 못하고 있습니다.

"그래, 제수씨 생각도 들어봐야 하는 것 아니야?"

"네. 와이프 생각은 당분간은 현재 위치에서 지내자는 의견입니다. 애들도 아직 어리고, 유럽 쪽이 아직 코로나에 안전하지 않고, 애들 학교 문제며 해서 한국에 당분간 있었으면 하는 생각입니다."

"그래. 가족의 의견도 중요하지. 현 과장 본인의 생각은 어떤데?"

"와이프에게 속 시원히 얘기하지 못했는데, 현재 기획팀 업무에서는 어떤 상태로든 조정을 했으면 합니다. 그리고 유럽 주재원은 초기부터 근무하려고 준비한 사항도 있습니다."

"헤드헌터 제안은 어떤데?"

"거기도 나쁘지는 않습니다. 사실 흔들리기도 합니다. 연봉이 현재보다 30%가 많습니다."

"생각을 신중히 할 시기네. 초기 계획이 있었고, 현재 위치를 생각하면 주재원 근무가 적절할 것 같은데."

"네. 조금 더 신중히 생각을 해보겠습니다."

현 과장은 그래도 구 차장과 얘기하며 마음의 안정을 찾았습니다. 다른 여건을 떠나서 본인의 목표를 이루라는 조언을 잘 듣고 고민하고 있습니다. 보름 후 현 과장은 유럽 주재원 쪽으로 진로를 결정했습니다. 코로나 상황을 고려하여 3개월 뒤에 파견 가는 것으로 회사와 협의하였습니다. 당분간은 혼자 출국하여 생활하며 현지 사정을 자세히 확인하기로 와이프를 설득하였습니다. 모든 것이 결정되니 홀가분한 마음이 듭니다.

요즘은 운전하다가 길을 물어보는 경우는 극히 드뭅니다. 또 지도를 찾아보며 운전하는 때도 과거의 얘기인 것처럼 느껴집니다. 차에는 대부분이 정확한 안내를 도와주는 내비게이션이 있기 때문입니다. 저는 대부분 휴대폰에서 제공하는 내비게이션을 이용하여 정보를 받습니다. 길 안내뿐만 아니라 내가 목표로 하는 장소에 안전하게 도착하도록 갖가지 유용한 정보를 받기 위해서입니다. 특히 제한 속도 상태, 교통 체증 정보, 도착 시각 그리고 실시간 교통 정보를 바탕으로 최적의 길을 알려줍니다. 운전할 때 이런 비서가 따로 없다고 생각합니다.

직장인이 직장생활을 이어가다 보면 갈등을 겪고, 에너지가 떨어져 충전할 시기를 놓치고, 때론 결정할 시기가 오기도 합니다. 무엇을 어떻게 해야 하는지 우왕좌왕하다가 방향감을 잃기도 합니다. 운전의 내비게이션처럼 직장생활의 목표를 이루도록 안내해주는 내비게이션이 있다면 얼마나 좋을까요?

우리가 아는 길이라면 굳이 내비게이션을 켤 이유는 없습니다. 다만 다른 생소한 곳을 가야 할 때는 내비게이션의 도움을 받습니다. 직장생활도 마찬가지입니다. 10년 아니 그 이상 긴 여정을 떠나야 하는 여행과도 같습니다. 우선 우리가 어디를 가야 하는지 목적지가 있듯이 자신의 목표가 있어야 내비게이션을 이용할 수 있습니다. 자신의 목표가 있느냐 없느냐는 무엇과도 비교할 수 없는 중요한 사항입니다.

사례의 현 과장은 목표가 있었던 것 같습니다. 30%나 높은 대우를 해주는 곳에서의 제의도 거절했습니다. 목표의 과정 중 하나인 주재원 경력을 쌓기 위해 와이프도 설득을 하였습니다. 자신의 목표가 확고하기에 여러 난제를 목표를 이루는 과정으로 조율하고 있습니다.

직장생활을 하며 '목표'를 세우는 것은 중요합니다. 목표가 있기에 도전할 수 있고, 우리의 열정을 태울 수 있습니다. 목표가 없으면 주어진 여건대로만 생각하고, 행동하고, 만족하지 못합니다. 직장생활에서 목표는 '나'를 지탱해주는 힘입니다. 우선 지금이라도 '목표'를 입력해 주세요.

목표를 입력하였다면 세부 정보를 입력하여야 합니다. 바로 계획을 수립하여 정보를 입력하는 것입니다. 일일 계획 등 세부적이고 단기적인 계획보다는 중기 계획을 말합니다. 사례의 현 과장은 입사 초기부터 유럽 주재원 계획을 수립했습니다. 국내 실무 업무를 바탕으로 폭넓은 시야와 사고를 갖고자 했습니다. 우물 안에서 보는 시각과 해외에서 보는 시각은 상이하며, 유럽의 다양한 나라의 문화를 통한 사고의 폭을 넓히고자 계획하고 있었습니다. 더 앞서서는 대학 시절 잠시 어학연수를 런던에서 공부한 경험이 있었습니다. 그때 만난 현지인 친구들과 선배들의 조언이 현 과장의 계획에 영향을 주었습니다. 목표를 정했으면 세부 계획이 있어야 일관되게 움직일 수 있음을 알았습니다.

가령 우리가 직장에서 할 일이 있다는 것은 어떠한 목적이 있기 때문입니다. 그 목적을 위해 계획을 세우고 계획에 따라 일하기 때문에 계속 달릴 수 있는 것입니다. 여기서 우리가 한번 생각해봐야 할 것이 있습니다. 어떤 사람은 힘들고 많은 일이 있음에도 불구하고 투정 한번 하지 않고 즐거운 마음으로 일을 하지만, 또 어떤 사람은 늘 투정 부리면서 불만이 쌓여 마지못해 일합니다. 똑같은 일을 하면서도 이렇게 다른 마음으로 일을 하게 될까요? 그 이유는 한 가지로 볼 수 있는데 자신을 위해 일을 하느냐 아니면 남을 위해 일을 하느냐에 따른 마음가짐의 차이입니다. 즉 자신을 위한 목표와 계획을 세우고 있느냐의 차이입니다. 자기 주도적으로 움직이고 있다는 뜻입니다.

긴 여정인 만큼 중간 점검을 해서 남은 목표의 방향이 맞는지도 확인을 합니다. 앞을 보고 가는 여정이긴 합니다. 하지만 지나온 과거를 돌아보고 잘 헤쳐나온 방법을 잘 알아두는 것도 필요합니다. 잘 지나온 성공의 사례는 어떻게 해서 잘 지내왔는지, 또 어렵게 지나온 실패의 사례가 있다면 이것은 무엇보다 중요하게 학습해야 합니다. 앞으로 남은 계획에 계속 장애물로 시험하기 때문입니다. 어떠어떠한 것들에 본인의 역량을 쏟아부어 어떤 성과를 얻었는지 알아야 합니다. 머리로만 기억하고 말로만 설명하는 것은 한계가 있습니다. 지나온 이력에 대한 '당신의 경력지도(Career Map)'를 그려보시기 바랍니다. 무엇이 부족했고 무엇이 남았는지 무엇에 중점을 두어야 하는지 한눈에 보이는 '경력지도' 말입니다.

나의 '경력지도'는 비록 화려하지 않습니다. 목적지를 나중에 입력한 오류가 있습니다. 직장생활 초기 목표를 입력하지 않았습니다. 무작정 출발하고 나중에 목표를 정하고 계획을 짜는 오류를 범했습니다. 나의 경력지도에 표시된 주요 사항이 있습니다. 제조 엔지니어로서 경험을 쌓은 일과 여러 나라를 출장하며 다양하게 배운 문화입니다. 특히 해외 근무하며 외부에서 회사뿐만 아니라 다른 시각으로 보는 대한민국은 새롭게 생각하는 계기가 되었습니다.

이후 책을 통해 제대로 일하는 방법을 알게 되었습니다. 마치 왔던 길을 되돌아가면서 보이지 않았던 풍경과 비포장도로를 보는 것처럼 말입니다. 앞으로 남은 방향성에 많은 도움을 주고 있습니다. 책을 쓰면 그 분야의 전문가라고 합니다. 이미 직장인 자기계발서를 한 권 출간한 저자가 되었습니다. 아직 부족하지만 남은 목표를 얻은 과정에 긍정의 에너지를 받고 있습니다. 어려움은 있을지라도 도전하면 안 될 것이 없다는 교훈을 책을 통해 배웠으니까요.

지금이라도 여러분의 '경력지도'를 그려보시기 바랍니다. 중간 휴식을 하고 있다고 생각해보시기 바랍니다. 지금 자신의 위치가 어디에 있는지 확인해보시기 바랍니다. 그리고 자신이 어디로 가야 할지를 알고 있다면 지금 그 길로 잘 가고 있는지 반드시 확인해야 합니다. 지금이 바로 그때입니다. 만일 엉뚱한 방향으로 가고 있다면 설정해 좋은 내비게이션을 통해 방향을 다시 잡기를 바랍니다. 또 반면에 자신이 어디로 가야 하는지 방향감을 잃었다면, 무조건 길이 있다고 아무 길이나 들어가지 않기를 바랍니다. 그 자리에서 자신이 가야 할 곳을 다시 설정하는 것이 필요합니다.

물론 우리가 목표를 얻는 길에 정답은 없습니다. 돌아서 갈 수도 있고, 험한 비포장도로를 달려봐야 제대로 된 길의 소중함을 알기 때문입니다.

그러나 안전하고 계획한 대로 도착하기 위해서는 알고 가는 길이 안전합니다. 그래서 여러 다양한 경험을 해봐야 합니다.

당신이 바라는 성공은 무엇입니까? 직장생활하면서 바라는 성공은 모두가 다를 수 있습니다. 연봉을 많이 받기를 바라는 사람도 있고, 능력을 인정받아 고위 임원이 되는 것이 목표인 사람도 있습니다. 자신의 내적 역량을 통한 성숙을 바라는 이도 있습니다. 모두가 존중되어야 할 목표입니다. 이를 얻고자 한다면 무엇을 원하는지 목표를 정해야 합니다. 목표가 있다는 것 자체가 소중합니다. 성공의 목표를 입력해보십시오. 모두가 가야 할 곳이 정해졌다면 그 이유도 명확해질 것입니다. 그 순간부터 내면에 있는 열정이 우리가 가야 할 방향을 알려줍니다. 어떠한 어려움에 부딪혀도 이겨내는 힘을 얻습니다. 저는 이미 켰습니다. 여러분 자신이 가지고 있는 '성공의 내비게이션'은 켜져 있나요?

04

나는 무엇의
'고수'인가?

S 플랜트 기업 환경안전팀을 맡은 우 팀장이 전 팀원에게 태풍 준비에
대해 당부하고 있습니다.

"네, 모두 오셨나요? 다들 뉴스를 통해 소식 들었겠지만, 다시 한 번 말
씀드립니다. 모레 오후에 6호 태풍 'ㅇㅇ'가 상륙한다는 소식입니다. 강
력한 중형 태풍으로 우리에게 큰 피해를 준 '개미', '루사'와 동급 이상이
라고 합니다. 모두 안전 점검을 철저히 해주시기 바랍니다."

"네, 알겠습니다."(팀원)

"특히 강 대리가 있는 A 지역은 강풍에 대비해주시기 바랍니다. 작년에도 자재 등이 고정되지 않아 아찔한 상황이 발생하였습니다."

"네, 알겠습니다. 철저히 준비하겠습니다. 고정되지 않은 자재와 이동 대차 등은 실내로 미리 이동하겠습니다."

"알겠습니다. 내일 오후에 같이 한번 점검해보겠습니다."

강 대리가 담당하는 A 지역에 대한 추가 당부가 있었습니다. 강 대리는 아침부터 이른 출근을 하였습니다. 어제는 각 부서에 안전 점검 리스트를 송부하느라 늦은 퇴근을 했음에도 '태풍' 준비를 위해 서둘렀습니다. '어! 누가 이렇게 완벽하게 준비했지?' 깨끗하고, 정리 정돈이 잘되어 있음은 물론 위험물 고정이 튼튼하였습니다. 안전을 잘 아는 분이 한 것 같다고 생각하는 동안 강 대리는 점점 궁금해졌습니다.

"강 대리, 놀랐지?"

"네, 과장님. 누가 이렇게 완벽하게 할 수 있죠?"

"응. 저기 계시는 분이야. 고 부장님이라고, 울산공장에 3년 파견 나가셨다가 며칠 전에 오셨어. 우리는 일명 '안전 고수'라고 하지. 위험을 보는 수준이 우리하고는 달라. 디테일은 얼마나 꼼꼼하신지! 올해 태풍 걱정은 한시름 놓은 것 같아!"

윤 과장의 설명에 '안전 고수'라는 닉네임이 마음에 들었습니다. 자기 일을 다른 사람들이 인정을 해주는 것만큼 자존감이 높아지는 건 없습니다.

우리는 흔히 보통의 사람들보다 뛰어난 장점이 있고, 잘하는 사람들을 이렇게 부릅니다. '달인, 도사, 박사, 고수' 말입니다. 누구든 남들이 인정해주는 뛰어난 능력을 갖추고 싶어 합니다. 혹시 여러분은 이 중에서 닉네임으로 불리는 게 있나요? 저는 이 중에서 고수라는 닉네임이 좋습니다. 우리가 직장에서 일하면서 다른 사람보다 잘하는 측면을 인정해주는 면에서요. '특정 분야에서 기술이나 실력이 매우 뛰어난 사람'을 고수라고 합니다.

그냥 회사에 오래 근무한다고 고수가 되는 것은 절대 아닙니다. 보통의 노력으로는 보통의 능력과 실력을 갖출 뿐입니다. 고수가 되는 길은 험난합니다. 우선 본인의 장점 내지는 강점을 집중적으로 연마한 분들입니다. 고수들은 자신의 능력을 향상하기 위해서는 강점에 더 중점을 두어 잘하고 관심 있는 분야에 더 매진합니다. 반면에 일반적인 사람들은 단점을 보완하려 큰 노력을 하는데 다른 사람과 차별성 면에서는 미흡하다고 볼 수 있습니다. 또 고수의 특징 중 하나가 고수일수록 스케일이 큰데도, 디테일하다는 데 있습니다. 반면에 일반적인 사람은 스케일도 작고, 디테일을 잘 챙기지 못하는 측면이 있습니다.

고수를 잘 설명하는 작가도 있습니다. 변화 경영 전문가인 '한근태' 작가가 고수를 잘 표현한 내용이 있습니다. 그의 저서 『일생에 한번은 고수를 만나라』에 잘 표현되어 있습니다. 고수가 되기 위해서는 자신의 한계에 도전해볼 것을 권하고 있습니다. 그래야 자신이 어떤 사람인지 알 수 있고 숨겨진 잠재력도 발견할 수 있다고 하였습니다.

비슷비슷한 수준의 사람들과 고만고만한 일을 하면 그날이 그날로 인식됩니다. 발전이 없다고 생각됩니다. 조금 몸이 편한지는 모르겠습니다만 목표로 하는 이상을 한 단계 올라서려면 한계에 도전해야 하고, 그렇게 해서 얻을 수 있는 것이 인정입니다.

우리가 직장생활을 10년 이상한 분들이라면 무엇의 고수인지 생각해봐야 합니다. 자신의 강점을 더욱 발전시켜 다른 사람들과 차별화를 할수 있어야 합니다. 뚜렷이 내세울 자신만의 강점이 없다면 지금부터라도 만들면 됩니다. 본인의 업무를 돌아보고 자신과 잘 맞고 관심 있는 분야를 파고들어야 합니다. 또 주위에 오픈하여 도움을 받는 것도 필요합니다. 본인의 생각이 가장 중요합니다만, 주위 분들이 보는 안목은 또 다를 수 있습니다. 자신에게 잘 맞는 것은 무엇인지, 평소에 주변에서 무엇을 하면 더 잘할 수 있는지 10년 이상 된 분들이라면 충분히 다른 관점의 조언이 가능하다고 생각됩니다.

내가 가진 장점이 '고수'로서 조금 부족하더라도 선언을 통해 진정한 '고수'로 거듭날 수 있습니다. '나는 ○○의 고수다'라고 주변에 오픈해보는 겁니다. 우선 이렇게 주변에 고수로 불리게 되면 자신이 더 노력하는 계기가 됩니다. 또 없던 시간도 이 부분에 집중하게 되면서 자연스럽게 집중하게 됩니다. 완전히 준비되고 모든 것을 알아 고수가 되는 것이 아니라 자신이 더 노력하는 계기가 되어 장점을 부각할 수 있습니다. 공부 잘한다고 칭찬하면 더 잘하고픈 마음에 스스로 집중하는 학생들처럼 말입니다.

두 번째는 주위 환경이 자연스럽게 고수에게 몰리게 됩니다. 관련된 자료나 질문 등 본인이 평소에 모든 것을 알지 못하는 것들이 고수에게 집중됩니다. 본인이 스스로 터득하는 것보다 환경적으로 이런 부분에 노출되면서 관련된 정보를 얻을 수 있습니다.

세 번째는 고수에 걸맞은 자기 생각이 정리됩니다. 그냥 몸으로만 알고 있는 사항도 자신 생각이 더해지는 계기가 됩니다. 더 나아가서는 책이나 유튜브 등 관련 자료를 찾아 공부합니다. 좀 더 나아가서는 자신의 가치관을 담을 수 있습니다. 단순히 아는 정보 전달의 지식을 벗어나 자신의 견해나 의견을 피력하게 됩니다. 무엇인가를 잘 알고, 잘하는 것에 더해져 자신의 주장을 펼치는 자체가 고수의 길에 들어선 것입니다. 사실 부끄럽게도 저도 직장에 오래 근무하였습니다만, 특별히 내세울 만한 고수의 경지에 오른 사항이 없습니다. 앞만 보고 누구보다 성실하게 근무했다는 사항 말고는 없는 것 같습니다. 열심히 했다고 말하기 부끄럽습니다. 직장인이라면 누구나 열심히 일하는 것은 당연하고 모두 그렇게 열심히 일하며 청춘을 보냈으니까요! 고수라고 말하긴 힘들고 저는 저 자신이 내세우는 장점이 있습니다. 주어진 문제를 깊이 생각하고 문제 해결을 도출하는 다양한 아이디어를 적용해보고 있습니다. 제가 담당하는 설비의 다양한 실험을 통해 몇 가지 번뜩이는 아이디어를 적용했습니다. 지금은 일하는 방식의 고수가 되고자 노력하고 있습니다.

대한민국에서 일 잘하는 자기계발 대가들의 책을 섭력하고 있습니다. '진정한 고수가 돼라.'라고 격려하는 작가의 책, '능력과 역량을 바탕으로 실적과 성과'를 제대로 낼 수 있도록 잘 정리된 책도 읽고 있습니다.

'꿈을 이루는 사람들의 방식을 공식화'한 작가도 있는데 매우 흥미롭게 독서했습니다. 여러 유명 자기계발 서적을 다독하며 저도 책을 펴낸 평범하지 않은 직장인이 되었습니다. 책 한 권을 펴냈다고 진정한 고수라고 볼 수는 없습니다. 실제 책을 출간하고 제 삶에 큰 변화가 있는 것도 아닙니다. 하지만 일반인이 볼 때는 평범한 일은 아닙니다. 아직 시작 단계입니다. 그러나 큰 꿈을 가지고 있습니다. 진정한 고수의 꿈 말입니다.

직장에서 오늘도 고민하고 성장을 위해 노력하는 후배들을 위해 진정한 자기계발의 멘토가 되는 '고수' 말입니다.

저는 고수가 되는 방법을 책에서 찾고 있습니다. 아마추어가 먼저 필드를 먼저 돌고 책의 고수와 복기를 통해 한 발 한 발 뒤돌아보고 있습니다. 진정한 고수의 경지는 잘 모릅니다. 하지만 목표가 있고 어쨌든 방법을 확정하여 매진하고 있습니다. 오랜 방황하는 시간을 생각하면 지금 늦었다고 생각되지 않습니다. 꼭 무엇을 바라는 것도 아니지만 나만의 고수를 찾는다는 생각에 오늘도 즐겁습니다.

'나는 무엇의 고수다'라고 자신 있게 말할 수 있나요? 특별한 분이 아니면 대부분 자신 있게 말하기 힘듭니다. 그러나 '나는 고수다.'라고 말하고 싶을 겁니다. 지금이라도 늦지 않았습니다. 먼저 자신의 강점을 발견합니다. 숨겨진 자신의 내면의 장점을 찾아보시기 바랍니다. 계획을 세워 조금 부족한 부분이 있더라고 보완하면 됩니다. 처음부터 모두 고수는 아니었습니다. 간절한 소망과 노력 뒤에 진정한 고수가 있습니다. 우리가 보는 것은 고수의 아름다움입니다. 자기 일을 사랑하고 장점을 차별화한 진정한 의미의 프로 말입니다. 당신의 간절함과 열정만 있으면 우리도 고수가 될 수 있습니다. 내일 당신은 무엇의 고수가 될 것인지요?

전문가로 인정받는
가장 빠른 방법은 책 쓰기다

　'당신의 퍼스널 브랜드'는 무엇입니까? 자신의 가치를 높이기 위해 자신의 장점을 아이덴티티로 표현하는 것을 말합니다. 요즘은 쉽게 자신의 퍼스널 브랜드를 이용하여 브랜딩합니다. 인터넷에 수많은 카페, 블로그, 트위터, 페이스북, 링크드인, 인스타그램에 글을 쓰고, 사진을 올립니다. 현재 우리가 사는 초연결 사회에서 효과를 높이는 퍼스널 브랜딩은 소셜 미디어에서 닉네임이 검색되게 하는 것입니다. 자신을 쉽게 노출하고 생각을 공유하기 위해 많은 글쓰기를 합니다. 그래서인지 글을 잘 쓰기 위한 책들도 많습니다. 서점에 가면 부쩍 글을 잘 쓰는 관련 책들이 베스트셀러가 되곤 합니다. 여러분도 하루에도 몇 번씩 SNS를 이용하여 소통하며 글을 쓰지 않나요?

"부장님, 시간 되시면 저 좀 도와주세요."

"윤 대리, 무슨 일이야? 뭐가 잘 안 돼?"

"네, 내일 C 업체 방문하거든요. 몇 주 전부터 불량도 있고, 납품 지연도 발생합니다. 그래서 공정 감사를 하러 가려고 합니다. 그런데 지난번에 가서 봐도 문제를 잘 모르겠습니다. 업체에서도 신경을 많이 쓰지 않습니다. 그래서 이럴 땐 어떻게 해야 하는지 여쭈어보고 싶었습니다."

"음, 갑자기 불량과 납품 지연이 있다면 무언가 변동이 있을 거야. 우선 4M에 변화가 있는지 확인해봐요. 그리고 업체 실무 담당자가 해결하기 어려운 문제라면 상위 레벨의 책임자를 만나 문제를 논의해봐야 합니다."

컴퓨터 부품을 제조하는 N 사에 근무하는 안 부장과 윤 대리가 납품 관련하여 이야기를 나누고 있습니다. 안 부장은 구매 부문에서 속칭 '해결사'로 불립니다. 하루에도 후배들로부터 여러 가지 도움을 요청받습니다. 구매 관련한 전반적인 지식과 스킬이 남다릅니다. 특히 10여 년을 업체 관리를 하면서 이 부분에 특별히 강점이 있습니다. 업체와 일하면서 속칭 '갑질'이라는 부정적 말을 업체로부터 듣기 쉽습니다. 하지만 오히려 협력업체들의 사정을 듣고 경영 개선도 조언하는 정도입니다. 그러니

어떤 날은 협력업체에서 기술적 도움을 위해 '해결사'를 찾기도 합니다.

　회사에서 수많은 직장인이 하는 일은 각각 다릅니다. 신입사원을 거쳐 자기 본연의 업무에 익숙하고, 스킬이 쌓여 자신감을 느낍니다. 본인이 잘하게 되면 또 관심을 가지고 파고들게 됩니다. 자신이 잘 알게 되면 자기 주도적 업무로 연결하게 됩니다. 사례에서처럼 윤 부장은 주변에서 '구매 해결사'로 통합니다. 구매 이론과 업체를 통한 현장 경험도 풍부합니다. 우리는 이런 분들을 '전문가'라고 합니다. 한 부문에서 오랜 경험을 통해 관련 지식과 스킬을 가지고 문제를 해결할 수 있는 사람을 말합니다. 윤 부장 본인도 이 부분에서만큼은 자신하고 있습니다. 실제 많은 도움을 주고 있기도 합니다. 하지만 사실 무언가 만족하지 못하고 있습니다. 나의 전문성을 스스로 증명해보고 싶고 이에 따른 인정도 받고 싶기 때문입니다.

　우리 직장인들이 잘하고 능력이 있는 부분을 인정받는 방법이 있습니다. 자격시험 등이 있으면 공인된 평가를 통해 인정받기도 합니다. 하지만 관련 자격을 인정받았을 뿐 본인의 경험과 실력을 인정하지는 않은 것 같습니다. 자신의 장점과 잘 아는 부문을 본인이 겪었던 경험을 곁들여 증명하는 방법이 있습니다. 바로 '책 쓰기'입니다. 책은 무엇보다 강력한 증명입니다. 책은 사실을 나타내는 결과물입니다.

"저는 N 기업에서 구매 관련한 해박한 지식과 경험이 있습니다. 속칭 '구매 전문가'입니다. 최근 몇 년간 구매 관련한 업체 개발부터 원가절감까지 수많은 목표를 이루었습니다."

위 대화처럼 장황하게 설명하는 것보다 자기 생각과 경험을 담은 책한 권을 내미는 것이 더 강력한 자기소개가 됩니다. 그만큼 책이 가지고 있는 힘이 있습니다. 말로 표현하지 않아도 상대방이 느끼고 인정하는 결과물입니다. 윤 부장은 지인의 도움을 받아 자신의 경험을 이야기로 풀고자 합니다. 머리에서 다양한 생각이 맴돌고 있습니다. 자신이 좌충우돌하며 겪었던 일들이 생생하게 생각납니다. 구매 관련한 교과서를 만든다고 생각하니 '마치 어릴 적 소풍 전날처럼' 설렙니다.

요즘 개인 카페나 블로그에 깊이 있는 글을 쓰는 분들이 상당히 많습니다. 또 글도 자기 생각을 논리적으로 표현한 깊이 있는 내용도 많습니다. 글을 쓰는 것에 환경적 변화가 있는 것 같습니다. 직장인들도 많은 글을 쓰고 있습니다. 업무의 80%는 메일을 통한 소통 및 공유로 이루어집니다. 특히 코로나로 인한 비대면 환경으로 메일을 통한 보고, 공유 등이 많아지고 있습니다. 자신의 주장이나 업무의 계획 등을 논리적인 글로 표현하는 능력이 필요합니다. 평범한 직장인이나 일반인이 책을 쓰기는 쉽지 않습니다. 그리고 막연합니다. 소위 엄두를 못 낸다는 표현이 맞은 것 같습니다. 하지만 우리가 이미 글쓰기에 많이 노출된 만큼 이 부분의 교육과 관심을 가진다면 불가능한 것은 아닙니다.

평범한 직장인이었던 나는 작년에 책을 출간하였습니다. 한마디로 모험에 가까운 도전을 시행했습니다. 최근 몇 해 전부터 집중 독서를 하였습니다. 직장인으로서 '일 잘하는 사람들은 어떻게 다른가?' 하는 마음에 자기계발 서적을 읽었습니다. 동네에 잘 정리된 배다리도서관에서 자기계발 서적을 읽었습니다. 직장생활을 오래 한 저로서도 잘 모르고 두서없이 일한 면이 생각났습니다. 일하는 요령도 있고 순서도 있다는 것을 알았습니다. 이렇게 책을 통해 누적된 자기계발에 대해 나만의 생각이 있었습니다. 이런 부분들을 차곡차곡 엑셀에 정리하였습니다.

이런 나의 성장을 거쳐 책을 써서 후배들에게 알려주면 어떨까 하는 마음에 도전하였습니다. 쉽지 않은 작업이지만 그만큼 나의 자존감이 상승함을 느꼈습니다. 그리고 나의 논리와 주장에 힘이 실렸습니다. 바로 책이 증명하였기 때문입니다. 책을 쓰며 많은 것을 얻었습니다. 무엇보다도 자신감을 얻은 것이 가장 소중한 가치라고 생각합니다. 책을 쓰면서 배운 것보다 책을 쓴 후 배운 것이 훨씬 더 많습니다. 논리를 내가 실천해야 하고 계획을 통한 생각을 펼치기 때문입니다. 또 게으른 나를 깨우고 있습니다. 결과만을 보던 습관을 바꿔 과정과 '왜'를 먼저 찾게 했습니다. 내가 많은 것을 알고 책을 쓴 것이 아니라 책을 쓰고 더 많이 알고, 성장하는 계기가 되었습니다.

올해 1월에 『고수는 알고, 초보는 모르는 직장생활 성공비법』이 출간되었습니다. 지인들, 회사 동료들의 반응은 매우 놀라워했습니다. 겉으로는 표현하지 않았지만, 나만의 자존감 향상은 있었습니다. 내가 쓴 책이 선한 영향력을 가지고 있구나 하는, 내가 헛되이 직장생활을 한 것은 아니라는 나만의 긍정의 생각을 했습니다.

책이 출간되고 두 달쯤 지난 3월에 어느 독자로부터 메일을 한 통 받았습니다. 우연히 서점에서 나의 책을 보고 구매하여 읽었다고 합니다. 본인도 중소기업에 대리로 근무하는 5년 차 직원이라고 했습니다. 요즘 자신이 느끼는 상황이 책에서 많은 부분이 공감되어 재미있게 읽었다고 했습니다. 몇 번의 메일을 통한 소통 뒤에 어느 주말에 실제 만나게 되었습니다. 최근 코로나로 회사가 경영상의 이유로 업무 변경이 있었다고 했습니다. 변경된 부서의 팀장과 일부 갈등이 있다고 했습니다.

본인이 다소 다운되고 방향감을 잃었을 때 저의 책을 읽었다고 합니다. 책의 내용에서 '두괄식으로 보고하고, 자기 주도가 가능한 20:80 법칙 익히기, 아침 10분 생각하기, 숫자로 표현하기, 보이게 일하는 힘은 강하다'가 인상에 남았답니다. 실제 몇 번의 보고를 두괄식으로 했더니 팀장으로부터 '표현이 좋아졌다.'라는 칭찬을 들었답니다. 왠지 회사의 후배처럼 더 많은 것을 알려주고 싶었습니다. 처음 독자와의 만남이었지만 오래 만난 아끼는 후배처럼 느껴졌습니다. 책의 내용에 관해 더 많은 이야기를 나누느라 시간이 가는 줄도 몰랐습니다.

독자는 마치 저를 자기계발의 전문가로 대했습니다. 또 같은 엔지니어로서 알아야 하는 지식에 대해 코칭했습니다. 질문에서 배우고자 하는 열의가 느껴졌습니다. 내가 아는 많은 것을 알려주었습니다. 아니 얘기하며 내가 더 많이 배우고 있구나 하고 생각했습니다. 책이 갖는 힘이 느껴졌습니다. 책을 통한 나의 확장이 가능하다고 생각했습니다. 막상 작년에 원고를 쓸 때의 힘들었던 생각이 모두 녹는 듯했습니다. 직장생활을 오래 한 저로서도 방향감을 잃고 무엇을 했나 하는 자조가 있었습니다. '맹목적인 직장생활을 한 것은 아닌가?'라는 반성도 있었습니다. 하지만 책은 저를 다시 깨우치는 길을 주었습니다. 매우 다행이고 감사하게 생각합니다.

직장인들이 경험한 가치 있는 일들이 많습니다. 실패했다면 더 많은 것을 배웠으며, 소중한 가치입니다. 눈에 보이지 않는다고 소중하지 않은 것이 아닙니다. 표현하기 어려워서 그렇지 자신의 아는 지식과 경험은 무엇과도 바꿀 수 없는 자산입니다. 이를 결과물로 남기는 방법이 있습니다. 자신만의 브랜드로 만들 수 있습니다. 일반인이 책을 쓰는 것은 생소하고 쉽지 않습니다. 하지만 도전해볼 가치가 있습니다. 모든 지식과 시간과 환경이 있어야 책을 쓰는 것이 아닙니다. 도전이 해결해줄 수 있습니다. 책을 쓰며 많은 생각과 지식을 배웁니다. 책을 쓴 이후는 더 많은 배움이 기다리고 있습니다. 그래서 전문가로 인정됩니다. 여러분이 하는 일로 전문가가 되어 다시 시작해보시지 않겠습니까?

06

자신의 경험을
남길 때 더 강해진다

"최 과장, 어떻게 될 것 같아? 다음 달도 이 정도로 많이 줄어들 것 같
아?"

"네, 팀장님 다음 달도 이번 달과 별반 다르지 않을 것 같습니다. 문제
는 다음 달이 아니고 하반기가 더 걱정됩니다. 당분간 반도체 소자 문제
는 해소될 것 같지 않습니다."

"그래? 그러면 더 심각해지는데, 하반기 물량도 정확히 알 수 있는 거
야?"

"네, 100% 정확하다고 볼 수는 없습니다. 하지만 작년에 코로나 초기
펜데믹 시기에 경험한 패턴을 공부했거든요. 이 패턴을 이용하면 어느

정도 하반기 물량 예측이 가능합니다. 지금은 데이터를 믿고 선제적으로 준비를 해야 하는 상황입니다."

"알았어. 최 과장이 있어 든든하구먼. 계속 모니터링 바랍니다."

자동차용 전기 부품을 제조하는 S 기업 생산관리팀에 근무하는 은 팀장과 실무를 담당하는 최 과장과의 대화입니다. 작년 상반기에 처음 코로나 펜데믹이 발생하여 모두 우왕좌왕하는 시기가 있었습니다. 최 과장도 입사하고 처음 맞이하는 상황이었습니다. 생산계획을 담당하는 실무자입니다. 고객들의 오더 취소가 밀려오는 상황에서 최 과장은 정확한 생산계획을 위해서는 오더 분석이 필요하다는 생각이 들었습니다. 최 과장은 자신이 경험한 생산계획의 변동성을 고려한 조치가 필요하다고 생각되었습니다. 작년 하반기부터 물량이 다소 증가하여 정상적인 조건으로 향상되는 것으로 인지 받았습니다.

하지만 최 과장은 자신이 경험한 펜데믹 상황에서 변동성을 줄이고자 밤낮없이 프로그램 개발에 박차를 주었습니다. 이때 개발된 프로그램이 요즘 반도체 문제로 예측하기 힘든 상황에 제대로 제 역할을 하고 있습니다. 자신이 새롭게 경험한 것을 잘 정리하고 준비한 최 과장의 능력을 모두가 인정해주고 있습니다. 경험을 단순히 과거로 생각하지 않았습니다. 새로운 경험은 최고의 자산이 될 수 있다는 생각으로 준비했습니다.

불과 1년 만에 대체 불가한 인재가 되었습니다.

직장에서는 다양한 경험을 하게 되고, 배웁니다. 하나하나 이런 경험이 쌓여 우리의 자산으로 중요한 역할을 합니다. 많은 부분에서 항상 예측할 수 없는 상황들이 벌어지곤 합니다. 경험은 이러한 상황들을 올바로 분석하고 어떤 결정을 내려 대응해야 하는지를 판단할 수 있게 도와줍니다. 사례에서와 같이 최 과장은 초기 펜데믹 시기에 겪은 실패의 경험을 단순한 과거로 보지 않았습니다. 언제든 이런 예측할 수 없는 일이 벌어질 수 있다는 경험을 했기 때문에 가능했습니다.

우리가 주위에서 보면 유능한 사람이라고 해서 반드시 뛰어난 판단력을 지닌 것은 아니라는 것을 압니다. 판단력은 오히려 경험을 통해 얻는다고 생각합니다. 물론 사람에 따라 모두 다릅니다. 하지만 상황에 따라 적절한 판단을 내리는 데 경험만큼 중요한 것은 없다고 생각합니다. 우리가 알아야 하는 것이 있습니다. 단순히 한 가지 일을 오래 한다는 것만으로 경험이 풍부해지는 것은 결코 아닙니다. 자신의 능력과 역량을 최대한 쏟아부어 얼마나 목표한 일에 적극적으로 임했는가에 따라 경험의 질이 결정된다고 생각합니다.

또한, 아무리 경험이 많더라도 이것을 적절히 활용할 수 있는 능력이 없다면 아무 소용없이 묻혀버리고 맙니다. 그래서 풍부하고 다양한 경험과 재능을 보유하고 있음에도 불구하고 지금은 나설 때가 아니라며 적당한 여건이 조성되기만을 기다리는 직원들이 있습니다. 기회는 주는 것이 아니고 만드는 것인데도 말입니다. 혹시 직장에서 그런 생각해보신 적 없나요? 지금 당장 눈앞에서 뭔가 일어나기를 바라고 어떤 결과가 있기를 바라는 조급증에 빠진 듯한 느낌말입니다.

하지만 다시 돌아보면 지금 당장은 자신에게 아무런 이득이 없다고 여겨지는 일이라도 최선을 다해 임하는 자세를 가져야 합니다. 의외로 사소한 것이 소중한 경험이 되어 나중에 유용하게 쓰일 수 있습니다. 경험을 소중한 자신의 자산으로 만들려면 오래 기억해야 합니다. 기록이 필요합니다. 기억으로 내 자산을 가지고 있는 시간은 1년입니다. 자신의 가치를 통한 자산을 오래 가지고 확장할 필요가 있습니다. 기록으로 필요할 때 확인하고 여기에 자신의 추가되는 가치를 더 할 때 자산은 더 늘어납니다.

우리가 경험을 중요시하고 경험을 통해 배우고 역량이 확장된다고 했습니다. 경험이 단지 좋은 것만을 말하지 않습니다. 성공하고 무엇인가를 이룬 기억하기 좋은 것들만을 취해서는 안 됩니다. 오히려 경험은 실패에서 더 많이 배웁니다. 자칫 실패하지 않기 위해 도전하고 시도하지 않는다면 반대로 경험이 없는 것과 마찬가지입니다. 바로 경험은 도전입니다. 도전의 용기를 먼저 얻어야 합니다. 도전이 있어야 성공이든 실패든 경험이 있는 것입니다.

단순히 살아왔던 지난 세월이 경험되지는 않습니다. 실패를 자랑삼아 얘기할 필요는 없습니다. 하지만 실패하지 않았다고 성공하는 것은 아닙니다. 주위에 보면 과감하게 도전하는 사람들을 볼 수 있습니다. 이런 사람들은 도전의 가치를 알기에 실패에 좌절하기보다는 다시 도전할 방법을 찾습니다. 또 조심하고 조심하는 사람들이 있습니다. 도전보다는 점검하고 확인에 중점을 두고 있습니다. 실패할 확률은 줄일 수 있다는 장점이 있을 수 있으나, 오랜 시간 준비하였기에 한 번 실패하면 큰 좌절로 이어질 수 있는 단점도 있습니다. 무엇이 맞고 틀리고를 떠나 다양한 경험을 통해 성장하는 측면을 고려하면 도전의 행동이 뒷받침되어야 합니다.

나는 작년에 개인적으로 큰 도전을 했습니다. 평소 직장에서도 소소한 변화를 위해 새로운 것을 해보는 도전을 했습니다. 하지만 책을 쓰는 것과는 비교할 수 없는 일이었습니다. 뒤돌아보면 주어진 여건에서 다양하고 많은 경험을 했습니다. 엔지니어로 큰 투자를 통해 배운 것들이 있습니다. 해외 근무를 통해 내가 알지 못했던 다양성을 배웠습니다. '나 스스로 도전했다.'라기보다는 주어진 상황을 잘 경험했다는 표현이 적절하다고 생각됩니다.

하지만 책을 쓰는 일은 누가 시켜서 하는 일이 아닙니다. 평소 책을 읽으며 생각이 확장되었으며, 깊이가 깊어지는 경험을 했습니다. 이 가운데 책을 써보면 어떨까 하는 도전이 나의 마음에서 싹트고 있었습니다. 하지만 막상 시작하니 두려움이 밀려왔습니다. 무엇보다 내가 할 수 있을까? 변변치 않은 내가 책을 쓴다는 사실에 모두에게 웃음거리가 되는 것은 아닌가 하는 생각으로 마음 한구석이 가득했습니다.

무엇이든 처음은 항상 어렵고 불안하고 두렵습니다. 특히 성공이라는 주제로 글을 쓴다는 것이 쉽지 않았습니다. 처음 보름 정도는 긴장의 연속이었습니다. 밤잠을 제대로 잘 수 없었습니다. 어떻게 글을 쓰지? 첫 문장은 어떻게 시작하지? 등장인물을 누가 알아보면 어떡하지? 평소 해보지 않은 일의 한계를 느꼈습니다. 아침마다 간절히 원했습니다. 성공해 달라는 결과가 아니라 포기하지 않고 할 수 있는 도전과 용기를 달라고 기도했습니다. 생각에 생각을 더했습니다.

여러 책에서 내가 쓰고자 하는 글의 형식이 떠올랐습니다. 이야기 줄거리가 하나하나 생겨나기 시작했습니다. 사례를 모으기 시작했습니다.

낮에는 현실이었습니다. 회사에서 업무로 생산 점검, 품질 확인, 각종 회의에 일상이 바빴습니다. 밤에는 나만의 세계가 펼쳐졌습니다. 작가의 세계가 있었습니다. 이중생활의 연속이어도 피곤을 잊었습니다. 무엇인가 몰입하는 것도 좋았습니다. 배우는 것도 좋았습니다. 결과가 성공이든 실패든 중요하지 않았습니다. 내가 도전의 두려움을 극복하고 현재 도전하고 있는 그 자체가 이미 내가 이긴 것처럼 느껴졌습니다. 회사에서 무엇이든 할 수 있다는 다른 자신감이 들기 시작했습니다. "안 될 일이 없는데, 이렇게 해보면 되지 않을까?" 초긍정으로 내 생각이 변할 때 도전을 통해 긍정의 경험을 하고 있다고 생각했습니다.

지금도 다양한 경험을 기록하고 있습니다. 꼭 내가 몸으로 체험하고 터득한 것만이 경험은 아닙니다. 실패를 경험하고 좌절을 느껴야 반복적인 것의 오류를 배우는 것은 아닙니다. 간접경험을 알았습니다. 수많은 책을 통해 지금은 하루에도 몇 번씩 다양한 경험을 하고 있습니다. 다른 분의 성공과 실패, 도전을 책에서 배우고 있습니다. 한 번쯤은 나도 겪은 부분에서 많은 공감을 합니다. 나는 왜 이렇게 하지 못했나 하는 반성도 있지만 어떻게 해볼까 하는 도전을 배우고 있습니다. 이것을 잊지 않기 위해 기록하고 있습니다. '내 마음의 보석상자' 같이 나만의 보물입니다. 무엇인가에 흔들리거나 주저할 때 들여다봅니다. 내가 찾고자 하는 답은 없습니다. 하지만 길을 안내하는 것 같습니다. 포기하지 않는 마음을 주고 방향성을 안내해주고 있습니다.

지금은 성공한 여성의 우상으로 여겨지는 분이 있습니다. 바로 '오프라 윈프리'입니다. 어린 시절 불우한 환경과 좌절을 극복한 분입니다. "할 수 없을 것 같은 일을 해보세요. 실패해보세요. 그리고 다시 도전해보세요. 이번에는 더 잘해보세요. 넘어져본 적이 없는 사람은 단지 위험을 감수해본 적이 없는 사람일 뿐입니다. 이제 여러분 차례입니다. 이 순간을 자신의 것을 만들어보세요." 도전을 통한 경험을 잘 말해주고 있습니다. 주어진 여건에서의 경험도 소중합니다. 하지만 본인이 도전을 통해 얻은 경험은 무엇과도 비교할 수 없는 소중한 가치입니다. 반복적인 경험은 자칫 타성으로 변할 수 있음을 경계해야 합니다. 경험은 항상 새로운 도전이고 타성은 '예전에 다 해봤다.'라는 마음가짐입니다. 우리는 나도 모르게 찾아오는 타성과 구별하는 새로운 경험을 쌓아가는 도전을 해야 합니다. 오늘은 무슨 도전을 하시나요?

07

당신은 지금
무슨 책을 읽고 있습니까?

'당신은 어젯밤에 무슨 책을 읽으셨습니까?' 아니 '어떤 책을 듣다 잠들었는지요?'라고 물어보는 시대가 올 것 같습니다. 요즘은 책을 읽는다는 고정 관념에서 벗어나 읽어주는 책이 많습니다. 또 강력한 경쟁자가 있습니다. 유튜브라는 강력한 동영상 정보 제공자가 있어 책을 읽은 독서가가 많이 줄어들었습니다. 우리의 삶을 편하게 해주는 휴대폰이 책의 정보를 대신해주는 상황입니다.

2019년에 전국 국민 독서량을 조사한 내용이 있습니다. 성인의 경우 연간 평균 독서량이 7.5권이었습니다. 반면에 10명 중 4명은 1년에 책을 전혀 읽지 않는다고 합니다. 물론 여러가지 이유가 있습니다만, 주된 이유는 '일 때문에 시간이 없어서'가 가장 많았습니다. 그러나 독서가 주는 중요성이 있기에 이 부분을 강조하고 싶습니다.

오늘도 기획실 김 실장은 도 과장을 찾고 있습니다. 코로나 여파에서 다소 회복세를 보이던 요즘 다시 반도체 자제 문제로 매출이 급감하기 때문입니다.

"도 과장, 1/4분기 매출 실적과 향후 예측을 분석 바랍니다. 그리고 해외에 있는 법인들의 영향성을 같이 확인해주세요. 현재 상황을 같이 공유도 해주고요."

"네, 실장님. 잘 알겠습니다. 법인들과도 바로 공유하겠습니다."

"그런데, 도 과장 반도체 이슈는 두 달 전부터 계속 지표와 실적에서 나타나고 있었는데, 우리가 먼저 인지하고 준비했어야 하는 것 아닙니까?"

"네, 실장님. 죄송합니다. 다시 분석해보겠습니다."

기획실 김 실장과 도 과장이 지시사항에 관해 대화하였습니다. '아 참, 도 과장이 기획 실무는 잘하는데, 예측 분석과 문제를 풀어가는 능력이 조금 부족하네. 차기 팀장 후보군인데, 이 부분을 보완하면 좋은 인재인데 조금 아쉽네.' 김 실장이 차기 팀장 선임과 관련해서 혼자 말을 하고 있습니다. 업무 확장성과 기획력을 높이는 데 도움을 주는 책을 여러 권 주었었는데, 다 독서했는지 확인해보고 싶네!

서두에서 말한 대로 지금은 IT 기술에 독서가 잠식되고 있습니다. 버스나 지하철에서 대부분 같은 행동을 하고 있습니다. 거의 모두가 휴대폰이나 IT 기기를 이용하고 있습니다. 예전의 독서 문화는 말 그대로 옛말이 되었습니다. 그러나 책을 통해 얻는 중요한 의미가 있습니다. 독서는 집중력과 사고력을 요구하는 활동으로, 즉각적인 만족을 주고 손쉽게 다양한 정보를 얻는 스마트폰과는 대조적 차이가 있습니다. 그러나 독서가 멀어지는 요즘, 오히려 독서의 중요성이 더욱 강조되고 있습니다. 특히 자수성가하여 성공을 이룬 기업가, 지도자들은 말하고 있습니다. 우리에게 독서의 중요성을 강조하며 '책을 꼭 읽어야 한다.'라는 주장을 하고 있습니다.

'독서를 하면 좋다'는 사실에 대부분이 공감합니다. 하지만 많은 독자가 책 한 권을 읽다 맙니다. 시간이 없고, 나는 책과 잘 맞지 않아서라고 합니다. 저도 몇 년 전까지만 해도 그랬습니다. 지금은 제 프로필에 '독서 애호가로 다독 수행 중'이라고 공언하고 있습니다. 지금과 같이 원고를 쓰는 시간 말고는 독서를 합니다. 주로 배다리도서관에서 읽을 책을 찾 있습니다. 하지만 글쓰기로 잠시 독서를 쉬는 동안 읽고 싶은 책들은 잔뜩 구했습니다. 마치 내 마음의 보석같이 책장에 보석들이 나를 언제 찾나 하고 기다리고 있는 것 같습니다.

한동안 책을 읽지 않았다면 관심 있는 분야의 책을 먼저 읽는 것이 순서입니다. 주식이나 재테크에 관심이 많은 분이라면 이 부분의 책을 먼저 읽는 것이 좋습니다. 2030 세대라면 가상 화폐에 관련된 책도 좋습니다. 하지만 너무 전문적인 학술 내용의 서적보다는 흥미를 얻을 수 있는 실용서가 도움이 됩니다. 저 같은 경우는 자기계발 서적에서 흥미를 얻었습니다. 한동안 책을 보지 않다가 중간 관리자가 되면서 대인관계 책을 보다가 깊이 빠졌습니다. 특히 직장 경험을 통해서 어렴풋이 알고 있던 사항을 제대로 알게 되면서 재미를 느꼈습니다. 대표적인 자기계발 및 동기 부여가로 활동하는 분들입니다. '한근태, 이지성, 류랑도, 공병호' 작가님들의 책을 거의 독서했습니다. 이분들의 책을 읽을 때 가장 행복함을 느낍니다.

직장인들은 바빠서 책을 읽을 시간이 없다는 분들이 많습니다. 책의 중심이 어디 있느냐에 따라 달라지는 것 같습니다. 저도 무게 중심이 책에 있지 않을 때는 몰랐습니다. 책 읽을 시간과 장소가 없었습니다. 하지만 내 삶의 중심에 독서를 주니 방법과 변화가 되었습니다. 책의 특징은 항상 휴대할 수 있다는 겁니다. 장소는 시간이 될 때 꺼내 읽으면 가능합니다. 처음부터 다시 읽을 필요도 없습니다. 저는 자투리 시간을 이용하여 독서하면서 다독이 가능해졌습니다.

새벽에 일어나 잠시 30분 정도 책을 읽습니다. 회사에서도 퇴근 시간을 이용하여 개인적인 시간에 읽을 수 있습니다. 지금 제가 근무하는 곳은 다소 일찍 근무를 시작해서 4시 이전에 업무가 종료됩니다. 이 시간에 많은 양을 독서할 수 있습니다. 남들은 '투잡을 한다'고 하는데, 저는 다른 의미에서 하루에 두 번 하루를 시작하는 것 같습니다. 직장인으로의 삶, 이후 다독의 독서가로의 삶입니다. 그 외도 손가방에 두 권의 책을 가지고 다니며 시간이 날 때마다 독서를 합니다. 처음은 어색했지만, 지금은 하나도 이상할 것이 없습니다.

한번은 동네 병원에서 진료 대기 중 책을 꺼내 들었습니다. 도수치료로 한동안 방문했는데, 이때마다 짬 날 때 책을 펴들었습니다. 그런데 언젠가 간호사가 병원에서 모두가 저를 책 보는 사람으로 안다는 말을 했습니다. 항상 휴대폰을 보는 사람들과는 차원이 조금 다르게 보인답니다. 독서로 중심을 바꾸면 또 다른 면의 시간을 확보할 수 있습니다. 시간이 날 때 책을 읽는 것이 아니고 책을 읽기 위해 시간을 내어본다고 생각해보시죠.

독서를 경험하며 제가 얻은 삶의 지혜가 있습니다.

첫 번째, 목적의식이 생기고 나의 의식이 확장되었다고 생각합니다. 한동안 몸이 움직이는 대로 주어진 여건에 따라가는 시간이 있었습니다. 시간의 귀중함을 깨닫지 못했고, 무엇을 간절히 바라고 열정을 갖지 못했습니다. 독서를 하며 변화를 느꼈습니다. 지금은 책을 통해 다독의 목적이 있습니다. 천 권의 독서를 통해 내 안의 잠재능력을 깨우고자 진행 중입니다. 또 책을 통해 선한 영향력을 주는 목표를 가지고 있습니다. 책을 통해 저의 생각과 노하우를 인정해주는 독자를 만날 때의 감정은 작가만이 아는 희열이 아닌가 합니다. 언제부터인가 나의 의식이 부정에서 긍정으로 변하고 있다고 생각했습니다. 내가 세상을 긍정으로 보니 나를 부정으로 보던 사람들도 저를 긍정으로 보는 시각을 느낍니다.

두 번째, 행동의 변화를 통한 저의 실행력이 늘었습니다. 평소 저는 내성적이고 생각만 하고 실행에 옮기는 결단력은 강하지 않았습니다. '생각만 하는 것보다 실패한 액션이 좋다.'라고 어느 책에서 설명하고 있습니다. 꼭 저에게 하는 말이었습니다. 실제 목표를 가지고 다독을 실행 중이고, 또 '다독가'라고 공언하는 면에서 보면 실행력이 좋아졌습니다. 글쓰기를 통해 도전을 경험한 뒤로는 실패의 두려움을 극복했습니다. 직장에서의 머뭇머뭇하던 행동도 '내가 실제 모범이 되도록 '솔선수범'을 보이자!' 하는 적극적 행동으로 변경되었습니다. 책의 내용에서 도전과 실행의 결과를 많이 깨달았던 것으로 생각합니다. 평판이나 성과나 인정이나 모두의 공통점은 후행적 결과라는 겁니다. 어쨌든 실행력이 있어야 실패든 성공이든 할 수 있으니까요.

세 번째, 사고의 깊이가 향상되었습니다. 제가 회사에서 많은 업무를 하는 과정에서 처리 위주의 업무를 했다는 생각이 들었습니다. 다양한 자기계발서와 보고와 관련된 책을 읽으며 이 부분에 좋아졌다는 생각이 듭니다. 예를 들면 결과 중심의 시각을 가졌다면 원인과 과정을 정확히 본 후 넘어가는 습관이 생겼습니다. 사물과 벌어지는 현상을 당연시하지 않고 관점을 달리해서 보는 사고의 깊이가 생겼습니다.

뚜렷한 나만의 직장에 관한 가치관이나 목표가 없이 직장생활을 하였습니다. 스킬이나 요령은 늘었지만, 논리가 뒷받침되지 않았던 사항입니다. 이 부분의 부족함을 책을 통해서 하나하나 깨우치는 희열을 보았습니다. 지금은 이것을 나눠주려 합니다. 내가 뒤늦게 깨달은 작지만 소중한 경험과 노하우를 후배들에게 진실한 마음으로 알려주려 합니다.

자기 일과 관련된 100권의 독서를 해보라고 권하고 있습니다. 독서가 직장생활에 분명하게 가져다 줄 변화를 느껴보십시요!

직장생활을 시작한 밀레니얼 세대에게 독서를 하라고 하는 것은 공감이 없을 수 있습니다. 이제 다가오는 MZ 세대는 태어나면서부터 책보다 휴대폰을 먼저 접한 세대입니다. 필요한 정보를 휴대폰에서 찾아 습득하는 것에 익숙합니다. 하지만 책은 변하지 않은 진리입니다. 혹시 자신의 방향성을 잊거나 목표에 대해 부정적인 생각이 들었을 때는 책부터 찾아 지혜를 얻을 필요가 있습니다.

어릴 적에 취미나 특기를 말하곤 했습니다. 사실 특별한 취미나 특기가 없음에도 있어 보이려고 '독서'라고 적곤 했습니다. 속으로는 매일 보는 교과서와 참고서가 책인데 취미로 책을 또 보는 것이 이해되지 않은 시절입니다. 책에서 정답을 찾을 순 없습니다. 책에는 정답은 없습니다. 문제를 내는 책 또한 없습니다. 하지만 자신의 방향성을 돌아보고, 가치관을 생각하게 합니다. 독서는 나에게 많은 기회를 주었습니다. 다시 나의 목적성을 가지게 해주었고 내면의 성장을 이루게 해주었습니다. 아직은 많이 부족하고 배움에는 끝이 없다는 중요한 사실도 깨닫게 해주었습니다. 깊은 사색의 시간이 모두에게 더욱 풍요를 줄 것이라 믿습니다.

"당신은 지금 무슨 책을 읽고 있습니까?"

참고도서

『보이게 일하라』, 김성호, 쌤앤파커스

『승진의 정석』, 박소연, 한국경제신문사(한경비피)

『피터 드러커 자기경영노트』, 피터 드러커, 이재규, 한국경제신문사(한경비피)

『공병호의 자기경영노트』, 공병호, 21세기북스

『한 장 보고서의 정석』, 박신영, 세종서적

『공병호의 희망 리더십』, 공병호, 21세기북스

『고수의 질문법』, 한근태, 미래의창

『협상의 신』, 최철규, 한국경제신문사(한경비피)

『거절당하기 연습』, 지아 장, 임지연, 한빛비즈

『7가지 성공 수업』, 김태광, 추월차선

『김대리는 어떻게 1개월 만에 작가가 됐을까』, 김도사,권마담, 미다스북스

『아웃라이어』, 말콤 글래드웰, 김영사

『1만시간의 재발견』, 안데르스 에릭슨, 로버트 풀, 강혜정, 비즈니스북스

『꿈꾸는 다락방』, 이지성, 차이정원

『일생에 한번은 고수를 만나라』, 한근태, 미래의창

『90년생과 일하는 방법』, 윤영철, 보랏빛소

『위대한 협상의 달인』, 브라이언 트레이시, 황선영, 시드페이퍼

『백만장자 메신저』, 브렌든 버처드, 위선주, 리더스북

『30년 차가 3년 차에게』, 이강은, 클라우드나인

『How to Survive 회사가 붙잡는 사람들의 1%의 비밀』, 신현만, 위즈덤하우스

『회사의 언어 직장언어 탐구생활』, 김남인, 어크로스

『성과중심으로 일하는 방식』, 류랑도, 쌤앤파커스

『밀레니얼에 집중하라』, 심혜경, 북스고

『일문일답』, 류랑도, 트로이목마

『일을 했으면 성과를 내라』, 류랑도, 쌤앤파커스